VOYAGES
DE M^R
DE THEVENOT,

CONTENANT LA RELATION de l'Indostan, des nouveaux Mogols, & des autres Peuples & Pays des Indes.

A PARIS,
Chez LA VEUVE BIESTKINS, ruë de la Harpe, à l'Imprimerie des Roziers.

M. DC. LXXXIV.

Avec Privilege du Roy.

PREFACE

Ette Relation des Indes Orientales, qui contient la derniere Partie des Voyages de feu Monsieur de Thevenot, est divisée en deux Livres, & chaque Livre est partagé en plusieurs Chapitres. I'espere que l'on avoüera que de toutes celles que l'on a données au Public, il n'y en a aucune où ce grand Pays soit décrit avec tant d'exactitude, ny qui contienne tant de choses singulieres que celle-cy. Cét illustre Autheur dont le Public a déja deux Volumes de Voyages, donne d'abord dans ce troisiéme un detail si exact de ce qui se passe à Sourat entre les Doüanniers & les Etrangers qui y arrivent, que ceux qui à l'avenir

feront ce Voyage, ne feront point furpris de leurs manieres d'agir, & ils pourront méme prévenir la rigueur des exactions que ces Doüanniers exercent envers les nouveaux venus, s'ils veulent profiter de fes avis.

Il fait une defcription Geographique des Pays du Mogol, avec tant de précifion, que comme il avoit une grande exactitude touchant les chofes de cette nature, ainfi que pour toutes les autres qu'il remarquoit, il ne faut point douter qu'on ne puiffe s'en tenir à l'étenduë qu'il luy donne, & il femble auffi que les divifions des diverfes Provinces dont ce grand Empire eft compofé, & qui font marquées dans cette Relation, foient affez juftes.

La Genealogie des Princes Mogols y eft écrite, & le pays d'où ils font originairement venus, y eft marqué; & il y eft fait mention d'un Conquerant nommé Genguiz-Can, dont l'Empire & celuy de fes Enfans s'eft étendu par toute l'Afie & en beaucoup de pays dans l'Europe, en forte qu'il a furpaffé celuy d'Alexandre le Grand.

Le foin que nôtre Autheur s'eft donné pour eftre informé du revenu que tire le Grand-

Mogol

Mogol de chacune de ses Provinces, & d'en avoir de fideles memoires, fait bien paroître la passion qu'il avoit d'estre éclaircy du détail des choses de consequence, & de faire part au Public de ce qui se passoit dans les Pays où il alloit.

C'est cette même passion qui l'a obligé de sçavoir au juste quel nombre d'hommes servent le Grand-Mogol à la guerre; & il sera aisé de juger par la lecture de ce Livre, que ce Prince est beaucoup moins puissant que l'on ne s'estoit imaginé.

Il a donné une description assez exacte du Decan. Le Malabar y est examiné, & il est curieux d'y voir qu'il est permis aux Dames & aux Reynes même, de se choisir des Galans, sans que personne y trouve à dire; & que ce ne sont point les Enfans des Roys qui heritent du Royaume, mais que ce sont les Enfans de leurs Sœurs. Coûtume qui a esté introduite pour rendre dans les Familles Royales les successions du Sang asseurées, & qui se pratique de même dans celles des particuliers.

L'Alphabeth Malabare que Monsieur de Thevenot a pris le soin d'avoir, est une cu-

riosité considerable dans cette Relation, & d'autant plus que l'on a presentement plusieurs Livres en caractere Malabare, écrits sur des feüilles de palmier, par le moyen desquels on peut entrer dans la connoissance de la Langue Malabare.

Il a aussi écrit avec exactitude les choses qui s'observent dans les Royaumes de Viziapour & de Golconde. L'établissement extraordinaire de la Famille des deux Roys, y est marqué, ainsi que leurs forces & leurs richesses; mais principalement celles du Roy de Golconde, à qui les mines de Diamans fournissent un gros revenu.

Il n'est pas moins exact à rapporter la difference des Monnoyes des Indes avec leur évaluation, & il nous donne en même temps la connoissance des divers poids qui sont le plus en usage dans chaque Royaume.

Il ne perd aucune occasion d'examiner ce qu'il y a de particulier dans les Arts, qui ne se pratique point ailleurs; comme lorsqu'il décrit la maniere dont les Orféures enchâssent les pierreries dans de l'or en feüille, pour les faire tenir dans les Agathes & autres pierres gravées.

Il rapporte aussi la maniere de souder l'or & l'argent sur des vases d'agathe ou de cristal de roche, & les operations extraordinaires de la plûpart des autres Arts; enfin il descend jusques dans le moindre détail de ce qui se passe parmy les Artisans touchant leur Mêtier, lorsqu'il y remarque quelque chose dont il croit que nos Ouvriers ou nôtre curiosité peuvent profiter.

L'histoire de l'irruption du Raja Sivagy, y est exactement écrite; & comme on la racontoit aux Indes de plusieurs manieres, & qu'elle estoit de consequence en ce temps là, parcequ'elle fit paroître la foiblesse du Gouvernement Mogol, il voulut en estre pleinement informé, & pour cela il s'adressa non seulement à ceux qui avoient eu part au desastre qu'elle causa, mais même à des gens de la Cour qui sçavoient jusques aux moindres circonstances de cette affaire.

Il rapporte aussi soigneusement les autres histoires dont on peut tirer quelque instruction; Comme celle d'un Corsaire Hollandois, qui par des prises qu'il fit à l'entrée de la Mer rouge sous Pavillon François, auroit empêché l'établissement de nôtre Compagnie

Orientale à Sourat, sans l'adresse d'un Capucin qui dévelopa l'intrigue des ennemis de cette Compagnie.

Ce qui arriva au Pere Efrem à Saint-Thomé & à Goa, instruit beaucoup le Lecteur de la rigoureuse & peu droite maniere d'agir des Inquisiteurs des Indes, & de l'ignorance de leurs Docteurs.

Une autre histoire de ce qui arriva à deux François qui penserent s'attirer une méchante affaire en refusant un present, fait bien voir combien il importe aux Voyageurs d'avoir quelque teinture des coûtumes des Pays où l'on doit aller, & combien on est obligé à ceux qui nous en informent.

Rien n'est plus exact que la description des Villes par où a passé nôtre Voyageur; des Maisons Royales & de celles des grands Seigneurs qu'il a visitées, & il nous apprend ce qu'elles contiennent de plus remarquable.

Ce qu'il dit des Voleurs de grands chemins, & de certaines femmes qui étranglent les passans par leur adresse avec un lacet ou corde à nœud coulant qu'elles leur jettent, n'a esté remarqué par aucun des Voyageurs qui nous ont donné des Relations des Indes,

quoyqu'ils

quoyqu'ils y ayent demeuré plusieurs années ; & hors certaines choses generales dont la repetition est inévitable, il semble que nôtre Autheur n'ait affecté de remarquer que ce que les autres n'ont point vû, ou n'ont point rapporté, en sorte que l'on peut dire que tout est neuf dans cette Relation ; par exemple, l'usage des fleurs de citroüille pour empêcher que les Chevaux ne soient incommodez des mouches, est une chose dont aucun autre n'a parlé, quoyque la pratique en soit commune & triviale par toutes les Indes.

Les dures & fâcheuses conditions ausquelles les Hollandois achetent le trafic du Japon & du Pegu, n'est pas une des choses les moins curieuses qui soient dans cét Ouvrage ; & cependant depuis qu'ils s'y sont assujettis en consideration de leur commerce, aucun Autheur ne s'estoit encore avisé de nous en informer.

Quelque autre que luy nous a-t-il dit un seul mot des Monumens antiques qu'il a remarquez dans les Indes ? Et peut-on rien voir en ce genre là de plus digne de remarque, ny de plus ancien que les Pagodes d'Elora, puisque ny l'Histoire, ny la Tradition du Pays ne font mention ny de leurs Fondateurs, ny du temps de leur construction?

Il ne se contente pas de rapporter les Coûtumes du Pays en general, il dit même les particularitez des lieux où il a passé, les risques qu'on y court, les jeux dont on s'y divertit, & les Festes qu'on y celebre.

Il nous apprend les maladies dont on est ordinairement attaqué en certaines Provinces, leurs differences, leurs remedes & le regime qu'il faut garder & durant le mal & dans la convalescence.

Aucun autre jusqu'à cette heure n'a mieux approfondy que luy la difference & la subdivision des Castes ou Tribus des Indiens Idolâtres, ny n'a écrit aussi nettement de leur croyance & Religion, de leur maniere de vivre, de leurs superstitions, & enfin des autres choses que la curiosité & même la science oblige à sçavoir de ces Gentils. A moins que de vouloir ignorer ce que sont devenus des Peuples anciens qui de tout temps ont fait tant de bruit dans le monde, & avec lesquels le grand Alexandre & plusieurs autres puissans Princes ont combatu pour couronner la gloire de leurs Conquestes.

Enfin on peut dire qu'il nous apprend beaucoup de choses dont personne n'avoit parlé avant luy, & que de trois qu'il rapporte, il y en a presque toujours deux qui n'ont jamais esté dites. Y a-t-il par exemple, quelqu'autre que luy qui nous ait appris que parmy les Idolâtres des Indes, il y a une Caste qui a si peu de commerce avec les autres, qu'il en coûte la vie, ou au moins la liberté à ceux qui approchent de quelqu'un qui soit de cette Tribu? Il n'obmet rien de ce qui se peut dire de l'éducation des Enfans, & de l'inclination des Peuples: Il rapporte exactement la distance des lieux; il décrit de même les Animaux extraordinaires, les Arbres, les Fruits & les Plantes rares, avec leurs vertus, les Epiceries & les Aromates.

Son stile est simple & sans figures, mais pur & du caractere dont il seroit à souhaiter que toutes les Relations fussent écrites: On y trouve peu de circonstances inutiles. Ce qu'il y a d'érudition est judicieusement employé là où il y a occasion d'en dire; & il paroist sur tout une certaine sincerité qui laisse l'opinion qu'il doit donner des choses qu'il dit. Enfin on peut dire que s'il y a quelque chose à desirer dans cette Relation, c'est qu'elle semblera trop courte à ceux qui la liront, & sa brieveté fera regreter la perte de son Autheur, puisqu'il est certain qu'il auroit pû fournir une infinité de curiositez qu'il n'a pas écrites, & sur lesquelles il n'a mis que de legeres notes pour se souvenir des choses qu'il avoit à dire, & qu'on n'a pas pû deviner dans ses Memoires.

Au reste, il ne faut pas s'étonner de trouver tant de choses dans ce Livre, dont les Autheurs qui ont traité des Indes Orientales, n'ont rien écrit : La seule curiosité & la passion d'apprendre, faisoient voyager celuy-cy, & le negoce ou les Emplois ont fait voyager la plûpart des autres ; en sorte qu'estant distraits par leurs occupations, ils n'ont pû, quelque sejour qu'ils ayent fait aux Indes, s'appliquer à la recherche d'une infinité de choses qui demandent un homme entier, & qui ait l'inclination ou les talens de le faire.

C'est ce qu'avoit Monsieur de Thevenot dans un souverain degré ; mais outre cela il parloit les Langues Orientales qui luy ont donné le moyen de s'instruire des Arabes & des Turcs, & des Officiers même des Princes Indiens,

Indiens, qui tous parlent la Langue Persienne qu'il sçavoit aussi bien qu'eux.

Il est bon d'avertir le Lecteur, que comme souvent la description des routes n'est pas du goût de tout le monde, & qu'elle peut faire de la peine à ceux qui veulent lire l'Histoire des Pays sans interruption, on a mis à la marge la plûpart de celles qui sont dans ce Livre, afin de leur laisser la liberté de les lire s'ils veulent apprendre les noms & la distance des lieux, ou bien de les passer si elles leur sont ennuyeuses.

Il faut aussi remarquer que le mot Omra *qui est mis dans cette Relation au singulier pour dire un grand Seigneur, est naturellement un plurier Arabe, dont le singulier est* Emir *qui signifie un Commandant, un premier Officier, & quelquefois un Prince; mais que comme il est en usage aux Indes dans les Cours des Princes pour cette signification du singulier, on n'a pas crû le devoir changer, vû principalement qu'on trouve de semblables licences dans les autres Langues Orientales, particulierement lorsque ceux qui les parlent se servent de mots Arabes; par exemple, les Turcs usent ordinairement du mot*

Ekiabour *ou* Ekiabir *en ſingulier, quoyque ce ſoit un plurier, & diſent ſans difficulté,* bir Ekiabour *ou* Ekiabir dur, *pour faire entendre que la perſonne dont ils parlent eſt un grand Seigneur, ou au moins que c'eſt un homme de conſequence.*

Aprés que cette Relation a eſté achevée, on a encore trouvé parmy les papiers de ſon Autheur, quelques fragmens touchant la Perſe ; & comme l'on ſçait par experience qu'on doit eſtimer tout ce qu'il a écrit, on n'a point fait difficulté de les imprimer à la fin de ce Livre des Indes, parce qu'ils contiennent encore des inſtructions que les Curieux ne feront pas fâchez d'avoir.

PRIVILEGE DU ROY.

LOUIS PAR LA GRACE DE DIEU, ROY DE FRANCE ET DE NAVARRE. A nos amez & feaux Conseillers les Gens tenans nos Cours de Parlement, Maîtres des Requestes ordinaires de nôtre Hôtel, Grand Conseil, Baillifs, Seneschaux, Prevosts, leurs Lieutenans, & à tous autres nos Justiciers & Officiers qu'il appartiendra : SALUT, nôtre cher & bien amé CLAUDE BARBIN, Marchand Libraire en nôtre bonne Ville de Paris, Nous a fait remontrer qu'il desireroit, sous nôtre bon plaisir, imprimer un Livre intitulé, *Troisiéme Partie des Voyages du Sieur de Thévenot, contenant la Relation de l'Indostan, des nouveaux Mogols & des autres Peuples & Pays qui sont dans les Indes*, s'il Nous plaist luy accorder nos Lettres de permission sur ce necessaires, qu'il Nous a trés-humblement fait supplier de luy vouloir octroyer. A CES CAUSES, voulant favorablement traiter l'Exposant, Nous luy avons permis & accordé, permettons & accordons par ces Presentes, d'imprimer & faire imprimer, vendre & debiter en tous les lieux de nôtre Royaume ledit Livre, en telle marge & caractere, & autant de fois que bon luy semblera, durant le temps de six années consecutives, à compter du jour qu'il sera achevé d'imprimer pour la premiere fois, en vertu des Presentes. Pendant lequel temps Nous faisons deffenses à tous Imprimeurs, Libraires & autres, d'imprimer, faire imprimer, vendre & distribuer ledit Livre, sous pretexte d'augmentation, correction, changement de titre, fausses marques ou autrement, à peine de deux mil livres d'amande, payable par chacun des contrevenans, & applicable un tiers à Nous, un tiers à l'Hôpital general de nôtre bonne Ville de Paris, & l'autre tiers à l'Exposant ; de confiscation des Exemplaires contrefaits, & de tous dépens, dommages & interests. A condition qu'il sera mis deux Exemplaires dudit Livre dans nôtre Bibliotheque publique, un en celle du Cabinet de nos Livres en notre Château du Louvre, & un en celle de nôtre trés-cher & feal le Sieur le Tellier, Chevalier, Chancelier de France, avant que de les exposer en vente, à la charge aussi que l'impression en sera faite dans le Royaume, & non ailleurs, & que ledit Livre sera imprimé sur de beau & bon papier, & de belle impression, & ce suivant ce qui est porté par le Reglement fait pour la Librairie & Imprimerie au mois de Iuin 1618. enregistré en nôtre Cour de Parlement de Paris le 9. Iuillet ensuivant, à peine de nullité des Presentes, lesquelles seront registrées dans le Registre de la Communauté des Imprimeurs & Libraires de nôtre bonne Ville de Paris. Si vous mandons & enjoignons, que du contenu en icelles vous fassiez joüir pleinement & paisiblement l'Exposant, ou ceux qui auront droit de luy, sans souffrir qu'il leur soit fait ou donné aucun empeschement. Voulons aussi qu'en mettant au commencement ou à la fin dudit Livre une coppie des Presentes, ou Extrait d'icelles, elles soient tenuës pour bien & deüement signifiées, & que foy y soit ajoûtée, & aux Copies collationnées par l'un de nos amez & feaux Conseillers & Secretaires, comme à l'Original. Commandons au premier Huissier ou Sergent sur ce requis, de faire pour l'execution d'icelles tous Exploits, saisies & actes necessaires, sans demander autre permission, nonobstant clameur de haro, Charte Normande & Lettres à ce contraires : Car tel est nôtre plaisir. DONNE' à Chaville le neufiéme jour de Iuillet, l'an de grace mil six cens quatre-vingts quatre, & de nôtre regne le quarante-deuxiéme. Par le Roy en son Conseil, Signé LE PETIT, & scellé.

Registré sur le Livre de la Communauté des Imprimeurs & Marchands Libraires. Signé ANGOT, Syndic.

Achevé d'imprimer le 30. Septembre 1684.

Les Exemplaires ont esté fournis.

TABLE
DES CHAPITRES contenus en ce Livre.

LIVRE PREMIER.

Chapitre I. *Du départ de l'Autheur de la Ville de Balsora, & son arrivée à Sourat dans l'Indostan.* page 1.

Chap. II. *Des Indes, de leurs limites & de leur division.* p. 7

Chap. III. *Du Grand-Mogol, de sa Genealogie & de sa puissance.* p. 9

Chap. IV. *Du Royaume de Guzerat, & de sa reduction en Province.* p. 14

Chap. V. *De la Ville d'Amedabad, Capitale de Guzerat.* p. 20

Chap. VI. *Du départ d'Amedabad pour Cambaye.* p. 34

Idem. *De la Ville de Cambaye.*

Chap. VII. *De la Ville & Pays de Sourat, & de ses Habitans.* p. 42

Chap. VIII. *De la liqueur appellée Tary.* p. 48

Chap. IX. *Des Poids de Sourat, & des Monnoyes.* p. 51

Chap. X. *Des Officiers de Sourat.* p. 54

Chap. XI. *Des mauvais offices rendus à la Compagnie Françoise à Sourat, & de sa justification.* p. 59

Chap. XII. *Du Mariage de la Fille du Gouverneur de Sourat.* p. 64

Chap. XIII. *Des Cimetieres & du brûlement des Corps.* p. 68

Chap. XIV. *Des diverses Curiositez de Sourat.* p. 70

Chap. XV. *Du Port de Sourat.* p. 76

Chap. XVI. *De l'irruption du Raja Sivagy, & de son arrivée à la Cour du Grand-Mogol Auranzeb.* p. 78

Chap. XVII. *Du Pere Ambroise, Capucin; & d'une Feste de Mahometans.* p. 88

Chap. XVIII. *Des autres Villes du Guzerat, & du Siege de Diu par les Turcs sur les Portugais.* p. 91

Chap. XIX. *De la Province & Ville d'Agra, une des deux Villes capitales du Mogol.* p. 95

Chap. XX. *Des Vestemens à Agra.* p. 104

Chap. XXI. *Des autres Curiositez qui sont à Agra.* p. 110

Chap. XXII. *De la Province & Ville de Dehly, ou Gehan Abad, autre Capitale du Mogol.* p. 118

Chap. XXIII. *Des Armes des Mogols.* p. 126

Chap. XXIV. *Des Animaux à Dehly.* p. 129
Chap. XXV. *Des autres Curiositez à Dehly.* p. 135
Chap. XXVI. *De la Feste de la Naissance du Roy.* p. 138
Chap. XXVII. *De la Province & Ville d'Azmer.* p. 141
Chap. XXVIII. *De la Feste du nouvel An.* p. 145
Chap. XXIX. *Des Animaux du Pays d'Azmer, & du Salpestre.* p. 149
Chap. XXX. *De la Province du Sinde ou Sindy.* p. 154
Chap. XXXI. *Des Palanquins.* p. 158
Chap. XXXII. *De la Province de Multan.* p. 160
Chap. XXXIII. *De la Province de Candahar.* p. 163
Chap. XXXIV. *De la Province de Caboul ou Caboulistan.* p. 167
Chap. XXXV. *De la Province de Cachmir ou Kichmir.* p. 170
Chap. XXXVI. *De la Province de Lahors, & des Vartias.* p. 175
Chap. XXXVII. *Des Provinces d'Ayoud ou Haoud, & de Varad ou Varal.* p. 181
Chap. XXXVIII. *De la Province de Becar, & des Castes ou Tribus des Indes.* p. 183
Chap. XXXIX. *De la Province de Halabas, & des Faquirs des Indes.* p. 192
Chap. XL. *De la Province d'Oulesser ou Bengale; & du Gange.* p. 197
Chap. XLI. *De la Province de Malva.* p. 203
Chap. XLII. *De la Province de Candich.* p. 207

Chap. XLIII. *De la Province de Balagate* p. 212
Chap. XLIV. *Des Pagodes d'Elora.* p. 218
Chap. XLV. *De la Province de Doltabad, & des Sauts perilleux.* p. 225
Chap. XLVI. *De Chitanagar.* p. 232
Chap. XLVII. *De la Province de Telenga.* p. 237
Chap. LXVIII. *De la Province de Baglana ; & des Mariages des Gentils.* p. 243
Chap. XLIX. *Des Mortuaires.* p. 250

LIVRE SECOND.

Chap. I. *Du Decan & du Malabar.* p. 255
Chap. II. *Des Revolutions du Decan.* p. 266
Chap. III. *De Goa.* p. 272
Chap. IV. *Du Royaume de Golconde, & de Bagnagar.* p. 275
Chap. V. *Des Habitans de Bagnagar.* p. 285
Chap. VI. *Du Château de Golconde.* p. 290
Chap. VII. *Du Roy de Golconde regnant.* p. 296
Chap. VIII. *Des Omras ou Omrôs de Golconde.* p. 303
Chap. IX. *Départ de Bagnagar pour Masulipatan ; & du retour à Bagnagar.* p. 308
Chap. X. *Du départ de Bagnagar pour Sourat ; & du Mordechin.* p. 317
Chap. XI. *Memoire curieux de choses détachées.* p. 322
Chap. XII. *Du départ de Sourat pour la Perse.* p. 334

VOYAGES DE M^R DE THEVENOT.

CONTENANT LA RELATION DE l'Indostan, des nouveaux Mogols, & des autres Peuples & Pays des Indes.

LIVRE PREMIER.

CHAPITRE PREMIER.

E partis de Balsora, sur le Vaisseau Opsel, le sixiéme de Novembre 1665. six jours aprés le commencement de la Monson, & j'arrivay à la Barre de Sourat, le dixiéme de Janvier 1666. en sorte que *Barre de Sourat.*

mon voyage de Mer fut de plus de deux mois. On nomme ce lieu qui est environ à six lieuës de Sourat, la Barre, parce qu'il y a des sables en quantité qui empêchent que les grands Vaisseaux n'entrent dans la Riviere, avant qu'ils soient déchargez : Et on appelle Mousson ou Monson par corruption de Moussem, la saison qui est propre à naviger sur la Mer des Indes. J'ay dit dans la seconde Partie de mes Voyages, que cette saison durant laquelle il regne un vent fixe sur cette Mer, commence ordinairement quand Octobre finit ; qu'elle dure jusqu'à la fin d'Avril, & que c'est durant ces six mois qu'il faut passer de Perse aux Indes, si l'on veut éviter les tempêtes.

Monson.

2e Partie.

Le lendemain onziéme m'estant mis à dix heures & demie du matin sur une Barque comme les autres passagers, j'arrivay à huit heures au soir devant Sourat, proche de la Doüane, où l'ancre estant jetté, je passay la nuit dans cette Barque, & sur les dix heures du matin du douziéme Janvier, que la porte de la Doüane fut ouverte, nôtre Barque aprés le signal qui luy fut donné, s'aprocha de terre le plus qu'elle pût. Nous y fûmes ensuite portez par des hommes qui s'estoient mis dans l'eau jusqu'à la ceinture pour nous venir prendre, & on nous conduisit d'abord dans une grande court : Aprés l'avoir traversée, nous entrâmes dans une salle où le Doüanier nous attendoit pour nous faire visiter.

Cette visite se fit ; mais ce fut avec tant de severité & d'une maniere si mortifiante, qu'encore que je m'y attendisse, & que je m'y fusse preparé, j'eus besoin de toute ma patience pour laisser faire aux Visiteurs tout ce qu'ils voulurent, quoyque je n'eusse sur moy que mes habits ; & il n'est pas croyable combien ces gens apportent de précautions pour empêcher qu'on ne les trompe. Voicy l'ordre qu'ils y observent.

Visite severe.

Aussi-tôt qu'un Vaisseau a mouïllé à la Barre, le Capitaine est obligé d'aller dans sa chalouppe donner avis à la Doüane de son arrivée, & d'abord on le visite depuis la teste jusqu'aux pieds. On envoye en même temps un Garde au Vaisseau pour empêcher qu'on n'en décharge aucune chose à terre, ou sur quelqu'autre Vaisseau déja visité ; & cependant s'il est encore de bonne heure, on dépêche plusieurs Barques pour aller prendre les hommes & les marchandises, afin de les amener à la Doüane. Le Garde prend pour son droit de chaque passager, un abassy qui vaut dix-huit sols, & l'on paye à la barque une demie roupie, c'est-à-dire environ quinze sols pour le passage. Si lors qu'on arrive à la Ville, la Doüane n'est pas encore fermée, on débarque aussi-tôt ; mais si elle l'est, il faut demeurer dans sa barque : Cependant elle n'est ouverte que depuis dix heures jusqu'à midy, & il faut toute une marée pour faire le trajet de la Barre à la Ville, si ce n'est qu'heureusement on

Barre à 6. lieuës de la Ville.

Abassy, 18 sols. Demy-roupie, 15 sols.

ait le vent & la marée favorable.

Comme l'on est obligé de passer le reste du jour, & la nuit entiere dans cette barque, on est observé par des Gardes qui veillent sans cesse pour empêcher que personne n'y entre, ou n'en sorte. Quand on ouvre la Doüane, & qu'on a permission de débarquer, c'est pour lors qu'ils redoublent leur application, & qu'on augmente le nombre des surveillans. On ne fait avancer qu'une barque à la fois, & elle aborde vis-à-vis de la porte de la Doüane qui est sur le Port.

Il y a un Kiochk ou Pavillon couvert, où l'on met des gens en sentinelle pour remarquer & conduire de la veuë tout ce qui entre dans la barque, ou qui en sort ; & les Portefaix de la Doüane, se mettent dans l'eau pour aller prendre les hommes & les marchandises, & les porter à terre sur leur dos.

Pions. Cependant il y a sur le bord de la riviere, grand nombre de Pions, qui sont des Valets qu'on employe à toute sorte de service, & qu'on loüe par jour si l'on veut, comme l'on fait les Estafiers en Italie. Ces Pions de la Doüane ont en main de grosses canes pour faire retirer le peuple, afin que ceux que l'on débarque, ne puissent avoir aucune communication avec personne ; & pour plus grande seureté, ils se tiennent en haye des deux côtez du passage. On ne rend pas en cela un petit service aux nouveaux venus, par ce que si quelqu'un approchoit d'eux, on ne manqueroit pas de les accuser d'avoir détourné quelque chose ; & alors outre qu'ils seroient exposez à des coups de bâton, on leur feroit encore une grosse avanie, & on en a fait à quelques uns de plus de dix mil livres, quoyque dans la verité ils n'eussent rien sauvé. Aussi ceux qui veulent cacher quelque chose, & frauder la Doüane, donnent ordre à leurs affaires de bien meilleure heure : Ils n'attendent pas qu'ils soient arrivez à Sourat pour implorer le secours de leurs amis. Je sçay des gens qui avoient apporté quantité de Pierres precieuses & d'autres riches bijoux, dont les Doüaniers n'ont rien vû, & n'ont pas profité d'un sol, parce que le Commandeur Hollandois estoit leur amy, & les avoit secourus.

Aprés qu'on est entré dans cette cour de la Doüane, on est conduit dans la salle où est le grand Doüanier qui est assis sur son Divan, à la maniere des Orientaux, & ses Commis sont au bas. Comme les Divans des Indes sont semblables à ceux de Turquie & de Perse, je n'en diray rien icy. Les Passagers entrent en ce lieu-là l'un aprés l'autre, & un seul à la fois. On écrit d'abord sur un Registre le nom de celuy qui est entré, & aprés cela on le visite. Il faut ôter le bonnet ou turban, la ceintnre, les souliers, les chausses & le reste des habits, s'il plaist aux Visiteurs. Il n'y a pas un seul endroit du corps où ils ne portent la main,

Divan, voyez la premiere Partie.

Ils ne laissent pas un pouce d'étoffe qu'ils ne manient & ne tâtent exactement : s'ils sentent quelque chose de dur, ils le décousent aussi-tôt, & il n'y a point d'autre party à prendre que de tout souffrir. Cette visite est longue, & dure plus d'un quart d'heure à chaque personne, quoyqu'alors ils n'examinent que ce qu'on a sur le corps. S'ils trouvent de l'or ou de l'argent, ils en prennent deux & demy pour cent, & rendent le reste ; & ensuite on est congedié, mais on est obligé de laisser les marchandises & les hardes qu'on a. On fait ensuite sortir celuy qui a esté visité, par un guichet qui est à une porte de la ruë, où il y a un Garde qui ne le laisse passer que par l'ordre du Doüanier.

Le lendemain, tous ceux qui ont laissé leurs marchandises ou leurs hardes, ne manquent pas de se trouver à cette même porte. Le Doüanier s'y rend aussi sur les dix heures du matin, & aprés avoir consideré si le scellé qu'il avoit mis le jour précedent sur deux gros cadenats qui tiennent la grande porte & le guichet fermez, est en son entier, il fait ouvrir l'un & l'autre : Il entre avec ses gens ; l'on referme la porte, & il n'y a que le guichet qui demeure ouvert : Ainsi chacun attend dehors qu'il soit appellé pour entrer ; & je fus assez heureux pour estre introduit des premiers.

On me fit d'abord reconnoître ce qui m'appartenoit, & mes valizes ayant esté apportées au milieu de la Salle, elles furent ouvertes & vuidées. Chaque piece fut examinée l'une aprés l'autre: Quoyque je n'eusse aucune marchandise, on fouïlla par tout; mon matelas fut entierement décousu, on décola le pommeau d'un de mes pistolets, on passa des brochettes dans les étuis; & enfin aprés que les Commis se furent satisfaits de la vûë de mes hardes, on me congedia, & j'en fus quitte pour la Doüane de mon argent. Ce ne fut pas peu de bonheur pour moy d'estre si-tôt dépêché; car il y a des gens qui attendent quelquefois un mois de temps avant que de pouvoir retirer leurs hardes, & principalement ceux qui ont des marchandises, pour lesquelles ils payent à cette Doüane quatre pour cent, si ce sont des Chrêtiens, & cinq pour cent, si ce sont des Banians.

Ce qu'on paye à la Doüane.

CHAPITRE SECOND.

Des Indes.

AVant que d'entrer dans le détail des choses que j'ay veuës dans les Indes, il est necessaire pour l'intelligence du Païs, d'en marquer

Limites de l'Inde. les limites, & de dire quelque chose de leur étenduë. Si l'on veut comprendre dans les Indes, tous les Païs qui confinent du costé d'Occident, aux Provinces de Macran ou Sinde, Candahar & Kaboul ; du costé du Septentrion, à la Tartarie ; du costé de l'Orient, à la Chine & à la Mer ; & du costé du Midy, à la Mer Oceane, il n'y a point de doute qu'un si grand nombre de Royaumes & de Provinces qui s'y trouvent, ne fassent un trés-grand Pays. Mais on peut dire avec verité, que l'on ne connoist point encore bien son étenduë du costé de l'Orient, qui est trés-grande, puisque les Negocians de l'Indostan, qui trafiquent à la Chine, employent plus d'une année à passer de leur Pays en celuy-là ; & cette longue marche marque assez qu'il y a plusieurs Royaumes entre le Pays du grand Mogol, & celuy de l'Empereur Chinois.

Division & limites de l'Indostan. Cette partie Orientale, dans la division ordinaire des Indes, est appellée l'Inde au de-là du Gange, ainsi que l'Occidentale est nommée Inde en dedans, ou en de-ça du Gange. La derniere partie est la plus connuë : c'est celle que l'on appelle Indostan, & dont les bornes naturelles au Couchant & au Levant, sont le Gange & l'Indus, *Source du Gange.* qui ont leurs sources dans les montagnes du Zagatay & du Turquestan. Ces deux derniers Pays bornent l'Indostan au Septentrion, comme la Mer des Indes luy sert de limites au Midy, à l'entour

du

du Cap de Comory, depuis les bouches du Gange jusques à celles de l'Indus.

L'Empire du Grand-Mogol, qu'on nomme particulierement le Mogolistan, est le plus étendu & le plus puissant des Royaumes des Indes ; & les forces des autres Rois de l'Indostan, doivent d'autant moins estre comparées aux siennes, que la plûpart d'entr'eux sont dans quelque dépendance de ce Prince. J'écriray ce que je sçay de leurs Royaumes, quand j'auray traité du sien & de luy-même. *Mogolistan.*

CHAPITRE TROISIE'ME.

Du Grand-Mogol.

LE Grand-Mogol vient en ligne directe de Tamerlan, dont les descendans qui se sont établis aux Indes, se sont fait appeller Mogols, pour se distinguer de ceux à qui ce Prince avoit laissé le Zagatay, le Corassan, la Perse & autres Pays à gouverner aprés luy. Ils ont crû que ce Nom contribüeroit beaucoup à la gloire de leur Famille, parce que le prenant ils inspireroient plus facilement aux hommes, qu'ils sont de la Race de Ginguis-Can, Premier Empereur des anciens Mogols, qui l'avoit porté plus de deux *Ginguis-Can.*

siecles avant eux, & qui sous ce titre avoit commencé le plus grand & le plus puissant Empire du Monde.

Mogol. Mogol estoit autrefois le nom d'un grand peuple qui habitoit un vaste pays à l'extrêmité de la Tartarie Orientale, vers le Nord, que quelques uns ont appellé Mogul; d'autres, Mongul & Mongal, & d'autres Mogolistan, & Ginguis-Can y avoit pris naissance: Cét Empereur ou Grand-Can, le soûmit entierement à son obéïssance, avant que d'entreprendre la conquête du reste de l'Asie; & ses Sujets, aussi bien que luy, s'appelloient Mogols. Ce qui a donné lieu à ceux des Indes, de prendre le même nom pour faire entendre qu'ils en sont descendus.

Tamerlan. Pour ce qui est de la Genealogie de Tamerlan, il faut l'examiner ailleurs que dans la description d'un Voyage, si l'on en veut sçavoir la verité, à cause de la diversité des sentimens que les Autheurs Orientaux font paroître là-dessus.

Gazna. Tamerlan avoit déja donné grande jalousie aux Indiens, en conquerant la Province de Gazna, qui a esté quelquefois de leur dépendance, quoy que située beaucoup au de-ça des Indes, & qui *Pir-Muhemmed.* même dés son vivant fut possedée par Pir Muhémed, Fils de son aîné Gayeteddin; mais quand *Gayeteddin.* Mirza Baber, qui estoit descendu du troisiéme des Enfans de cét Empereur, s'y fut retiré aprés la perte du Maurenahar ou Zagatay, il s'appliqua si bien à y affermir sa domination, ainsi que dans quelqu'autres Pays des Indes, qui luy estoient voisins, & où, selon le Lebeltaric, il regna quarante-trois ans, que son Fils Humayon n'eut pas grande peine à s'introduire dans l'Indostan aprés la mort de son Pere, qui arriva en 1530. & qui avoit déja fait quelque entreprise inutile dans ce pays. *Humayon*

Ce jeune Prince se rendit maître de Candahar, de Caboul & de plusieurs autres Villes, dont quelque temps aprés il perdit la plus grande partie par la valeur de Châalem, Roy de Bengale & du Decan; mais il les recouvra dans la suite par le moyen du Roy de Perse Tahmas, dont il épousa la Sœur, & ayant poussé ses conquêtes plus avant, il fit Delhy la Capitale de son Royaume.

Son Fils Ecbar luy succeda; & aprés avoir joint quantité de Provinces de l'Indostan à celles que son Pere luy avoit laissées, il mourut en 1604. *Ecbar*

Selim son Fils aîné, se fit en même temps couronner sous le nom de Gehanguir; & aprés avoir regné vingt-trois ans, & fait encore plusieurs conquêtes, il mourut en l'an 1627. *Gehanguir.*

Aprés son deceds, son petit-Fils Bulloquy regna environ trois mois, mais il fut étranglé par l'ordre de Sultan Corom, Fils rebelle de Gehanguir, qui aprés s'estre assuré de l'Empire, prit le nom de Châgehan en l'an 1628. *Bulloquy* *Corom.* *Châgehan*

Comme le sang & la rebellion l'avoient mis sur le Thrône, il éprouva en ses Enfans les mêmes desordres qu'il avoit causez à son Pere ; car son Empire fut presque toûjours en confusion par leur jalousie, & enfin il tomba entre les mains d'Auranzeb, le troisiéme de ses quatre Fils, qui regne aujourd'huy.

Auranzeb.

Ce Prince pour monter sur le Thrône, imita les crimes de son Pere ; car il fit mourir Dara son Frere aîné, emprisonner Mourad son autre Frere, qui s'estoit confié à luy, & fit arrêter prisonnier son Pere même, qui mourut cinq ou six ans aprés, à la fin de l'an 1666.

Mort de Chágehan

Il est constant que le Grand-Mogol est un Prince trés-puissant, & on en peut juger par ses richesses, par ses Armées, & par le nombre des Peuples qui sont dans l'étenduë de son Empire. On dit que ses revenus vont à plus de trois cens trente millions. Le Canon Namé, qui est un Registre qui contient l'état de ses Troupes, marque que ce Prince entretient jusqu'à trois cens mille Chevaux, dont trente à trente-cinq mille, avec dix mille hommes d'Infanterie, sont destinez, soit en Paix, soit en guerre, à la garde du Roy, & logent ordinairement dans les lieux où il tient sa Cour. Cét Empire a plus de quatre cens lieuës de l'Orient à l'Occident, & en a plus de cinq cens du Nord au Midy, & cét espace, à quelques montagnes & deserts prés, est remply de tant de Villes, de Châteaux, de Bourgs & de Villages, & par consequent d'habitans qui cultivent les terres, ou

Puissance du Mogol.

Forces du Mogol sur le papier,

qui s'employent à faire valoir par les Manufactures & par le commerce ce que le pays produit, qu'il est aisé de juger de la puissance du Roy qui en est le maître.

Bornes du Mogolistan

Les vrayes bornes de son Empire à l'Occident, sont le Macran ou Sinde & Candahar ; à l'Orient, il s'étend jusqu'au de-là du Gange ; au Midy, il a pour limites le Decan, la grande Mer & le Golphe de Bengale ; & au Septentrion, les Tartares. L'exageration de plusieurs Voyageurs, sur l'étenduë des pays de ce grand Roy des Indes, a fait que je me suis attaché à consulter les plus habiles gens, pour apprendre ce qu'ils pensoient de sa grandeur, & ce que j'en écris, est leur sentiment.

Veritables forces du Mogol

Ils n'assurent pas comme quelques uns font, que quand le Mogol fait la guerre, il mette trois cens mille chevaux en campagne. Ils disent bien qu'il les paye ; mais comme les principaux revenus, ou pour mieux dire les recompenses des Grands, consistent particulierement en la paye qu'ils ont pour plus ou moins de Cavaliers, il est certain qu'à peine tiennent-ils en pied, la moitié de ce qu'on leur ordonne de gens : Et ainsi quand le Grand-Mogol marche en quelque expedition de guerre, son Armée n'est pas de plus de cent cinquante mille Chevaux avec fort peu d'Infanterie, quoyqu'il y ait plus de trois à quatre cens mille bouches à l'Armée.

Outre cela j'ay appris d'un Indien qui pretend sçavoir la Carte de son Pays, que l'on ne compte pas plus de vingt Provinces dans l'étenduë du Mogolistan des Indes, & que ceux qui en ont compté d'avantage, ont esté peu instruits de leur nombre, puisque d'une seule Province ils en ont fait deux ou trois. Comme cét Indien avoit le Catalogue des Revenus du Prince, & qu'ils estoient comptez suivant les vingt Provinces, je n'ay point douté de son sistheme ; mais j'aimerois mieux les appeller Gouvernemens, & dire que chaque Gouvernement contient plusieurs Provinces. Je marqueray les Revenus des Gouvernemens dans la description que j'en feray, & je ne laisseray pas d'appeller chaque Gouvernement, Province, pour ne me pas éloigner des Memoires que j'ay : Et au reste, comme je suis entré dans les Indes par la Province de Guzerat, je la décriray avant les autres.

Vingt Provinces ou Gouvernemens au Mogolistã

CHAPITRE QUATRIE'ME.

La Province de Guzerat.

Guzerat.

LA Province de Guzerat, qui a esté autrefois un Royaume, tomba en la possession du Grand-Mogol Ecbar, vers l'an 1565. Il y fut appellé par un grand Seigneur à qui le Roy de Guzerat Sultan Mamoët, en donna le Gouvernement general, lors qu'estant prés de mourir, il luy confia la tutelle de son Fils unique, en l'an 1545. ou 1546. durant le Regne d'Humayon, Pere d'Ecbar.

L'ambition de ce Gouverneur qui estoit envié de tous les Grands du Royaume de Guzerat, qui s'estoient declarez ses ennemis, & contre lesquels il vouloit se maintenir aux dépens même de son Prince, le fit recourir au Roy Mogol, sous pretexte de chercher en luy la protection de son Pupile nommé Mudafer, qui déja estoit en âge, mais dont l'autorité n'estoit pas assez bien établie pour conserver son Tuteur contre la ligue des Grands qu'il avoit irritez.

Gouvernemens.

Mudafer Roy de Guzerat.

Ecbar entra dans le Guzerat avec une Armée, & il soûmit tous ceux qui voulurent s'opposer à luy, & que le Gouverneur accusoit d'estre les ennemis de son Roy : Mais au lieu de se contenter d'une seule Ville qu'on luy avoit promise avec son territoire, il se saisit de tout le Royaume, & en fit le Roy & le Gouverneur prisonniers, sans que jamais ce malheureux Prince y pût r'entrer. Ce n'est pas qu'ayant trouvé le moyen de s'évader, il ne fit quelques efforts pour se rétablir ; mais ils furent inutiles, car il fut vaincu & il fut encore une fois prisonnier ; & enfin le desespoir l'obligea à s'ôter luy-même la vie.

Ecbar se saisit du Guzerat.

Mudafer se tua.

Guzerat Province agreable.

Cette Province est la plus agreable de l'Indostan, quoyqu'elle ne soit pas la plus grande. Le Nardaba, le Tapty & plusieurs autres rivieres qui l'arrosent, la rendent trés-fertile, & les campagnes du Guzerat sont remplies de verdure durant toutes les saisons de l'année, à cause des bleds & des ris dont elles sont couvertes, & des diverses especes d'arbres qui fournissent continüellement des fruits.

Ports de Sourat & de Cambaye.

La partie la plus considerable du Guzerat, est du côté de la Mer, où sont situées les Villes de Sourat & de Cambaye, dont les Ports sont les meilleurs de tout le Mogolistan. Mais comme Amedabad est la Ville Capitale de la Province, il est raisonnable de s'en entretenir avant que de parler des autres.

Départ de Sourat pour Amedábab.

Bateaux du Tapty incommodes.

Beriao bourg

Kim riviere

Oueclisser ville.

Nerdaba riviere.

Le premier Février je sortis de Sourat, pour aller à cette Ville par la porte Baroche, & je marchay droit au Nord. Je traversay deux heures aprés la riviere de Tapty, dans un bateau assez grand, mais fort incommode pour faire entrer les chariots, parce que les bords en sont élevez de deux pieds. Il fallut faire porter le mien par huit hommes, aprés en avoir dételé les bœufs ; & j'employay environ demie heure au passage de cette riviere. Je continüay mon chemin par le Bourg de Beriao, par la riviere de Kim, que je traversay avec la même peine que le Tapty, par la Ville d'Ouclisser, par la riviere de Nerdaba ; & enfin j'arrivay à la Ville

Ville de Baroche, qui est éloignée de Sourat & de la Mer, de vingt cosses qui font environ dix lieuës Françoises, parce qu'une cosse qui est la mesure des Indes pour l'espace des lieux, est environ d'une demie lieuë. *Cosse.*

Baroche est situé au 21. degré 55. minuttes de latitude. Comme la Forteresse de Baroche qui est grande & quarrée, est sur une montagne, on la voit de fort loin. Elle est une des principales du Royaume, & sa Jurisdiction a esté autrefois fort étenduë. La Ville est sur le penchant & au pied de la montagne, du côté de la riviere de Nerdaba. Elle a des murailles de pierre hautes d'environ trois toises, qui sont flanquées par de grosses tours rondes à trente ou trente-cinq pas l'une de l'autre. Les Bazards ou Marchez sont dans une grande ruë qui est au pied de la montagne ; & c'est où l'on fabrique ces Toilles de Coton appellées Baftas, dont il se fait un si grand debit dans les Indes. *Baroche.* *Baftas.*

La montagne estant haute & rude à monter, il seroit trés-aisé de mettre la Forteresse hors d'état de craindre aucune attaque, mais elle est presentement si negligée, que les murailles ont plusieurs grandes breches du côté de terre, que l'on ne songe seulement pas à reparer. Il y a des Mosquées & des Pagodes, c'est-à-dire des Temples de Gentils, en cette Ville, tant en haut qu'en bas. L'eau de la riviere est excellente pour le blanchiment des Toilles, & on y en apporte à blanchir de toutes parts. Il s'y fait fort peu de trafic d'autres choses, si ce n'est d'Agathes; mais le plus grand debit s'en fait à Cambaye. Il y a quantité de Paons dans le territoire de Baroche. Les Hollandois y tiennent un Facteur afin de faire expedier plus aisément aux Bureaux des Doüanes, les autres sortes de Toilles qui viennent d'Amedabad & d'ailleurs, parce que comme toutes les marchandises doivent payer des droits en entrant & en sortant de Baroche, il ne manqueroit jamais d'y avoir de l'embarras si on confioit ce soin aux Voituriers qui les transportent.

Paons à Baroche.

Aprés estre party de Baroche, je continüay d'aller au Nord, vers la petite Ville de Sourban, qui est à sept lieuës de Baroche, & ensuite ayant traversé le Torrent de Dader & plusieurs Villages, j'arrivay à Debca, qui est au bord d'un Bois à sept lieuës de Sourban. Les Habitans de ce Bourg, estoient autrefois de ceux qu'on nommoit Merdi-Coura ou Antropofages, mangeurs d'hommes; & il n'y a pas grand nombre d'années qu'on y vendoit encore de la chair humaine dans le Marché. Il semble que ce lieu soit une retraite de Voleurs: Ses Habitans qui portent presque toûjours l'épée, sont trés-impudens: En quelque posture que vous soyez, ils vous regardent continuëllement au visage, & avec une hardiesse si grande, que quelque chose qu'on leur

Sourban.

Debca.

Antropofages

dise, on ne peut les faire retirer : Les passagers qui les connoissent, sont toûjours sur leur garde, & ils sont même obligez de porter une lance avec eux, quand ils vont à leurs necessitez.

Petnad.

Nous en partîmes le lendemain pour aller à Petnad, petite Ville à sept lieuës & demie de Debca, où nous arrivâmes, aprés avoir passé le Golphé ou Riviere de Maï, où il y a des Gardes-chemins. Nous trouvâmes en nôtre route deux grands Tanquiez & beaucoup de Singes d'une grandeur extraordinaire. Ces Tanquiez sont des reservoirs d'eau de pluye : Il y en a quantité dans les Indes ; & on a ordinairement grand soin de les entretenir, parce que les fontaines estant rares dans ce Pays, on a extrêmement besoin de ces reservoirs publics, à cause de l'alteration continuëlle que la chaleur y cause à tous les animaux, & il y en a de grands comme des Etangs.

Tanquiez.

Campement en route de Sourat à Amedabad.
On sort par la porte Baroche, & on passe la Riviere de Tapty à une lieuë & demie de Sourat.
Campement sous un arbre de Vvar à 4. lieuës de Sourat.
Kim, Riviere.
Quelisser, Ville.
Nerdaba, Riviere.
Baroche à 10 lieuës de Sourat.

Nous arrivâmes ensuite à la Ville de Sousentra, où nous vîmes un fort beau puyts, que je ne décriray point icy, parce qu'il est presque semblable à celuy d'Amedabad, dont je parleray en son lieu. Nous fûmes de-là à Mader, qui est à six lieuës & demie de Petnad. Nous vîmes sur le chemin une infinité de Singes de toutes sortes d'especes, qui estoient non seulement sur les arbres de la campagne, mais même sur ceux qui bordoient le chemin, sans avoir peur de personne. Je tâchay souvent de les faire fuïr avec mes armes, mais ils ne

Sourban, Ville à 7. lieües de Baroche.
Dader, Riviere ou Torrent.
Debca à 7. lieües de Sourban.
Maï, Riviere.
Petnad à 7. lieuës & demie de Debca.
Sonsentra, Ville.
Mader à 6. lieües & demie de Petnad.
Matrous, Riviere.
Gitbag à 5. lieuës de Mader.
Amedabad à 2. l. & demie de Gitbag.
Colis.

branloient pas, & crioient leur *pou pou* à outrance, qui est, comme je croy, le *houp houp*, dont Monsieur de la Boulaye a parlé.

Nous allâmes de-là à Gitbag, qui est à cinq lieuës de Mader. Nous rencontrâmes quantité de Colys, qui sont gens d'une caste ou tribut de Gentils, qui n'ont point d'habitation arrêtée, mais qui vont de Village en Village, & portent avec eux tout leur ménage. Leur principal mêtier est de démêler le cotton, & le nettoyer avec l'archet, & quand ils n'ont plus rien à faire à un Village, ils vont à un autre. Il y a dans ce Village de Gitbag, un assez beau Jardin du Roy : Je m'y promenay : Il est sur le bord d'un reservoir, & j'y vis quantité de Singes & de Paons : Il paroist que le logement qui y reste, a esté beau ; mais on l'a laissé ruiner, & une Maison du Roy, qui n'en est pas éloignée, est trés-mal entretenuë : Il n'y a que deux lieuës & demie de Gitbag à Amedabad.

Gitbag.

CHAPITRE CINQUIE'ME.

D'Amedabad.

Amedabad, Capitale du Guzerat.

AMedabad est éloigné de Sourat de quatre-vingt-six cosses, qui sont quarante lieuës de France. Il y a apparence que cette Capitale de Guzerat est l'Amadavastis d'Arian, quoyque les Ecrivains modernes disent qu'elle a son nom d'un Roy nommé Ahmed ou Amed, qui l'a fait rebâtir, & qu'elle s'appelloit Guzerat aussi bien que la Province, avant que ce Roy regnât. Le Roy Châgehan l'appelloit Guerdabad, l'habitation de la poussiere, parce qu'il y en a toûjours beaucoup. C'est où reside le Gouverneur de la Province, qui est ordinairement un Fils du Grand-Mogol; mais presentement c'est un grand Omra, appellé Muhabbat-Can, & c'estoit le lieu de la residence des Rois de Guzerat, avant que le Roy Ecbar s'en fût emparé.

Guerdabad.

Cette Ville est au vingt-troisiéme degré & quelques minutes de latitude Septentrionale. Elle est située dans une belle campagne, & arrosée d'une petite Riviere appellée Sabremetty, qui est peu profonde, & qui s'étend prodigieusement dans la campagne, au temps des pluyes. Avant que d'y entrer, je me trouvay dans une agreable avenuë plantée d'arbres, qui finit par une Mosquée. Il y a ensuite plusieurs grands Jardins, dont les murailles sont de brique, & qui tous ont une maniere de pavillon à l'entrée. Je vis aprés cela, un fort grand reservoir qui a dans son milieu un beau Jardin de six-vingts pas en quarré, où l'on entre par un Pont de quatre cens pas de long, & au bout du Jardin il y a un logement assez commode.

Situation d'Amedabad.

Sabremeti Riviera.

Reservoir d'eau avec un Iardin au milieu.

Il y a ensuite plusieurs maisons de-çà & de-là, qui font comme un grand Village, & il y a plusieurs Sepulchres assez bien bâtis. On pourroit appeller tout cela un avant Fauxbourg, parce que de là on entre par une fausse porte, dans une ruë bordée de maisons, qui conduit droit à la Ville, & qui est de ce côté-là le vray Fauxbourg d'Amedabad.

Murailles & Tours d'Amedabad.

Cette Ville est fermée de murailles de pierre & de brique, qui d'espace en espace sont flanquées de grosses tours rondes avec des creneaux par tout. Elle a douze portes, & environ une lieuë & demie en sa plus grande longueur, si l'on comprend les Fauxbourgs. C'est une des Places du Guzerat, dont on a le plus de soin d'entretenir les murailles & la garnison, à cause qu'elle est dans la situation la plus propre pour arrêter les courses de quelques Rajas voisins. On craint particulierement les Coureurs de celuy de Badur, qui est puissant à cause des Villes & des Châteaux qu'il a dans les montagnes, & où l'on ne sçauroit aller que par des détroits qu'il leur est trés-aisé de défendre. Le Roy Ecbar mit tout en usage durant sept années pour perdre ce Raja : il ne pût en venir à bout, & il fut obligé de faire la paix avec luy : Mais ses gens font toûjours des courses, & il est quitte pour les desavoüer. Sa residence ordinaire est dans la Province de Candich.

Raja de Badur.

Dés que je fus arrivé à Amedabad, j'allay loger

dans un Quervanseray où je trouvay le Sepulchre de la Femme d'un Roy de Guzerat : je m'y reposay, & quelques temps aprés j'allay voir Messieurs les Hollandois, pour qui j'avois des Lettres du Commandeur de Sourat. Ils me retinrent, & quoyque je leur disse, je ne pûs me dispenser de loger chez eux : Ils voulurent même les uns aprés les autres m'accompagner en tous les lieux d'Amedabad, où je voulus aller pour satisfaire ma curiosité : Ils sont logez dans la plus belle & la plus longue ruë de la Ville. Toutes les ruës d'Amedabad sont larges, mais celle-cy l'est au moins de trente pas, & à son extrêmité du côté du Couchant, il y a trois grandes arcades qui tiennent toute sa largueur.

Hollandois dans Amedabad.

Meïdan d'Amedabad.

En partant de chez eux, on entre par ces hautes arcades dans le Meïdan-Chah, qui signifie la Place du Roy. C'est un quarré long qui a quatre cens pas en largeur, & sept cens en longueur, & qui est tout bordé d'arbres. La porte du Château est du côté du Couchant, à l'opposite des trois arcades, & celle du Quervanseray est au Midy. Il y a de ce même côté six ou sept canons montez, & de l'autre il y a encore de grandes portes qui sont à la teste d'assez belles ruës. On voit dans ce Meïdan, plusieurs petits bâtimens quarrez élevez environ de trois toises, qui sont des Tribunaux pour le Cotoüal, qui est le Juge criminel. Il y a au milieu de la Place, un trés-haut arbre qui est planté exprés pour exercer ceux qui apprennent à tirer de l'arc, & ils lancent leurs fléches contre une boule qui est pour cela au haut de l'arbre.

Château d'Amedabad.

Ayant vû le Meïdan, nous entrâmes dans le Château par une porte fort exaucée, qui est entre deux grosses tours rondes & hautes d'environ huit toises. Tous les appartemens sont trés-peu de chose, quoyque ce Château soit entouré de bonnes murailles de pierre de taille, & qu'il soit aussi grand qu'une petite Ville.

Beau quervanseray du Meïdan d'Amedabad.

Le Quervanseray qui est dans le Meïdan, embellit beaucoup cette Place. Sa face est ornée de plusieurs loges & balcons soûtenus de colomnes, & tous ces balcons qui sont de pierre, sont percez à jour fort delicatement. On y entre par un grand vestibule octogone voûté en dôme, où l'on trouve quatre portes, & où l'on voit plusieurs balcons ; & ces portes donnent entrée au principal bâtiment qui est quarré, & qui a deux étages de pierre de taille vernissez en façon de marbre, avec des chambres tout autour, où les Etrangers peuvent loger.

Palais du Roy dans Amedabad.

Il y a auprés du Meïdan, un Palais qui appartient au Roy, & qui a sur la porte un grand balcon pour les Musiciens qui y viennent joüer de leurs muzettes, de leurs trompettes & de leurs hautbois, au matin, à midy, au soir & à minuit. On voit dans ses appartemens plusieurs ornemens de de feüillages, & l'or n'y est pas épargné. Le Contoir des Anglois est au milieu de la Ville. Ils sont fort bien logez, & ils ont de belles cours. Leurs magazins sont ordinairement pleins de Toiles de Lahors & de Dehly, dont ils font un grand commerce.

Iuma-Mesgid, la Mosquée du Vendredy.

Il y a quantité de Mosquées grandes & petites dans Amedabad, mais celle que l'on appelle Juma-Mesgid, la Mosquée du Vendredy, parce que les devots de toute la Ville y viennent ce jour-là, est la principale & la plus belle. Son entrée est dans la même ruë où est bâtie la maison des Hollandois, & on y monte par plusieurs grands degrez. On trouve d'abord un Cloître quarré, qui a environ cent quarante pas en longueur, & cent vingt en largeur, dont le toict est soûtenu de trente-quatre pilastres. Son contour est orné de douze dômes, & la place du milieu est pavée de grands carreaux de brique. Il y a au milieu de la façade du Temple, trois grandes arcades, & aux côtez deux grandes portes quarrées qui y donnent entrée, & chaque porte est ornée de pilastres sans ordre d'Architecture. Il y a au côté exterieur de chaque porte, un clocher trés-élevé, qui a quatre balcons fort ornez, où les Muezzins ou Bedeaux de la Mosquée, appellent le peuple à la priere. Son dôme principal est assez beau, & comme il est accompagné de plusieurs petits, & des deux minarets, le tout ensemble paroist fort agreable. Tout ce logement est soûtenû de quarante-quatre colonnes posées deux à deux, & le pavé est de marbre. Il y a comme aux autres Mosquées la Chaire de l'Imam; mais outre cela on voit dans le coin de main droite un grand Jubé sur quarante-deux pilliers de huit pieds de haut chacun, qui ne peut avoir esté bâty que pour y cacher les femmes qui vont à la Mosquée, car ce Jubé est fermé jusqu'au plancher d'une maniere de chassis de plâtre percé à jour; & j'y vis plus de deux cens Faquirs qui avoient les bras en croix derriere leur teste, sans remuër aucunement.

Santidas Pagode.

Ceremonie du Roy Aurãzeb, pour convertir une Pagode en Mosquée.

Comme Amedabad est habité de quantité de Gentils, il y a aussi plusieurs Pagodes ou Temples d'Idoles. Il y en avoit un qu'on appelloit la Pagode de Santidas, qui estoit le principal de tous, avant qu'Auranzeb l'eut converty en Mosquée. Quand il voulut en faire la ceremonie, il y fit égorger une vache, parce qu'il sçavoit bien qu'aprés une telle action les Gentils, selon leur Loy, ne pourroient plus y prier. Il y a tout autour du Temple un Cloître garny de belles cellules, qui sont ornées de figures de marbre en relief, representant des femmes nuës, & assises à l'Orientale. La voute de la Mosquée est assez belle, & elle a ses murailles remplies de figures d'hommes & d'animaux; mais Auranzeb qui de tout temps a fait profession d'une devotion affectée qui l'a à la fin conduit sur le Thrône, a fait rompre le nez à toutes ces figures qui adjoûtoient beaucoup de magnificence à cette Mosquée.

Châalem lieu de sepulture.

Le Châalem est encore à voir dans Amedabad, c'est la sepulture d'vn homme fort riche que les Indiens disent avoir esté Magicien, & que les Mahometans croyent un grand Saint ; en sorte que tous les jours plusieurs gens la visitent par devotion : son bastiment est quarré, chaque costé est couvert de sept petits dômes qui en accompagnent un grand qui est au milieu, & l'on entre dans ce lieu par sept portes qui occupent toute la façade. Dans ce bastiment il y en a un autre en forme de Chapelle qui est aussi quarré. Quand on est entré dans le premier, dont le pavé est de marbre, on peut tourner à l'entour de la Chapelle qui a deux portes de marbre, ornées de nacres de perles & de petites pieces de cristal : Les fenestres sont fermées par des jalousies de cuivre percées à diverses figures. Le tombeau du faux Saint qui est au milieu de la Chapelle, est une maniere de lit couvert de brocard, dont les colonnes sont de mesme matiere que les portes de la Chapelle, & ont le mesme ornement de nacres de perles ; & il y a tout en haut six ou sept daix d'étoffes de soye, les uns dessus les autres, qui sont de differentes couleurs. Le lieu est tres-frequenté, & il est toûjours remply de fleurs blanches que les devots Mahometans apportent, lors qu'ils viennent faire leurs devotions, & on y voit quantité d'œufs d'Autruche, & de lampes suspenduës.

De l'autre côté de la cour, il y a un semblable bâtiment, où quelques autres de leurs Saints sont enterrez, & à quelques pas de-là on voit une Mosquée qui a un grand portique soûtenu de colonnes, avec plusieurs chambres & autres logemens pour les pauvres, & tout cela est accompagné d'un grand Jardin, qui est au derriere de la Mosquée.

Il y a quantité de Jardins dans Amedabad : Ils sont remplis de tant d'arbres, que quand on regarde cette Ville d'un lieu élevé, elle paroist comme une forest d'arbres verds, dont la plûpart des maisons sont cachées ; & le Jardin du Roy qui est hors la Ville, & sur le bord de la riviere, en a de toutes les especes qui croissent dans les Indes. On y va par des allées d'arbres plantées à la ligne, qui ressemblent assez à celles du Cours de la Reine à Paris. Il est fort grand, ou plûtôt ce sont plusieurs Jardins élevez en amphiteatre ; & dans le plus haut il y a une terrasse d'où l'on découvre des Villages éloignez de plusieurs lieuës. Comme ce Jardin est trés-étendu, ses longues allées font un effet merveilleux à la veuë. Elles sont accompagnées dans le milieu, d'un parterre remply de fleurs, qui n'a pas plus d'une toise & de-

Grand Jardin.

mie de large, mais qui va d'un bout à l'autre du Jardin. Au milieu des quatre allées qui sont en croix, il y a un grand pavillon dont le toict est de tuiles vertes. L'on va prendre le frais sur les bords d'un bassin plein d'eau qui est dessous ; & ce lieu est le rendez-vous de tous les jeunes gens de la Ville.

Sepulture d'un Roy de Guzerat à Amedabad.

Nous vîmes en y allant, un bâtiment où un Roy de Guzerat est enterré. C'est un édifice quarré qui a la reputation parmy les Indiens, de servir aux Magiciens & aux Sorciers, pour s'entretenir avec le Diable. Il est couvert d'un grand dôme accompagné à chaque côté de cinq plus petits ; & il y a à chaque face du bâtiment, des colonnes qui soûtiennent ces dômes, & à quelques ruës de-là, on voit un Sepulchre où une Vache est enterrée sous un dôme soûtenu de six colonnes.

Sepulture d'une Vache.

Serquech.

On voulut ensuite que j'allasse à Serquech, qui est un Bourg à une lieuë & demie ou environ de la Ville. Les Indiens disent qu'autrefois la Capitale de Guzerat estoit en ce lieu-là, à cause de la quantité de Tombeaux de Rois & de Princes qui y sont : mais il y a bien plus d'apparence que ce lieu estoit seulement destiné pour leurs Sepultures, & qu'Amedabad a toûjours esté leur Capitale. J'y observay un bâtiment dont la structure est presque semblable à celuy de Châalem. Il a les mêmes ornemens, & est aussi dedié à un de leurs Saints, & toute la difference consiste en ce qu'il y a à chaque côté de celuy-cy, treize dômes & autant de portes, & que le dôme qui couvre la Chapelle, est peint & doré en dedans. A l'opposite de cét édifice, il y en a un autre semblable, qui est aussi dedié à un Saint.

Je vis proche de ces Sepulchres, une Mosquée pareille à celle que j'avois examinée à Amedabad, & elle n'en differe qu'en ce qu'elle est plus petite. Elle est accompagnée d'un grand Tanquiés ou Reservoir, qui a sur ses bords dans des Chapelles, les Tombeaux des Rois, des Reines, des Princes & des Princesses de Guzerat, & on y descend par plusieurs degrez de fort belles pierres. Enfin l'on ne void que sepultures en ce lieu-là. Toutes sont solidement bâties, & elles font assez paroître qu'elles ont esté faites pour des Rois & des Princes ; mais elles sont travaillées sur un même modele. Elles consistent ordinairement en un grand bâtiment quarré qui a trois grandes arcades à chaque face, & plusieurs petites au dessus. Il a un grand dôme au milieu, & plusieurs petits sur les côtez, & à chaque coin une tour avec un petit escalier pris dans l'épaisseur de la muraille, pour monter sur des terrasses que l'on trouve d'espace en espace sur le bâtiment ; & le Tombeau est directement sous le grand dôme. La plûpart de ces lieux sont remplis des marques de la devotion des Peuples

Sepultures des Rois & Princes de Guzerat.

Mahometans & Indiens, qui à certains jours y viennent en foule, & dont les derniers pleurent la perte de leurs Princes. Il y a quantité de Pagodes en ces quartiers-là, & c'est de Serquech que l'on tire tout l'Indigo qui se vend à Amedabad.

Indigo à Serquech.

Puits extraordinaire.

Il y a hors d'Amedabad un beau Puits. Sa forme est un quarré long : Il est couvert de sept arcs de pierre de taille qui l'ornent beaucoup : Il y a six espaces entre les arcs par où le jour entre dans le puits, & on les appelle les bouches du puits : Il a quatre toises en largeur, & vingt-quatre ou environ en longueur : A chaque bout il y a un escalier de deux pieds de large pour y descendre, & on y trouve six étages ou palliers qui sont soûtenus de pilastres de huit pieds de haut : Chaque étage a une gallerie ou place de quatre toises, & ces galleries & pilastres sont de pierre de taille : Seize pilastres soûtiennent chaque gallerie, & les bouches du puits sont environ de même longueur & largeur que les galleries : La figure de la troisiéme bouche est differente de celle des autres, parce qu'elle est octogone, & qu'il y a auprés un petit escalier à vis par où l'on descend aussi dans le puits : L'eau y vient de source : Elle estoit jusqu'à la moitié du quatriéme étage quand j'y descendis, & plusieurs petits garçons y nageoient d'un bout à l'autre, passant entre les piliers. Les Indiens disent que ce puits a esté fait aux dépens de la Nourrice d'un Roy de Guzerat, & qu'il a coûté trente millions ; mais je n'y ay point apperçû d'ouvrage qui ait pû causer une si grande dépense.

Hôpital d'Oiseaux

On voit en cette Ville un Hôpital pour les Oiseaux. Les Gentils y logent tous les Oiseaux qu'ils trouvent malades, & ils les y nourrissent toute leur vie, s'ils sont incommodez : Les bestes à quatre pieds y ont aussi le leur : J'y vis plusieurs Bœufs, Chameaux, Chevaux & autres animaux blessez, qui y estoient pensez & bien nourris, & que ces Idolatres achetent des Chrêtiens & des Mores, afin de les délivrer, disent-ils, de la cruauté des Infidelles ; & ils y demeurent toûjours, s'ils sont incurables, & s'ils guerissent, ils les vendent à des Gentils, & non à d'autres.

Pantheres pour la Chasse.

Il y a aux environs d'Amedabad beaucoup de Forests où l'on prend des Pantheres pour la chasse, & le Gouverneur de la Ville les fait instruire pour les envoyer au Roy. Le Gouverneur ne permet pas que personne en achete que luy, & ceux qui ont soin de les apprivoiser, les tiennent auprés d'eux dans le Meïdan, où ils les flatent & les carressent de temps en temps pour les accoûtumer à la vûë des hommes.

Animal rare.

Les Hollandois me firent voir chez eux un animal dont on faisoit grand cas en ce Pays-là. Il a la teste de fouïne, & les oreilles, les yeux & les dents de liévre : Son museau est rond & de couleur

couleur de chair, & sa queuë est semblable à celle d'un écureüil ; mais elle est longue d'un pied & demy : Il a aux pieds de devant quatre doigts, & un ongle à la place du cinquiéme doigt : Ses pieds de derriere ont cinq doigts parfaits, qui sont fort longs aussi bien que les ongles : Il a la plante des pieds plate comme les Singes, & de couleur de chair : Son poil est long & rude, & d'un roux noirâtre : Celuy du ventre & des pieds de devant est gris comme le poil du liévre : Il mange de toutes choses horsmis de la viande, & il casse aisément des amandes, quelques dures qu'elles soient : Il n'est ny farouche, ny mal faisant : Il jouë avec le chat : Il badine de même maniere que les écureüils : Il se frote comme ils font, le museau avec ses pates & sa queuë, & il a le cry de même ; mais il est beaucoup plus fort. Les Hollandois l'avoient acheté d'un Abyssin qui l'avoit eu à Moca, quoyque personne n'en sçût le nom, ny ce que c'est. Pour moy, je ne doute point que ce ne soit un écureüil d'espece particuliere, quoyqu'il soit trois fois plus grand que ceux que nous avons en France.

Marchandises d'Amedabad.

Les marchandises dont on trafique le plus à Amedabad, sont des satins, velous & tafetas, & des Tapis à fond d'or, de soye & de laine : On y vend aussi des Toiles de coton ; mais elles viennent de Lahors & de Dehly : On y enleve beaucoup d'Indigo, de gingenvre confit & non confit, de sucre, de cumin, de lacque, de mirabolans, de tamarins, d'opium, de salpestre & de miel. Le principal trafic des Hollandois à Amedabad, est de Schites, qui sont des Toiles peintes; mais elles sont beaucoup moins fines que celles de Masulipatan & de Saint Thomé.

CHAPITRE SIXIE'ME.

Départ d'Amedabad pour Cambaye.

Depart d'Amedabad pour Cambaye. AYant vû dans Amedabad ce qu'il y avoit de curieux, j'en sortis le seiziéme Février, aprés avoir remercié mes Hôtes de leurs civilitez; & ils me firent encore accompagner par un homme du Cotoüal, pour empêcher qu'on ne m'arrétât à la porte de la Ville. Voulant aller à Cambaye qui n'est qu'à deux petites journées d'Amedabad, c'est-à-dire quinze ou seize lieuës, je pris le même chemin par lequel j'estois venu, aprés avoir vû la petite Ville de Baredgia, que j'avois laissée à gauche en venant. *Baredgia, Ville.* Elle est à quatre lieuës d'Amedabad; mais je n'y vis rien de remarquable. *Chemin de Cambaye.* Quand je fus arrivé à Souzentra, je pris à main droite le chemin de Cambaye, & j'allay coucher au Village de Canara, éloigné de Cambaye d'une lieuë & demie.

Cambaye.

Cambaye que quelques uns appellent Cambage, est une Ville du Guzerat, située au fonds d'un Golphe qui porte son nom, & qui est à son midy. Elle est une fois grande comme Sourat; mais il s'en faut beaucoup qu'elle ne soit aussi peuplée. Elle a de fort belles murailles de brique qui sont hautes d'environ quatre toises, avec des Tours d'espace en espace. Ses ruës sont larges, & toutes ont des portes aux deux bouts, que l'on ferme durant la nuit. Ses maisons sont fort hautes, & bâties de brique cuite au Soleil, & les boutiques sont pleines d'aromats parfums, épiceries, étoffes de soye & autres. On y void quantité de brasselets d'ivoire, de tasses d'agathe, de chappelets & d'anneaux que l'on travaille en cette Ville; & ces agathes sont tirées des carrieres d'un Village appellé Nimodra, qui sont à quatre lieuës ou environ de Cambaye, sur le chemin de Baroche, mais les pieces qu'on en tire, ne sont guére plus grosses que le poing.

Agathes.

La plûpart des Habitans sont Banians & Raspoutes. Nous dirons dans la suite quelles gens ce sont. Le Château où le Gouverneur loge, est grand, mais il n'a rien de beau. Il y a tant de Singes en cette Ville, que quelques fois les maisons en sont couvertes, en sorte qu'ils blessent toûjours quelqu'un dans la ruë quand ils trouvent sur les toicts dequoy leur jetter. Les dehors de la Ville sont ornez de plusieurs beaux Jardins

Chasteau de Cambaye.

Singes.

Sepulchre d'un Gouverneur du Roy, à Cambaye.

publics. Il y a une Sepulture bâtie de marbre, qu'un Roy de Guzerat fit élever pour honorer la memoire de son Gouverneur, qu'il aimoit extrêmement; mais elle est mal entretenuë. Il y a trois cours, dans l'une desquelles on voit encore plusieurs colonnes de porphyre qui y sont restées d'un plus grand nombre : Il y a aussi plusieurs Sepultures de Princes. Il y avoit autrefois un Hôpital pour les Animaux malades, mais on l'a negligé, & presentement il est en ruine. Les Faux-bourgs sont presqu'aussi grands que la Ville. On y fait de l'Indigo. La Mer en est éloignée de demy lieuë, quoyqu'autrefois elle vinst jusqu'à la Ville ; & cette retraite en a diminüé le commerce, parce que les grands Vaisseaux ne peuvent venir qu'à trois ou quatre lieuës de là. Les marées sont si violentes au Nord du Golphe, qu'un Cavalier courant à toute bride, ne peut suivre les premiers flots ; & cette violence de la Mer, est encore une des raisons pour quoy les grands Vaisseaux n'y vont que rarement. Les Hollandois n'y viennent qu'à la fin de Septembre, parce que le long de la côte des Indes qui regarde l'Arabie, & principalement dans ce Golphe de Cambaye, il y fait si mauvais pour les Vaisseaux au commencement de ce mois, à cause d'un vent d'Oüest qui y souffle en ce temps-là avec violence, & qui est toûjours accompagné de gros nuages qu'on appelle Elephans, parce qu'ils en ont la figure,

Hospital pour les animaux malades.

Indigo à Cambaye.

que le naufrage y est presqu'inévitable.

Aprés avoir satifait ma curiosité sur ce qu'il y a de remarquable dans Cambaye, je pris congé de mes Amis ; & comme il y a plusieurs chemins pour aller de là à Sourat, je consultay lequel je devois prendre. On pourroit y aller par mer en vingt-quatre heures, sur une Almadie qui est une espece de Brigantin dont les Portugais se servent pour trafiquer le long de la côte : mais ces Vaisseaux ne vont ordinairement que de nuit, afin de n'estre pas découverts des Malabars. Durant le jour ils se tiennent dans les Ports, & le soir le Pilote monte sur quelque éminence pour découvrir s'il n'y a point de barques Malabares en mer. Les Almadies vont si vîte que les Malabars ne les peuvent atteindre, mais ils tâchent à les surprendre, & quand ils en peuvent découvrir une dans un Port, ils se cachent derriere un écueïl, & ils la prennent au passage. L'on perd souvent de ces Almadies dans le Golphe de Cambaye, où les marées sont fâcheuses, & où il y a quantité de bancs de sable ; & c'est une des raisons pour quoy l'on ne se hazarde pas à prendre cette voye pour aller à Sourat, à moins que l'on ne soit extraordinairement pressé.

Chemins pour retourner à Sourat.

Almadie.

Golphe de Cambaye dangereux

Corsaires Malabars

Il y a encore une autre voye par la mer, qui est de la passer en chariot au fonds du Golphe, vis-à-vis de Cambaye, lorsque la marée est retirée ; & il y a trois lieuës & demie à faire dans l'eau, qui alors n'eſt haute que de deux à trois pieds : mais on me dit que les vagues batoient quelques fois le chariot ſi rudement, qu'il falloit beaucoup de perſonnes pour l'empêcher de tomber, & qu'il en arrivoit toûjours quelque malheur ; ce qui m'empêcha de l'entreprendre, quoy que je ſçûſſe bien qu'eſtant paſſé, il ne me reſteroit plus que vingt-huit lieuës à faire pour arriver à Sourat. Ainſi j'aimay mieux prendre le chemin de terre, quelque danger qu'il y eût de trouver des Voleurs, comme on me le vouloit perſuader.

Quand mes amis me virent reſolu à prendre cette voye, ils me conſeillerent de prendre pour ma ſeureté un Tcheron avec une femme de ſa caſte ou tribut, pour m'accompagner juſqu'au lieu où il n'y auroit plus de danger ; mais je refuſay de le faire, & le ſuccés me fit connoître que j'avois eu raiſon d'en uſer ainſi. Ces Tcherons ſont une caſte de Gentils qu'on eſtime beaucoup parmy les Idolâtres : Ils demeurent pour la plûpart à Baroche, à Cambaye & à Amedabad : Quand on a de ces gens là avec ſoy, on ſe croit en ſeureté, parce que l'homme fait ſçavoir aux Voleurs qu'on rencontre, que le Voyageur eſt en ſa garde, & que s'ils en approchent, il ſe coupera la gorge, & la femme les menace qu'elle ſe coupera une mamelle avec un raſoir qu'elle leur montre ; & tous les Gentils de ces quartiers-là croyent que c'eſt un

Tcheron.

grand malheur d'estre cause de la mort d'un Tcheron, parce qu'aprés cela le coupable est le rebut de toute la caste : On l'en chasse, & on luy reproche toute sa vie la mort de ce Gentil. Il est arrivé autrefois à quelques Tcherons hommes & femmes, de se tuër en pareille occasion ; mais il y a longtemps que cela ne s'est vû, & presentement on dit qu'ils composent avec les Voleurs à certaine somme que le Voyageur leur donne, & que souvent ils la partagent avec eux. Les Banians se servent de ces gens là, & on me dit que si je voulois m'en servir, j'en serois quitte pour deux roupies par jour : Cependant je n'en voulus rien faire, parce que je crûs cette sorte de protection trop basse pour y avoir recours.

Ainsi j'ordonnay à mon Cocher de me mener par le même chemin que j'estois venu, & de retourner à Souzentra pour aller à Sourat par la voye ordinaire, quoyque le triangle qu'il y avoit à faire, allongeât mon chemin de sept lieuës & demie. Quelque précaution que je prisse dans ma marche, mes gens perdirent le droit chemin au de-là de Petnad, & nous nous trouvâmes au Village de Bilpar, dont les Habitans qu'on nomme Gratiates, sont presque tous Voleurs. J'en rencontray un vers un Bourg nommé Selly : Cét homme estoit fort mal vêtu, & portoit une épée sur son épaule : Il cria au Cocher d'arréter, & un garçon de neuf à dix ans, qui estoit avec luy, se

Gratiates.

mit au devant des Bœufs : D'abord mes gens leur offrirent un pecha qui vaut environ dix deniers, & prierent le petit garçon de se retirer ; mais il n'en voulut rien faire, jusqu'à ce que le Cocher s'opiniâtrant, obligea l'homme à prendre le pecha. On trouve ordinairement de ces gens là par troupes, & aprés avoir satisfait à une, il s'en rencontre d'autres sur le même chemin qu'il faut aussi satisfaire, quoyqu'ils n'usent pas souvent de violence à cause de la crainte qu'ils ont de leur Raja. Je m'êtonnay comment ce Gratiate s'estoit hazardé estant seul, d'attaquer plusieurs personnes ; mais le Cocher me dit que si on luy avoit fait quelque mal, il auroit sonné le toxin en frappant de ses doigts sur sa bouche, & qu'aussi-tôt il auroit eu du secours des lieux voisins : Cependant cette petite rencontre verifia qu'il n'y a pas tant de danger dans ces chemins, comme on vouloit me le persuader.

Mahy riviere.

Raja des Gratiates répond des vols.

Nous retrouvâmes nôtre route bien-tôt aprés. Nous traversâmes ensuite la riviere de Mahy, & à la sortie je donnay demie roupie aux mêmes Gratiates à qui j'avois payé allant à Amedabad. Le peage appartient au Raja du Pays, qui doit répondre des vols qui se font dans son Etat. Et en effet il est exact autant qu'il se peut à les empêcher, & à faire rendre ce qu'on a pris, particulierement si c'est de la marchandise, ou autre chose de consequence ; & mon Cocher me dit

qu'ayant

qu'ayant un jour perdu un bœuf, il alla trouver le Raja pour luy demander son bœuf : Le Raja fit venir ceux qu'il crût l'avoir volé, & les ayant mis sous le bâton, un d'eux ayant confessé qu'il estoit chez luy, il l'obligea à l'amener, & il le fit rendre au Cocher, en donnant seulement une roupie au Gratiate pour les coups de bâton qu'il avoit reçûs : Mais le Raja des Gratiates fait bien plus, car si celuy qui se vient plaindre, n'a pas le loisir d'attendre qu'on ait trouvé ce qu'il a perdu, il suffit qu'il dise le lieu de sa demeure, & il ne manque point de le luy renvoyer par un de ses gens, encore qu'il fût à huit journées de-là. Il est si galant homme, que le plus souvent il envoye des presens aux honnêtes gens qui passent par Bilpar, & il leur rend tous les bons offices qu'ils desirent de luy.

Le Raja regale la Caravane gratis.

Comme les Caravanes qui passent par ce lieu-là pour aller à Agra, luy payent dix roupies par homme, il traite toute la Caravane *gratis*, & envoye dans le Camp les provisions & les viandes qui sont necessaires. Il les fait apprêter par ses Cuisiniers, qui se piquent de bien faire pour meriter quelques pechas de la Caravane, & ils sont reputez pour les meilleurs Cuisiniers du Pays ; mais en verité leurs ragoûts ne sont guére bons : Leur Maître n'oublie pas même d'envoyer des Danceuses pour divertir les gens, & quand on est prest de partir, il fournit à la Caravane plusieurs Cavaliers pour sa seureté, jusqu'à ce qu'elle soit hors de ses Terres. Son Etat comprend tous les Villages qui sont depuis Cambaye jusqu'à Baroche, & tous ses Sujets s'appellent Gratiates.

J'arrivay le lendemain à la Ville de Baroche, où je tarday seulement quelques heures pour faire reposer mes gens & mes bœufs. Les Doüaniers me demanderent en partant, si je n'avois point de marchandises, & leur ayant répondu que je n'en avois pas, ils se contenterent de ma parole, & me traiterent avec civilité : Ainsi je passay la riviere à Ouclisser, d'où je me rendis le lendemain à Sourat.

CHAPITRE SEPTIE'ME.

De Sourat.

Sourat.

LA Ville de Sourat est située au vingt-uniéme degré & quelques minutes de latitude, & est arrosée de la Riviere de Tapty. Quand j'y arrivay, ses murailles n'estoient que de terre, & presque toutes ruinées ; mais on commençoit à en bâtir de brique : On les faisoit épaisses d'une toise & demie : On ne leur donnoit que la même hauteur, & cependant on avoit dessein de fortifier cette Place autant que l'on pourroit, à cause

Fortification de Sourat.

de l'irruption qu'un Raja, dont je parleray dans la suite, y avoit faite quelque temps auparavant: Cependant l'Ingenieur a fait une faute considerable aux alignemens de ses murs: Il les a bâtis si prés de la Forteresse, que dans la Ville on sera à couvert de l'artillerie du Château, & on pourra aisément incommoder du mousquet ceux qui le deffendront.

Ces nouvelles murailles rendent la Ville bien plus petite qu'elle n'estoit auparavant; car on n'y enferme point quantité de maisons faites de cannes, qui cy-devant estoient dans son enceinte, & dont plusieurs gens qui y ont interest, en pretendent un grand dédommagement. Sourat est de mediocre grandeur, & il est difficile de dire au juste le nombre de ses Habitans, parceque les saisons le rendent inégal: Il y en a toûjours beaucoup toute l'année; mais au temps de la Monsson, c'est-à-dire au temps que les Vaisseaux peuvent aller & venir aux Indes sans danger, aux mois de Novembre, Decembre, Janvier, Février & Mars, & même en Avril, la Ville est si pleine de monde, que l'on a de la peine à se loger commodement, & ses trois Fauxbourgs en sont remplis.

Grandeur de Sourat.

Elle est habitée par des Indiens, des Persans, des Arabes, des Turcs, des Francs, des Armeniens & autres Chrêtiens: Cependant on reduit ses Habitans ordinaires à trois ordres, entre lesquels veritablement on ne comprend ny les Francs, ny les

Habitans de Sourat.

autres Chrêtiens, parcequ'ils y sont en petit nombre en comparaison de ceux qui professent une autre Religion. Ces trois sortes d'Habitans sont, ou Mores ou Gentils ou Parsis : On entend par le nom de Mores tous les Mahometans, Mogols, Persans, Arabes ou Turcs qui sont aux Indes, quoyqu'ils ne soient pas uniformes en leur Religion, les uns estant Sunnis, & les autres Chiaïs : J'en ay marqué la difference en mon second Livre. Les Habitans du second ordre sont appellez Gentils, & ce sont ceux qui adorent les Idoles, dont il y a aussi de plusieurs especes. Ceux du troisiéme ordre sont les Parsis, qu'on appelle encore Gaures ou Atechperest, adorateurs du feu : Ceux-cy professent la Religion des anciens Perses, & ils se retirerent dans les Indes, lors que le Calyfe Omar reduisit le Royaume de Perse sous la puissance des Mahometans. Il y a des gens extrêmement riches à Sourat, & un Banian qui est de mes amis, appellé Vargivora, est estimé avoir au moins huit millions de bien. Les Anglois & les Hollandois y ont leurs Maisons, qu'on nomme Loges & Comptoirs : Elles ont de forts beaux appartemens, & les Anglois y ont étably le Bureau general de leur commerce. Il y a bien cent Maisons de Catholiques à Sourat.

Mores à Sourat. *2e Livre.* *Gentils à Sourat.* *Parsis à Sourat.* *Riches Marchãs à Sourat.* *Loges des Anglois & Hollandois à Sourat.*

Chasteau de Sourat.

Son Château est bâty sur le bord de la Riviere, à l'extremité de la Ville, du côté du Midy, pour en deffendre l'entrée à ceux qui voudroient l'attaquer, en remontant le Tapty. Cette Forteresse est d'une grandeur raisonnable : Elle est quarrée & flanquée à chaque coin d'une grosse Tour. Ses fossez sont remplis de l'eau de la Mer par trois côtez, & elle est arrosée de la riviere au quatriéme côté, qui est au Couchant. On y voit paroître plusieurs pieces de canon par les embrazures : On y garde les revenus du Roy, qui se tirent de la Province, & on ne les luy envoye jamais sans un ordre exprés : On y entre du côté du Couchant par une belle porte qui est dans le Bazar ou Meïdan : Le Bureau du Fermier de la Doüane est auprés, & ce Château a son Gouverneur particulier, comme la Ville le sien.

Maisons de Sourat.

Les Maisons de cette Ville, pour lesquelles on a voulu faire de la dépense, sont plates comme en Perse, & assez bien bâties ; mais elles coûtent cher, parcequ'il n'y a point de pierre dans le Pays : Comme on est obligé à se servir de brique & de chaux, il y entre beaucoup de bois de charpente qu'il faut apporter de Daman par Mer, celuy du Pays qu'on prend fort loin, estant beaucoup plus cher à cause qu'il le faut voiturer par terre. Les briques & la chaux y coûtent aussi beaucoup ; & on ne sçauroit y bâtir une mediocre maison, sans employer pour cinq ou six cens francs de brique, & pour plus de deux fois autant de chaux. Les maisons sont couvertes de tuiles faites en demy-rond, & épaisses de demy doigt, mais mal cuites ; de sorte qu'elles sont encore grises quand on les employe, & elles ne durent guere : C'est pour cette raison que les Couvreurs les mettent doubles, & qu'ils font en sorte qu'elles s'entretiennent toutes. Des cannes qu'ils appellent Bambous, qui sont fenduës en deux, servent de lates pour attacher les tuiles, & la charpente qui soûtient tout cela, n'est composée que de morceaux de bois ronds : Ces sortes de maisons sont pour les riches ; mais celles qui sont habitées par le petit peuple, sont faites de cannes, & couvertes de branches de palmiers.

Bambous.

Temps auquel il faut bâtir

Au reste, il vaut mieux bâtir aux Indes en temps de pluye, qu'en beau temps, parce que la chaleur y est si grande, & l'ardeur du Soleil si forte, lors que le Ciel est serain, que tout y seiche sans se consolider, & se crevasse en un moment ; au lieu que la pluye tempere cette chaleur, & comme elle empêche le Soleil d'agir, la massonnerie a le temps de seicher. Les Ouvriers en sont quites quand il pleut, pour étendre des toiles cirées dessus, & dans le temps sec il n'y a point de remede : Tout ce qu'on peut faire, est de moüiller des toiles pour couvrir l'ouvrage à mesure qu'on le fait ; mais elles seichent si-tôt, qu'on n'en peut pas tirer un grand secours. Les ruës de Sourat sont larges & unies, mais elles ne sont point pavées ; & cette Ville n'a aucun édifice public dans son enceinte, qui soit considerable.

Ruës de Sourat.

Les Chrêtiens & les Mahometans y mangent d'ordinaire de la chair de vache, tant parcequ'elle y est meilleure que celle de bœuf, qu'à cause que les bœufs servent à labourer la terre, & à transporter tous les fardeaux. Le mouton que l'on y mange, est assez bon ; mais on a outre cela, des poules, des poulets, des pigeons, du cochon & de toute sorte de chasse. On se sert d'huîle de Cnicus Sylvestris, ou Cartame pour manger ; c'est la meilleure des Indes, & celle de Sesame qui y est aussi commune, n'est pas si bonne.

Viande à Sourat.

Huîles à Sourat.

On mange des raisins à Sourat, depuis le commencement de Février, jusqu'à la fin d'Avril, mais le goût n'en est pas fort bon. Quelques uns croyent que cela vient de ce qu'on ne les laisse point assez meurir : Cependant les Hollandois qui les laissent sur le cep autant qu'on le peut, en font du vin qui est si aigre, qu'il est impossible d'en boire si l'on n'y met du sucre. Ce raisin qui est blanc, est gros & beau à la veuë, & on l'apporte à Sourat, d'une petite Ville appellée Naapoura, qui est de la Province de Balagate, & éloignée de Sourat de quatre journées.

Raisins à Sourat.

Naapoura, Ville.

L'eau de vie de ce Pays, ne vaut guére mieux que le vin. Celle qu'on y boit ordinairement, est faite de jagre ou sucre noir qu'on met dans de l'eau avec de l'écorce de l'arbre Baboul, pour y donner quelque force ; & ensuite on les distile ensemble. On fait aussi de l'eau de vie de Tary,

Eaudevie à Sourat.

qu'on diſtile : mais ces ſortes d'eaux de vie ne valent pas la nôtre, non plus que celle qu'on tire du ris, du ſucre & des dates. Le vinaigre dont on uſe, eſt auſſi fait de jagre qu'on met dans de l'eau. Il y a des gens qui y mettent des raiſins gâtez quand ils en ont ; mais pour le rendre meilleur, on y méle du Tary, & on le laiſſe pluſieurs jours au Soleil.

Vinaigre à Sourat.

CHAPITRE HUITIE'ME.

Du Tary.

Le Tary.

LE Tary eſt une liqueur dont l'on boit avec plaiſir dans les Indes. On la tire de deux ſortes de Palmiers, à ſçavoir de celuy qu'on appelle Cadgiour, & de celuy qui porte le Cocos. Celle du Cadgiour eſt la meilleure. Ceux qui la tirent ſe ceignent les reins d'une groſſe ceinture de cuir, avec laquelle ils embraſſent le tronc de l'arbre, pour y monter ſans échelle ; & quand ils ſont à l'endroit de l'arbre d'où ils veulent faire couler le Tary, ils font avec un cizeau de fer aſſez peſant, une inciſion profonde d'un pouce, & large de trois : en ſorte que le trou va juſqu'à la moëlle du Cadgiour, qui eſt blanche. Ils attachent en même temps un pot de terre à demy

Cadgiour.

pied

pied au dessous du trou, & ce pot qui a le derriere un peu élevé, reçoit la liqueur qui coule continuëllement peu à peu ; & ils couvrent le pot avec des épines ou des rameaux de Palmier, de peur que les oiseaux n'y aillent boire. Ils descendent ensuite, & ne remontent à l'arbre que quand ils apperçoivent que le pot est plein ; & alors ils vuident le Tary dans un autre pot attaché à leur ceinture. Il ne vient aucunes dates à cette espece de Palmier, lorsqu'on en tire du Tary. Quand on n'en tire point, il produit des dates sauvages.

On en use autrement pour tirer cette liqueur de l'arbre de Cocos. On n'y fait point de trou : On coupe seulement les basses branches, dont il ne reste qu'un pied de longueur. On y attache les pots à l'extrêmité, & le Tary distile dans les vases. Comme l'on ne fait à ces Palmiers, les operations dont je viens de parler, qu'une fois l'année, ceux qui font profession de vendre du Tary, ont une prodigieuse quantité de ces arbres, & il y a beaucoup de Marchands qui en prennent à ferme. Le bon Tary est celuy qui se tire la nuit ; & ceux qui en veulent prendre avec plaisir, doivent boire de celuy-là, parce que n'ayant point esté échauffé du Soleil, il est d'un doux piquant qui laisse à la bouche un goût de châtaigne qui est fort agreable. Celuy qui se tire durant le jour, est aigre, & on ne s'en sert ordi-

Arbre de Cocos.

nairement que pour faire du vinaigre, parce qu'il ſe corrompt aiſément. Cette eſpece de Palmier, ou arbre de Cocos, eſt propre à bien d'autres uſages, car on fait de ſon tronc des mats, des ancres, & même des corps entiers de Navires ; & de ſon écorce des voiles & des cables. Le fruit qui ſort de ſes branches panachées, eſt gros comme un melon ordinaire, & enferme un jus fort ſain qui a la couleur & le goût de vin blanc. Les Hollandois ont beaucoup de ces arbres de Cocos en Batavie, dont ils tirent un grand profit. Le ſeul revenu de ceux qui ſont proches de la Ville, & qui appartiennent à la Compagnie, ſuffit pour payer leur garniſon avec ce qu'ils impoſent pour chaque place dans la Ville, à ceux qui vendent quelque choſe au marché : Mais ils ſont ſi rigoureux à l'exiger, que ſi quelqu'un ſort de la place pour ſe mettre un moment à la pluye, ou pour quelqu'autre neceſſité, quoyqu'il revienne auſſi-tôt, il faut qu'il paye une ſeconde fois, s'il veut encore occuper la même place.

Cocos.

Marchandiſes à Sourat.

On vend à Sourat de toutes les ſortes d'étoffes & de toiles de coton qui ſe preparent aux Indes, de toutes les marchandiſes d'Europe, de toutes celles de la Chine, comme pourcelaine, cabinets & coffres ornez de turquoiſes, agathes, cornalines, yvoire & autres ſortes d'embelliſſemens. On y vend des diamans, des rubis, des perles & de toutes les autres pierres precieuſes qui se trouvent dans l'Orient ; le musc, l'ambre, la myrrhe, l'encens, la manne, le sel armoniac, le vif argent, la lacque, l'indigo, le rœnas racine pour teindre en rouge, & toutes les sortes d'épiceries & de fruits qui se cueillent dans les Indes & autres Pays du Levant, s'y debitent en abondance, & generalement toutes les drogues dont les Marchands étrangers se chargent pour transporter dans toutes les parties du monde.

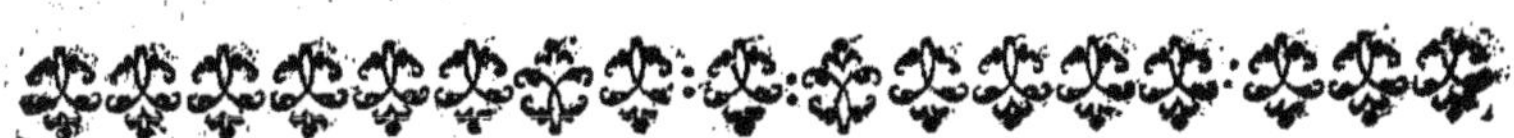

CHAPITRE NEUFIE'ME.

Des Poids de Sourat, & des Monnoyes.

IL y a à Sourat, comme ailleurs, diverses sortes de poids & de mesures. Celle qu'on appelle Candy, vaut vingt mans ; mais le poids le plus fort de ceux dont on se sert en commerçant, est le man, qui est de quarante serres ou livres, & la livre est à Sourat, de quatorze onces ou de trente-cinq toles. Tout l'or & l'argent se pese à la tole, & la tole est de quarante mangelis, qui font cinquante-six de nos carats, ou trente-deux vales, ou bien quatre-vingts-seize gongy. La vale est de trois gongy, & deux toles un tiers & demy valent une once de Paris, & la tole pese autant qu'une roupie. Le man pese qua-

Poids de Sourat. *Candy, mesure.* *le man poids de Sourat.* *La livre de Sourat.* *Tole.* *Mangelis.* *Carats.* *Vales, poids* *Gongy.* *Once de Paris.*

rante livres par toutes les Indes, mais ces livres ou ſerres ſont differentes ſelon les Pays : Celles de Sourat, par exemple, ſont plus fortes que les livres de Golconde, & par conſequent le man y eſt plus fort : La ſerre ou livre de Sourat ne peſe que quatorze onces, & celle d'Agra en peſe vingt-huit.

Monoyes de Sourat. On compte les grandes ſommes par leks, par crouls ou courous, par padans & par nils. Il faut cent mille roupies pour faire un lek, cent mille leks pour faire un courou, cent mille courous pour faire un padan, & cent mille padans pour faire un nil. *Roupies d'or.* Il y a des roupies d'or chez les grands Seigneurs, qui valent environ vingt-une livres de nôtre monnoye ; mais comme elles n'entrent point dans le commerce ordinaire, & qu'elles ne ſont quaſi fabriquées que pour faire des preſens, je parleray ſeulement de celles d'argent. *Roupie d'argent.* La roupie d'argent eſt grande comme un abaſſy de Perſe, mais beaucoup plus épaiſſe : Elle peſe une tole : Nous la faiſons ordinairement paſſer pour trente ſols de nôtre monnoye, mais elle ne vaut guere plus de vingt-neuf ſols : On fabrique tous les ans des roupies, & celles de l'année en laquelle elles ſont faites, valent un pecha plus que celles de l'année précedente, parceque les Monnoyeurs pretendent que l'argent s'uſe tous les jours : En effet, lors que j'arrivay à Sourat, les roupies valoient trente-trois pechas & demy, & lors que j'en ſortis, les mêmes ne valoient plus que trente-deux pechas & demy. Ils ont la demy-roupie & le quart de roupie.

Abaſſis. Les abaſſis qu'on apporte de Perſe, ne paſſent que pour dix-neuf pechas, qui ſont environ ſeize ſols & demy. Il y a encore une monnoye d'argent Mogole, appellée Mahmoudy, qui vaut environ onze ſols & demy.

Pecha. Le pecha eſt une monnoye de cuivre auſſi groſſe & grande que la roupie. Il vaut un peu plus de dix deniers, & il peſe ſix de nos drachmes.

Baden. On donne ſoixante-huit baden ou amandes ameres pour un pecha. Ces amandes qui paſſent pour monnoye à Sourat, viennent de Perſe, & ſont le fruit d'un arbriſſeau qui croiſt dans des rochers. Il y a auſſi des demy-pechas.

Monnoye du Mogol, trés-fine. Il faut remarquer que la monnoye d'argent du Grand-Mogol, eſt plus fine qu'aucune autre, par cequ'en même temps qu'il entre quelque étranger dans l'Empire, on l'oblige à changer l'argent qu'il a, ſoit piaſtres ou abaſſis, en monnoye du Pays, & en même temps on les fond, & on en rafine l'argent pour faire des roupies.

CHAPITRE DIXIE'ME.

Des Officiers de Sourat.

Officiers de Sourat.

Moufty. *Cady.* IL y a à Sourat un Moufty qui prend garde à toutes les choses qui concernent la Religion Mahometane, & un Cady qui est étably pour les Loix, à qui on a recours en cas de contestation. Le Grand-Mogol y tient encore un autre Officier considerable que les Francs appellent Secretaire d'Etat, & dont la fonction ressemble assez à celle de nos Intendans de Province. Il se nomme *Vâcâ-Nevis.* Vakâ-Nevis, c'est-à-dire qui écrit & tient Registre de tout ce qui arrive dans l'étenduë du Pays où il est étably. Le Roy en tient un dans chaque Gouvernement, pour luy donner avis de tout ce qui se passe, & il ne dépend d'aucun homme de l'Etat, que de sa Majesté.

Deux Gouverneurs à Sourat. *Nabad.* Il y a deux Gouverneurs ou Nabad à Sourat, qui ne sont dans aucune dépendance l'un de l'autre, & ne rendent raison de leurs actions qu'au Roy. L'un commande au Château, & l'autre à la Ville; & ils n'entreprennent point sur les droits ou fonctions l'un de l'autre. C'est le Gouverneur de la Ville qui juge les procés civils, & en fait pour l'ordinaire une prompte expedition. Si un homme demande de l'argent pour debte à un autre, il faut ou qu'il en montre une obligation, ou qu'il produise deux témoins, ou qu'il fasse serment : Si c'est un Chrêtien, il jure sur l'Evangile ; si c'est un More, il jure sur l'Alcoran, & un Gentil jure sur la Vache : Le serment du Gentil ne consiste qu'à mettre la main sur la Vache, & dire qu'il puisse manger de la chair de cét animal, si ce qu'il dit n'est vray ; mais la plûpart d'eux aiment mieux perdre leur cause que de jurer, parce que ceux qui jurent sont tenus pour infames parmy les Idolâtres.

Maniere de demãder son dub aux Indes.

La premiere fois qu'on va voir le Gouverneur, on met devant luy en arrivant, cinq, six ou dix roupies, chacun selon sa qualité ; & on fait la même chose dans les Indes, à tous ceux pour qui l'on a beaucoup de respect. Ce Gouverneur ne se mêle point des affaires criminelles, c'est un Officier nommé Cotoüal qui en connoist. Il s'appelle en Turquie Soubachy, & en Perse Deroga. Il fait châtier devant luy les coupables à coups de foüet ou à coups de bâton, & le châtiment s'en fait souvent chez luy, & quelquefois dans la ruë au lieu même où ils ont commis la faute. Quand il va par la Ville, il est à cheval, accompagné de plusieurs Archers à pied, dont les uns sont armez de bâtons & de grands foüets, & les autres de lances, d'épées, de targues & de masses de fer semblables à de grands pilons de mortier ; mais tous

Iuge Criminel. Cotoüal.

ont le poignard au côté. Cependant ny le Juge civil, ny le Juge criminel ne peuvent faire mourir personne : Le Roy s'en est reservé le pouvoir ; c'est pourquoy quand quelqu'un merite la mort, on fait partir un Courier pour apprendre sa volonté, & on ne manque point d'en executer les ordres aussi-tôt que ce Courier est de retour.

Le Cotoüal est obligé à se promener par la Ville durant la nuit, pour empêcher qu'il n'arrive aucun desordre. Il met des Gardes en plusieurs endroits : S'il trouve quelqu'un dans la ruë, il le fait emprisonner, & il le laisse rarement sortir de la prison, sans qu'il ait esté bâtonné ou foüetté. Deux hommes de ceux qui l'accompagnent, battent sur les neuf heures deux petits tambours, tandis qu'un autre homme sonne deux ou trois fois d'une longue trompette de cuivre que j'ay décrite en mon Voyage de Perse. Les Archers crient ensuite à pleine teste, *Caberdar*, c'est-à-dire prends garde ; & ceux qui sont dans les ruës voisines, répondent par un cris semblable, pour montrer qu'ils ne dorment pas. Aprés cela ils continüent leur chemin, & recommencent toûjours à crier, jusqu'à ce qu'ils ayent fait le tour ordinaire. Cette visite se fait en trois temps de la nuit, sçavoir à neuf heures, à minuit & à trois heures aprés minuit.

Au voyage de Perse

Cris de Caberdar

Cotoüal répond des vols.

Ce Cotoüal doit répondre de tous les vols qui se font dans la Ville ; mais comme tous ceux qui entrent

entrent dans cette Charge, sont fort adroits, ils trouvent toûjours des moyens pour ne rien payer. Durant que j'estois à Sourat, on vola deux mille quatre cens sequins à un Marchand Armenien, appellé Cogea Minas : Deux de ses Esclaves estant disparus au temps du vol, on ne manqua pas de les en accuser : On fit autant de perquisitions que l'on pût pour en avoir des nouvelles ; mais comme on n'en pût apprendre ny de l'argent ny des Esclaves, le bruit courut que ces Esclaves avoient fait le vol ; qu'ils s'estoient retirez chez quelque More qui estoit d'intelligence avec eux, & qui pour profiter de tout l'argent, les avoit tüez & enterrez, ainsi qu'il estoit déja arrivé à Sourat.

Cependant le Gouverneur dit au Cotoüal qu'il falloit payer cét argent au plûtôt, parce que si le Roy estoit informé de l'affaire, toute la faute tomberoit sur eux ; qu'on leur feroit peut-estre encore plus mauvais party, que de faire rendre ce qui avoit esté volé à Cogea Minas, & qu'ainsi il falloit appeller cét Armenien pour luy faire dire au vray ce qu'on luy avoit pris. Le Cotoüal n'y contredit pas, mais il demanda en même temps la permission de le faire emprisonner, & de l'appliquer à la question avec ses Serviteurs, afin de découvrir par le moyen de la torture si effectivement cét argent luy avoit esté pris, & en même temps s'il n'avoit point esté volé par quelqu'un de ses Valets. Le Gouverneur luy accorda ce qu'il demandoit, mais l'Armenien n'en eut pas plûtôt appris la nouvelle, qu'il cessa de poursuivre le Cotoüal, & il aima mieux tout perdre que de souffrir les tourmens qu'on luy destinoit. Voicy comme le Cotoüal en use ordinairement.

Châtimēt des gens soupçonez de vol.

Quand quelqu'un a esté volé, cét Officier se saisit de tous les gens du logis où le vol a esté fait, vieux & jeunes, & les fait battre à outrance. On les étend sur le ventre, & quatre hommes tiennent par les bras & les pieds celuy que l'on châtie, & deux autres ont chacun un long foüet d'une grosse tresse de cuir qui est ronde, & ils en frappent le patient l'un aprés l'autre à la maniere des Marêchaux, jusqu'à ce qu'il ait reçû deux à trois cens coups, & qu'il soit en sang. Quand cette personne ne confesse pas le vol, on recommence le lendemain matin à le foüetter, & même on continuë durant quelques jours, jusqu'à ce qu'il ait tout confessé, ou que la chose volée ait esté recouverte; & ce qui est étrange, le Cotoüal n'envoye visiter ny sa maison, ny ses hardes, & si aprés cinq ou six jours il ne confesse rien, on le laisse aller.

Prevost Foursdar.

Il y a aussi à Sourat un Prevost que l'on appelle Foursdar, qui est obligé à tenir la campagne seure & libre, & à répondre de tous les vols qui s'y font; mais je ne sçay s'il est d'aussi mauvaise foy que le Cotoüal. Quand on y veut arrêter une personne, on crie seulement *Doa padecha*: Cette clameur a autant de force que celle de haro en Normandie; & si on deffend à quelqu'un de sortir du lieu où il est, en disant *Doa padecha*, il ne peut partir sans se rendre criminel, & il est obligé de se presenter à la Justice. On use de ce cry par toutes les Indes: Au reste, il se fait peu d'avanies à Sourat, & l'on y vit avec assez de liberté.

Doa padecha.

CHAPITRE ONZIEME.

Mauvais offices rendus à la Compagnie Françoise à Sourat.

LE Gouverneur de Sourat faisoit de grandes enquêtes sur la Compagnie Françoise, quand j'arrivay aux Indes. Comme il s'estoit d'abord adressé aux autres Francs, & particulierement à ceux qui avoient interest qu'elle ne fust pas receuë à Sourat, on luy avoit dit beaucoup de mal des François; & ainsi il en avoit conçû de mauvaises idées par l'artifice de leurs ennemis. Il méditoit déja d'en faire solliciter l'exclusion à la Cour, lorsque le Pere Ambroise, Superieur des Capucins, en ayant esté averty, l'alla trouver pour le desabuser, & luy faire connoître qu'il ne de-

Mauvais offices rendus à la Cōpagnie Françoise à Sourat.

voit pas ajoûter foy aux ennemis de cette Compagnie, qui s'estoient liguez pour la perdre s'ils pouvoient. Il aimoit ce Pere à cause de sa probité; c'est pourquoy il ne le rebuta pas: Il le conjura seulement de luy dire la verité sur cete affaire sans dissimulation, & si les François qui devoient venir n'estoient pas des Corsaires, ainsi que le bruit en couroit par tout le Pays, & que plusieurs Francs l'en avoient asseuré.

Lambert Hugo, Corsaire.

La Reine de Visiapour.

Socotra.

On inspira cette pensée dans Sourat, dés qu'on sçût que l'on songeoit en France à faire passer des Vaisseaux aux Indes Orientales pour le commerce; & on crût aisément cette médisance, parce qu'un certain Lambert Hugo Hollandois, qui avoit eu des François sur son bord, & dont on renouvella le souvenir, avoit esté au Moca avec la Banniere de France deux ans auparavant, sous commission de Monsieur de Vendosme pour lors Admiral de France, & avoit pris quelques Vaisseaux. Mais ce qui choquoit d'avantage, estoit l'histoire du Navire qui portoit le bagage de la Reine de Visiapour, & qui échoüa vers Socotra Isle située à onze degrez quarante minutes de latitude, à l'entrée de la Mer rouge. Cette Reine qui alloit à la Meque, estoit hors des atteintes du Corsaire, car elle avoit heureusement passé dans un Vaisseau Hollandois; mais s'estant contentée pour porter son bagage d'un Navire qui luy appartenoit, Hugo le rencontra, & le poussa avec tant de vigueur, que le Capitaine fut contraint de le faire échoüer : Le Corsaire ne pouvant pas aller aisément à ce Navire au lieu où il estoit, ne perdit pas courage, & attendit avec patience ce qui arriveroit de l'échoüement : Son attente ne fut pas vaine ; car les Indiens manquant d'eau il y avoit longtemps, & n'en trouvant point au lieu où ils estoient, souffroient extraordinairement : C'est pourquoy, aprés avoir caché dans la Mer ce qu'ils portoient d'or, d'argent & de pierreries, ils resolurent pour sauver leur vie, d'avoir recours au Corsaire même, esperant qu'il se contenteroit de ce qui restoit dans le Vaisseau.

Adresse de Hugo.

Hugo estant arrivé auprés d'eux, apprit par adresse qu'on avoit descendu quelque chose dans la Mer ; & un faux frere luy dit qu'il n'y avoit que le Charpentier & son fils, qui sçûssent où estoient les richesses de la Reine (car elle avoit apporté quantité d'argent, de joyaux & d'étoffes pour faire ses presens à la Meque, à Medine, au grand Cheik & autres, & elle les vouloit faire avec éclat.) Enfin Hugo ayant bien tourmenté le Capitaine, le Charpentier, & le fils du Charpentier, qu'il menaça d'égorger en presence de son pere, fit retirer ce qui estoit dans la Mer, & s'en saisit ainsi que du reste de la charge. Cette action avoit fait tant de bruit dans les Indes, que Hugo que l'on faisoit passer pour François, y estoit en abomination, & par consequent les François.

Le Gouverneur parla fort de ce Corsaire au Pere Ambroise qui eut beaucoup de peine à luy persuader qu'il n'estoit pas François, à cause qu'il estoit venu avec la Baniere de France, & qu'il estoit constant qu'il avoit beaucoup de François dans son bord. Cependant aprés de grands discours, il le crût ; mais pour cela il n'excusoit pas les François de l'action qu'ils luy avoient aidé à faire, & soûtenoit toûjours qu'il n'y avoit eu que le dessein de voler qui les avoit fait venir en ce Pays. Le Pere nia que ce fût leur dessein, & dit qu'ils n'estoient venus avec Lambert Hugo, que pour vanger l'affront qu'on avoit fait à quelques François dans Aden, Ville de l'Arabie heureuse, située à l'onziéme degré de latitude ; & sur cela il luy raconta ce qui s'estoit passé en cette Ville contre les François, il y avoit quelques années. Il luy dit qu'une Patache de Monsieur de la Meilleraye, ayant esté obligée par un gros temps de se separer de son grand Vaisseau, & de se retirer à Aden, les Sunnis firent circoncire par force, & avec une impieté sans pareille, tous ceux qui mirent pied à terre, quoyque d'abord on les eut bien receus, & qu'on leur eut donné parole de les traiter en amis. Que nonobstant cela le Roy de France avoit desaprouvé aussi bien que les Indiens, l'action du Corsaire

Aden.

& des François qui estoient allez dans son bord, parce qu'ils avoient donné mauvaise reputation à ses Sujets, par l'artifice des ennemis de la France : Mais qu'il vouloit faire évanoüir cette mauvaise reputation, & que pour cela il avoit étably une Compagnie pour trafiquer aux Indes, avec ordre exprés de n'y exercer aucun acte d'hostilité.

Les François justifiez par le Pere Ambroise.

Le Gouverneur estant content de la réponse du Pere Ambroise, il le pria d'écrire en Langue Persienne tout ce qu'il luy avoit dit : Aussi-tôt qu'il l'eut fait, il l'envoya à la Cour : Le Grand-Mogol se l'estant fait lire au Divan, en fut satisfait aussi bien que ses Officiers, & tous souhaiterent ensuite l'arrivée des Vaisseaux François : En effet, ce Gouverneur fit mille amitiez aux Sieurs de la Boullaye & Beber, Envoyez de la Compagnie, & leur dit que sur le témoignage du Pere Ambroise, il leur rendroit tous les services qu'il pourroit : Le President Anglois, ancien amy de ce Pere, leur fit aussi tous les honneurs qu'il pût, aprés leur avoir envoyé son Carrosse & ses gens pour les recevoir, & il asseura le Pere qu'ils pouvoient disposer de tout ce qui estoit chez luy : Ainsi le Capucin par la creance qu'il avoit acquise dans les Indes, dissipa les mauvais bruits que les ennemis de la France avoient semez contre les François.

Envoyez de la Compagnie Françoise

CHAPITRE DOUZIE'ME.

Du Mariage de la Fille du Gouverneur de la Ville.

Mariage de grand Seigneur à Sourat.

PEndant que j'estois à Sourat, le Gouverneur de la Ville maria sa Fille avec le Fils d'un Omra, qui y estoit venu pour cela. Ce jeune Seigneur fit jouër en public durant douze ou quinze jours ses Trompettes, ses Tymbales & ses Tambours pour regaler le peuple, & publier son Mariage. Un Mercredy qui estoit destiné à la ceremonie des Nôces, il fit la cavalcade ordinaire sur les huit heures du soir. On vit d'abord marcher ses Etendars qui estoient suivis de plusieurs centaines d'hommes portant des flambeaux, & ces flambleaux estoient composez de bambous ou cannes, au bout desquels il y avoit dans un chandelier de fer des rouleaux de toile huîlée, faits comme des saucissons. Il y avoit entre ces flambeaux deux cens tant hommes que femmes, petites filles & petits garçons qui avoient chacun sur la teste un clayon d'ozier, sur lequel estoient cinq petits tas de terre qui servoient de chandeliers à autant de chandelles de cire, & tous ces gens-là estoient accompagnez de plusieurs autres, dont les

Ceremonies de Mariage.

Cavalcade des Nôces.

les uns portoient dans des paniers des rouleaux de toile & de l'huile pour fournir aux flambeaux, & les autres portoient des chandelles.

Les Trompettes suivoient les porte-flambeaux, & ceux-cy estoient suivis des Danceuses publiques, assises dans deux machines faites comme des bois de lit sans colonnes, en façon de palanquins, qui estoient portez sur les épaules de plusieurs hommes. Elles chantoient & joüoient de leurs Tambours de basque, entremêlez de plats & de plaques de cuivre qu'ils battoient les uns contre les autres, & qui rendoient un son fort clair, mais peu agreable, si on le compare avec celuy de nos Instrumens. Il y avoit ensuite six chevaux de main assez beaux, qui avoient des selles de drap ornées de quelques filets d'or.

Le Fiancé qui avoit le visage couvert d'une frange d'or, laquelle descendoit d'une maniere de mitre, qu'il avoit sur la teste, suivoit à cheval, & il estoit suivy de douze Cavaliers qui avoient derriere eux deux grands Elephans & deux Chameaux qui portoient chacun deux hommes joüant des Tymbales, & outre ces hommes chaque Elephant avoit son conducteur sur le col. Cette cavalcade ayant fait un tour de deux heures par la Ville, vint passer devant le Logis du Gouverneur où l'on continüa à tirer des fusées volantes, comme on avoit fait de pas en pas dans toutes les ruës où elle estoit allée, & aprés cela le Fiancé se retira.

Feux de joye.

Peu de temps aprés, on alluma les feux qui estoient preparez sur le bord de la Riviere devant la Maison du Gouverneur. Il y avoit sur l'eau devant le Château, six Barques remplies par étages de lampes allumées : Sur les dix heures & demie ces Barques s'approcherent de la Maison pour mieux éclairer la Riviere, & en même temps il y avoit du côté de Renelle des gens qui mettoient sur l'eau des chandelles, qui ensuite flotoient doucement sans s'éteindre, & estoient conduites vers la Mer par le reflux. Renelle est une vieille Ville qui n'est éloignée de Sourat que d'un bon quart de lieuë : Elle est située au de-là du Tapty, & quoyqu'elle tombe tous les jours en ruine, les Hollandois ne laissent pas d'y avoir un Magazin.

Renelle, Ville.

Il y avoit aussi sur le bord de l'eau cinq petites tours artificielles pleines de lances à feu & de fusées, où l'on mit le feu l'une aprés l'autre ; mais comme les fusées aux Indes ne font aucun bruit non plus que les lances à feu, elles n'eurent point d'autre effet que de tourner avec violence, & jetter quantité de feux en l'air, les unes droit en haut, imitant un jet d'eau, & les autres obliquement, representant des branches d'un arbre de feu : On mit ensuite le feu à une machine qui sembloit estre un arbre tout bleu lors qu'elle fut allumée, parce qu'on avoit mis dans l'artifice quantité de souffre : On posa aprés cela sur une longue branche de fer plantée en terre, plusieurs roues d'artifice qui jetterent les unes aprés les autres quantité de feux : Ils firent aussi brûler divers pots pleins de poudre, d'où de gros jets de feu s'élançoient en l'air, & pendant tout cela on tiroit des fusées volantes & des serpenteaux : On y mêloit beaucoup de lances à feu, où on avoit fait entrer quantité de canfre, ce qui faisoit une flame blanche qui éblouïssoit.

Ces feux durerent prés d'une heure, & quand ils furent cessez, l'on se mit en estat d'achever la feste. La Fille fut épousée chez son Pere, par un Moula, & sur les deux heures aprés minuit, elle fut conduite chez son mary, sur un Elephant. *Epousailles.*

Il y avoit dans les places, plusieurs Sauteurs & Joüeurs de Gobelets ; mais je ne leur vis rien faire que de fort grossier, quoyque je fusse toûjours avantageusement placé à des fenêtres pour examiner leurs jeux, voulant voir si ce que j'avois oüy dire de leur adresse, estoit veritable ; mais je n'y apperçûs rien d'extraordinaire, & j'aurois eu mauvaise opinion des Sauteurs des Indes, si je n'en avois trouvé de plus habiles dans la suite de mon Voyage. *Sauteurs. Charlatãs*

J'y vis des Hermafrodites pour la premiere fois. Je n'eus pas de peine à les discerner ; car comme il y en a quantité en cette Ville, & dans toutes les Indes, j'estois déja informé que pour les reconnoître, on les oblige sur peine de châtiment, *Hermafrodites.*

porter le Turban en teste comme les hommes, bien qu'elles ayent l'habit des femmes.

CHAPITRE TREIZIE'ME.

Des Cimetieres, & Brûlement des Corps.

Cimetieres.

LEs Cimetieres de Sourat sont hors la Ville, à trois à quatre cens pas de la Porte Baroche. Les Catholiques y ont le leur en particulier. Les Anglois & les Hollandois y ont aussi le leur, ainsi que quelques Religieux Indiens. Les Anglois & les Hollandois affectent d'orner leurs Sepultures de pyramides de brique, revétuës de chaux; & comme j'y estois, on en bâtissoit une pour un Commandeur Hollandois, qui devoit coûter huit mille francs. Il y en a une entr'autres d'un certain Beuveur qui avoit esté relegué dans les Indes par les Etats Generaux, & qu'on disoit estre parent du Prince d'Orange: On luy a élevé un monument comme aux autres gens de marque; mais pour faire connoître qu'il sçavoit bien boire, l'on a mis au haut de sa pyramide une grande tasse de pierre, & une au bas à chaque coin du Tombeau, & auprés de chaque tasse il y a la figure d'un pain de sucre: Et quand les Hollandois vont se divertir auprés de cette Sepulture, ils font

Sepultures des Anglois & des Holandois

Sepulture d'un Beuveur Hollandois.

cent ragoûts dans ces tasses, & se servent d'autres plus petites tasses pour tirer ce qu'ils ont apprêté dans ces grandes, afin de le boire ou de le manger.

Tôbeaux des Religieux Gẽtils.

Les Religieux Gentils ont leurs Tombeaux environ à deux mille pas au de-là de ceux des Hollandois. Ils sont quarrez, & bâtis de plâtre : Ils sont élevez de deux à trois pieds, & sont larges de deux, & couverts les uns d'un dôme, & les autres d'une pyramide de plâtre haute d'un peu plus de trois pieds : Il y a une petite fenestre à un des côtez, par laquelle on voit le haut du Tombeau ; & parcequ'il y a deux plantes de pied gravées, il y en a qui ont crû que les Vartias estoient enterrez la teste en bas & les pieds en haut, mais m'en estant informé, j'ay appris qu'il n'en est rien, & que les corps ont esté couchez à l'ordinaire dans ces Tombeaux.

Lieu où l'on brûle les corps.

Le lieu où les Banians brûlent les corps de leurs morts, est au de-là des Cimetieres, sur le bord de la Riviere ; & quand ils sont consommez, on y laisse les cendres, à dessein qu'elles soient emportées par l'eau du Tapty, à cause qu'ils estiment cette Riviere sacrée. Ils croyent beaucoup contribuër au salut de l'ame du mort, de brûler son corps aussi-tôt aprés son deceds, parce qu'ils disent que son ame souffre depuis la separation du corps, jusqu'à ce qu'il soit brûlé. Il est vray que s'ils se trouvent en un lieu où il

n'y ait point de bois, ils attachent une pierre au cadavre, & le jettent dans l'eau, & leur Religion permet de l'enterrer, s'il n'y a ny eau ny bois; mais ils se persuadent toûjours que l'ame est beaucoup plus heureuse quand le corps a esté brûlé. Ils ne brûlent pourtant point les corps des enfans qui meurent avant l'âge de deux ans, parce qu'ils sont encore innocens, & ils ne brûlent point aussi les corps des Vartias ny des Jogues, qui sont des manieres de Dervich, parce
Madeo. qu'ils suivent le Rit de Madeo qui est un de leurs grands Saints, & qui a ordonné que l'on enterrât les corps.

CHAPITRE QUATORZIE'ME.

De diverses Curiositez à Sourat.

Beau Puys. IL y a un grand Puys vers les Cimetieres des Anglois. Un Banian l'a fait faire pour la commodité des passans, & sa forme est un quarré long comme celle du Puys d'Amedabad que j'ay décrit. Il y a au dessus plusieurs arcs de brique peu épais, qui sont éloignez l'un de l'autre de plusieurs pieds. On y descend par divers escaliers, & le jour y entre par les espaces qui sont entre les arcs ; en ſorte qu'on y voit fort clair depuis le haut juſqu'au bas. Il y a en dehors la figure d'un viſage tout rouge, mais on n'en diſtingue point les traits. Les Indiens diſent que c'eſt la Pagode de Madeo, & les Gentils y ont grande devotion.

Porte de Daman.

On eſtime fort un Reſervoir qui eſt vers la Porte de Daman, où commence la plus belle promenade du Pays. Cette Porte eſt couverte & entourrée des branches d'un beau War, que les Portugais appellent arbre de racines, qui fournit un entrepos le plus agreable du monde à tous ceux qui vont à ce Tanquié. Ce grand reſervoir d'eau a ſeize angles ; chaque côté d'angle a cent pas de long, & tout l'ouvrage a bien autant de diametre que la portée d'un mouſquet. Le fond eſt pavé de grandes pierres unies, & il a des degrez preſque tout à l'entour en façon d'amphiteatre, qui regnent depuis le haut du baſſin juſqu'au fond : Ils ont chacun un demy pied de hauteur, & ſont d'une belle pierre de taille qui a eſté apportée d'auprés de Cambaye : Ce qui eſt ſans degrez dans le baſſin, eſt en talud ; & on y a ménagé trois deſcentes pour des abreuvoirs.

Beau Tanquié.

Logis au milieu d'ũ Tanquié.

Au milieu de ce reſervoir il y a un bâtiment de pierre qui eſt haut, quarré, & large d'environ quatre toiſes, où l'on monte par deux petits eſcaliers. C'eſt un lieu où l'on va ſe divertir & prendre le frais ; mais il faut avoir un bâteau pour y passer. Le grand bassin se remplit d'eau de pluye dans la saison qu'il en tombe ; aprés avoir coulé par la campagne où elle fait comme un grand canal, sur lequel on a esté obligé de faire des ponts, elle se rend dans un grand lieu fermé de murailles, d'où elle passe dans le Tanquié par trois trous taillez en rond, qui ont plus de quatre pieds de diametre ; & il y a auprés une maniere de Chapelle de Mahometan.

Gopy. Ce Tanquié a esté fait aux dépens d'un riche Banian nommé Gopy, qui le fit bâtir pour le public ; & on ne beuvoit point autrefois à Sourat d'autre eau que de celle de ce reservoir, car les cinq Puys qui en fournissent presentement à toute la Ville, n'ont esté trouvez que longtemps aprés qu'il a esté bâty. Il fut commencé en même temps que le Château, & on dit qu'ils ont autant coûté à faire l'un que l'autre. C'est assurement un ouvrage digne d'un Roy, & on peut le comparer aux plus beaux qu'ayent faits les Romains pour l'utilité publique. Mais comme les Levantins laissent périr toutes choses faute de les entretenir, il estoit déja encombré de plus de six pieds de terre quand je le vis, & il est en grand danger d'en estre quelque jour remply, si quelque charitable Banian ne le fait nettoyer.

Jardin de la Princesse. Aprés avoir examiné ce beau Reservoir, nous allâmes à un quart de lieuë de là, pour y voir le Jardin de la Princesse, ainsi nommé parce qu'il appartient

appartient à la Sœur du Grand-Mogol. C'est un grand plan d'arbres de plusieurs especes, comme Manguiers, Palmiers, Mirabolans, Vars, arbres de Maisa, & plusieurs autres plantez à la ligne. J'y vis parmy les arbrisseaux, le Querzeheré ou Aacla dont j'ay amplement traité en mon second Volume, & aussi l'Accacia d'Egypte. Il y a plusieurs belles allées fort droites, & particulierement les quatre qui traversent le Jardin en croix, & qui dans leur milieu ont un petit canal d'eau qui est tirée d'un puits par des bœufs. Au milieu du Jardin il y a un bâtiment à quatre faces, qui ont chacune leur Divan, & à chaque coin une chambrette, & devant chacun de ces Divans, il y a un bassin quarré plein d'eau, d'où sortent les ruisseaux qui passent par les principales allées. Au reste quoyque ce Jardin soit bien entendu, il n'a rien de la galanterie des nôtres. On n'y voit ny nos berceaux, ny nos beaux parterres, ny la justesse de leurs compartimens, & encore moins les divers jeux de nos eaux.

Second Volume.

Nous vîmes à cent ou cent cinquante pas de ce Jardin, l'arbre Var dans toute son étenduë. On l'appelle aussi Ber, & arbre des Banians, & arbre des racines, à cause de la facilité que ses branches qui portent de grands filamens, ont à prendre racine, & par consequent à reproduire d'autres branches : en sorte qu'un seul arbre est capable de remplir un trés-grand terrain, & celuy-

L'Arbre Var.

cy eſt fort étendu & fort haut, auſſi fait-il un trés-grand ombrage. Son tour eſt rond & a quatre-vingts pas de diametre, qui font plus de trente toiſes. On a taillé avec tant d'adreſſe les branches qui y avoient pris racine irregulierement, qu'on peut preſentement ſe pourmener ſans peine par tout au deſſous.

Arbre ſacré.

Les Gentils des Indes eſtiment cét arbre ſacré, & nous n'eûmes pas grande peine à le reconnoître de loin, à cauſe des banieres que les Banians avoient plantées à ſon ſommet, & à ſes hautes branches. Il eſt accompagné d'une Pagode dediée à un Idole qu'ils appellent Mameva ; & ceux qui ne ſont point de leur Religion, croyent que c'eſt une repreſentation d'Eve. Nous y trouvâmes un Bramen aſſis, qui mettoit du rouge au front de ceux qui y venoient faire leurs adorations, & il recevoit auſſi leurs preſens de ris, ou de cocos. Cette Pagode eſt bâtie ſous l'arbre en forme de grotte : Le dehors eſt peint de diverſes figures repreſentant les fables de leurs faux Dieux, & il y a dans la grotte une teſte toute rouge.

Charité envers les Fourmis.

Je vis en ce quartier-là un homme fort charitable envers les fourmis. Il portoit de la farine dans un ſac pour leur diſtribuër, & il en mettoit une poignée en tous les endroits où il en rencontroit quelque nombre enſemble.

Terroir de Sourat.

Tandis que nous fûmes dans la campagne, nous examinâmes le terroir de Sourat. Il eſt d'une terre grise fort brune, & on nous assura qu'il estoit si excellent, qu'on ne le fumoit jamais : On y seme le bled aprés les pluyes, c'est-à-dire aprés le mois de Septembre, & on le coupe aprés celuy de Février. On y plante aussi des cannes de sucre : L'usage pour les planter, est de faire de grands sillons dans lesquels avant que de poser les cannes, on met plusieurs de ces petits poissons qu'on appelle Goujons à Paris ; soit que ces poissons servent à engraisser la terre, soit qu'ils ajoûtent quelque qualité à la canne, les Indiens pretendent que sans cét abonnissement les cannes ne produiroient rien de bon : Ils couchent leurs boutures de cannes dessus ces poissons l'une au bout de l'autre, & de chaque nœud de canne ainsi enterrée, il naist une canne de sucre dont on fait la moisson en son temps.

Canes de Sucre.

Le terroir de Sourat est encore bon pour le ris, & on y en seme beaucoup. Les Manguiers & les Palmiers de toutes especes, & les autres sortes d'arbres y viennent bien, & apportent un grand revenu. Les Hollandois arrosent leurs terres d'eau de puys, que l'on fait tirer par des bœufs de la maniere que j'ay écrite en ma seconde Partie ; mais celles qui produisent le bled, ne s'arrosent jamais, parce que les rosées qui tombent au matin en abondance, leur suffisent.

Terroir de Sourat.

2e Partie.

La riviere de Tapty est toûjours un peu salée à Sourat, c'est pourquoy les habitans ne s'en ser-

Tapty riviere.

vent ny pour arroser, ny pour boire, mais seulement pour se laver le corps : ce qu'ils font tous les matins comme les autres Indiens. Ils usent d'eau de puys pour boire, & on l'apporte dans des outres sur des bœufs. Cette riviere est peu de chose d'elle-même, car quand la marée est haute, elle n'a pas plus d'étenduë que la moitié de la Seine : Cependant elle croît tellement durant l'hiver par l'eau des pluyes, qu'elle deborde avec furie, & cause de grands ravages. Elle prend sa source en un lieu nommé Gehar-Conde, aux montagnes de Decan, à dix lieuës de Brampour. Elle passe par cette Ville, & avant que de s'aller descharger dans la mer, elle arrose divers Pays, & cottoye plusieurs Villes, comme elle fait en dernier lieu celle de Sourat. Quand la mer est basse, cette riviere coule jusqu'à la Barre ; mais quand il y a marée, la mer avance ordinairement jusqu'à deux lieuës au dessus de cette Barre, & ainsi elle reçoit les eaux du Tapty.

CHAPITRE QUINZIE'ME.

Port de Sourat.

Port de Sourat.

LA Barre de Sourat, où les Vaisseaux arrivent presentement, n'en est pas le vray Port : On ne peut l'appeller au plus qu'une rade; & ce n'est pas sans raison que j'ay dit au commencement de ce Livre, qu'à cause des sables qui empêchent les Vaisseaux de passer outre, on l'appelle la Barre. Effectivement il y a si peu de fonds, qu'encore que les Vaisseaux soient deschargez, les marées ordinaires ne suffisent pas pour les faire avancer, & on est obligé d'attendre celle de la pleine Lune: Mais alors ils vont jusques devant Sourat, particulierement quand ils ont besoin de radoube. Les petites barques viennent aisément devant la Ville pour peu qu'il y ait de marée.

Le vray Port de Sourat est Soualy, à deux lieuës de la Barre. Il n'est éloigné de la Ville, que de quatre lieuës & demie, & on passe la riviere devant la Ville, pour y aller par terre. Tous les Vaisseaux moüilloient autrefois à ce Port, où il y a bon ancrage; mais parce que la Doüane y estoit souvent fraudée, on a deffendu d'y venir, & personne n'y est allé depuis l'année mil six cens soixante, excepté les Anglois & les Hollandois, à qui on permet toûjours d'y ancrer, & qui y ont chacun leur magazin. Ce Port leur donne une belle commodité pour sauver ce qu'ils veulent sans payer de droits; & les carrosses des Gouverneurs, Commandeurs ou Presidens de ces deux Nations, qui se promenent souvent en ces quartiers-là, pourroient aisément enlever tout ce qui seroit en petit volume dans leurs Vaisseaux. Ils Soualy.

ont même des Jardins à Soualy, sur le bord de la mer, & chacun un petit port où ils mettent leurs bots ou barques : Si bien qu'il ne tient qu'à eux de ne pas payer la Doüane de beaucoup de choses.

Depuis que la deffense a esté faite aux autres Nations de moüiller à Soualy, il y a toûjours un grand abord de Vaisseaux à la Barre, quoy qu'ils y soient fort incommodez : car aucun des Vaisseaux de la Perse, de l'Arabie heureuse, ny generalement de tous les Pays des Indes, n'a cessé d'y venir ; & ainsi la deffense d'aborder à Soualy, n'a rien diminüé du profit de la Doüane, qui rend toûjours au Roy chaque année, douze lecs de roupies, chaque lec valant cent mille livres ou environ. Le Doüanier est More, & c'est du Gouverneur de Sourat, qu'il tient sa commission. Les Commis sont Banians, le reste des gens de la Doüane, comme Gardes, Portefaix & autres, sont aussi Mores, & on les appelle les Pions de la Doüane.

CHAPITRE SEIZIE'ME.

De l'irruption de Sivagy.

Sivagy.

EN Janvier 1664. le Raja Sivagy déconcerta d'une étrange maniere ces Doüaniers & leur

Gouverneur ; & comme il s'est rendu illustre par ses actions, il ne sera pas hors de propos d'en écrire l'histoire. Ce Sivagy est fils d'un Capitaine du Roy de Visiapour, & est né à Bassaim. Comme il est d'un esprit remüant & inquiet, il se rebella dés le temps de son pere, s'estant mis à la teste de plusieurs bandits, & de quantité de jeunesse débauchée, il tint bon dans les montagnes de Visiapour, contre ceux qui l'y vinrent attaquer, & on ne pût le mettre à la raison. Le Roy croyant que son pere estoit d'intelligence avec luy, le fit arréter ; & comme il mourut en prison, le Sivagy conçût une si grande haine contre ce Roy, qu'il mit tout en usage pour s'en vanger. Il pilla une partie du Visiapour, en trés-peu de temps, & avec ce qu'il butina, il se fortifia si bien d'hommes & d'armes, & de chevaux, qu'il se trouva assez fort pour se saisir de quelques Villes, & former un petit Etat malgré le Roy, qui mourut en ce temps-là. La Reine qui demeura Regente, ayant d'autres affaires sur les bras, fit tous ses efforts pour ramener Sivagy à son devoir ; mais n'en pouvant venir à bout, elle accepta la paix qu'il luy fit proposer, aprés laquelle elle demeura paisible.

Histoire du Raja Sivagy.

La Reine regente de Visiapour

Cependant le Raja ne pouvant se tenir en repos, pilla quelques lieux qui appartenoient au Grand-Mogol : ce qui obligea cét Empereur à envoyer des troupes contre luy, sous la conduite

Chasta-Can, oncle du Mogol de Chasta-Can son oncle, Gouverneur d'Aurangeabad. Chasta-Can ayant beaucoup plus de troupes que Sivagy, le poursuivit vigoureusement, mais le Raja ayant toûjours sa retraite dans les montagnes, & estant extrêmement adroit, le Mogol ne pût en venir à bout.

A la fin neantmoins ce vieux Capitaine croyant que l'esprit turbulent de Sivagy, luy feroit faire quelque mauvais pas, prit le party de temporiser, & demeura longtemps sur les Terres du Raja. Comme la patience de Chasta-Can, ennuyoit beaucoup Sivagy, il eut recours au stratagême. *Stratagême de guerre.* Il ordonna à un de ses Capitaines d'écrire à ce Mogol, & de faire en sorte de luy persuader qu'il vouloit passer au service du Grand-Mogol, & emmener avec luy cinq cens hommes qu'il commandoit. Chasta-Can ayant receu ces Lettres n'osa pas d'abord s'y fier ; mais comme il continüa d'en recevoir, & que le Capitaine sçût luy marquer des causes de mécontentement qui paroissoient avoir un caractere de verité, il luy manda de venir & d'amener ses gens. Il ne fut pas plûtôt dans le Camp des Mogols, qu'il demanda un Passeport pour aller trouver le Roy, & se mettre à son service : Mais Chasta-Can se contenta de le luy faire esperer, & le retint auprés de luy.

Sivagy luy avoit ordonné de faire tout ce qu'il pourroit pour s'insinüer dans l'esprit de Chasta-

Can,

Can, & de ne rien épargner pour cela. De faire même paroître toute l'animosité possible dans les occasions, & sur tout d'estre le premier aux attaques qui se feroient contre luy & contre ses sujets. Il ne manqua pas de luy obéïr. Il mit à feu & à sang ce qu'il rencontra dans les Terres du Raja, & y fit beaucoup plus de mal que les autres : ce qui luy acquit une entiere croyance dans l'esprit de Chasta-Can, qui à la fin le fit Capitaine de ses Gardes. Mais il le garda mal, car ayant un jour mandé à Sivagy, qu'en certaine nuit il seroit de garde à la tente du General, le Raja s'y rendit avec ses gens ; & estant introduit par son Capitaine, il vint à Chasta-Can, qui s'estant éveillé, se jetta à ses armes, & fut blessé à la main. Il trouva pourtant le moyen de se sauver, mais un sien fils fut tué, & Sivagy croyant l'avoir tué luy-même, donna le signal pour la retraite. Il se retira avec son Capitaine & toute sa Cavalerie en bon ordre. Il emporta le tresor de ce General, & il emmena sa fille, à qui il rendit tous les honneurs qu'il pût. Il défendit sous de grosses peines à ses gens, de luy faire aucun mal, au contraire il la fit servir avec respect ; & sçachant que son pere estoit en vie, il luy manda que si pour sa rançon il luy envoyoit la somme qu'il luy marquoit, il luy rendroit sa fille saine & sauve : Ce qui fut ponctuellement executé.

Sivagy surprend Chasta-Can.

L

Il écrivit ensuite à Chasta-Can, pour le prier de se retirer, & il ne luy cela pas que le stratagême dont on avoit usé, estoit de luy ; qu'il en concevoit plusieurs autres pour sa ruine, & qu'-assurement s'il ne se retiroit de ses Terres, il y laisseroit la vie. Chasta-Can ne negligea pas cét avis. Il manda au Roy qu'il estoit impossible de forcer Sivagy dans les montagnes ; qu'il ne pouvoit l'entreprendre à moins que de faire perir ses troupes : Et il receut ordre de la Cour de se retirer sous pretexte de quelque nouvelle entreprise. Sivagy cependant resolut de se vanger du Mogol, par quelque moyen que ce fût, pourvû qu'il luy pût estre utile ; & comme il n'ignoroit pas que la Ville de Sourat estoit pleine de richesses, il prit des mesures pour la piller : Mais afin que personne n'eût soupçon de son dessein, il fit deux camps des troupes qu'il avoit ; & comme son Etat est principalement dans les montagnes sur le chemin d'entre Bassaim & Chaoul, il fit un camp vers Chaoul, où il planta un de ses pavillons, & en posta un autre en même temps vers Bassaim ; & aprés avoir donné ordre aux Commandans, que l'on n'y fist aucun pillage, & qu'au contraire l'on payât tout ce qu'on prendroit, il s'habilla secrettement en Faquir. Il alla découvrir les chemins les plus commodes pour aller à Sourat en diligence : Il entra dans cette Ville, pour en examiner les lieux ; & il eut par

Chasta-Can se retire de peur de Sivagy.

Premier Camp de Sivagy vers Chaoul.

Autre Camp de Sivagy vers Bessaim

Sivagy à Sourat, en habit de Faquir.

ce moyen tout le loisir qu'il voulut pour la reconnoître.

Retour de Sivagy en son camp.

Sivagy retourne à Sourat avec quatre mille hommes.

Estant de retour en son camp principal, il ordonna à quatre mille hommes de ses troupes, de le suivre sans bruit, & aux autres de demeurer campées, & de faire en son absence aussi grand bruit que si toutes y estoient, afin qu'on ne soupçonnât rien de l'entreprise qu'il vouloit faire, & qu'on crût toûjours qu'il estoit dans l'un de ses deux camps. Tout s'executa comme il l'avoit ordonné. La marche fut assez secrette, quoyqu'il la precipitât pour surprendre Sourat ; & il se vint camper prés la porte de Brampour. Pour amuser le Gouverneur qui envoya vers luy, il luy fit demander des guides, sous pretexte qu'il vouloit passer outre ; mais le Gouverneur sans luy faire aucune réponse, se retira dans sa Forteresse avec ce qu'il avoit de plus precieux, & envoya de tous côtez pour avoir du secours. La plûpart des Habitans étonnez, abandonnerent leurs maisons pour se retirer à la campagne. Les gens de Sivagy estant entrez, pillerent la Ville durant quatre jours, & brûlerent plusieurs maisons. Il n'y eut que les quartiers des Anglois & des Hollandois, qui se sauverent de ces pillars, par la vigoureuse resistance qu'ils firent, & par le moyen du canon qu'ils braquerent chez eux, dont Sivagy qui n'en avoit point, ne voulut pas éprouver les effets.

Pillage de Sourat.

Ce Raja n'osa pas aussi hazarder l'attaque du

Château, quoyqu'il sçût bien qu'on y avoit retiré tout ce qu'on avoit pû de plus precieux, particulierement beaucoup d'argent comptant. Il craignit que cette attaque ne luy coûtât trop de temps, & que le secours qui pourroit venir, ne luy fist quitter le butin qu'il avoit fait dans la Ville : Outre que le Château ayant dequoy se défendre, il n'en auroit pas eu aussi bon marché qu'il avoit eu du reste. En sorte qu'il prit le party de se retirer avec tout ce qu'il avoit amassé de richesses. On tient à Sourat que ce Raja emporta en pierreries, en or ou en argent, plus de trente millions ; & dans la seule maison d'un Banian, il trouva vingt-deux livres de Perles enfilées, sans une grande quantité d'autres qui n'estoient pas encore percées.

22 liv. de Perles en la maison d'un seul Banian.

Au reste il y auroit dequoy s'étonner qu'une Ville aussi peuplée se soit laissé piller si patiemment par une poignée de gens, si l'on ne sçavoit pas que les Indiens sont pour la plûpart poltrons. Ils ne virent pas plûtôt paroître Sivagy avec sa troupe, que tous s'enfuirent les uns dans la campagne pour se retirer à Baroche, & les autres au Château où le Gouverneur de la Ville se sauva des premiers. Et il n'y eut que les Chrétiens d'Europe qui ayant tenu bon dans leurs quartiers, se conserverent. Tout le reste de la Ville fut pillé, excepté la maison des Capucins. Quand les pillars furent vis-à-vis de leur Convent, ils passerent

Les Chrétiens d'Europe se défendirent contre Sivagy.

Les Capucins conservez.

outre ; & ils avoient ordre de leur Chef d'en user de même, parce que dés le soir du premier jour, le Pere Ambroise qui en estoit Superieur, touché de compassion pour les pauvres Chrétiens habituez à Sourat, alla trouver ce Raja, pour luy parler en leur faveur, & le prier qu'au moins ils ne reçûssent point de mal en leurs personnes. Sivagy eut du respect pour luy : il le prit en sa protection, & luy accorda ce qu'il luy demanda pour les Chrétiens.

Le Grand-Mogol fut sensiblement touché du pillage de cette Ville, & de la hardiesse de Sivagy ; mais ses affaires ne luy permettant pas de le poursuivre sur l'heure, il dissimula la douleur qu'il en avoit, & en remit la vengeance à un autre temps.

Auran-Zeb loüe Sivagy, pour l'attirer à sa Cour.

En mil six cens soixante-six, Auran-Zeb voulut absolument se défaire de luy, & pour en venir à bout, il fit semblant d'approuver ce qu'il avoit fait, & loüa son action comme estant d'un galant homme, rejettant la faute sur le Gouverneur de Sourat, qui n'avoit pas eu le courage de s'opposer à luy. Il s'expliqua ainsi devant les autres Rajas de la Cour, parmy lesquels il n'ignoroit pas que Sivagy avoit beaucoup d'amis ; & il leur fit entendre que comme il estimoit la valeur de ce Raja, il souhaiteroit qu'il vinst à la Cour ; & il dit tout haut qu'on luy feroit plaisir de le luy faire sçavoir. Il s'adressa même à un d'entre eux pour luy écrire, & il donna sa parole Royale qu'il ne luy arriveroit aucun mal ; qu'il pouvoit y venir en toute seureté ; qu'il oublioit le passé, & que ses troupes seroient si bien traitées, qu'il n'auroit aucun sujet de se plaindre. Plusieurs Rajas écrivirent ce que le Roy avoit dit, & se rendirent comme cautions de sa parole : Et ainsi il ne fit point de difficulté de venir à la Cour avec son Fils, aprés avoir ordonné à ses troupes de se tenir toûjours sur leur garde, sous la conduite d'un habile Capitaine qu'il laissa à leur teste.

Arrivée de Sivagy à la Cour.

Il y receut d'abord toutes sortes de carresses, mais quelques mois aprés, appercevant du refroidissement dans l'esprit du Roy, il s'en plaignit hautement, & il luy dit sans s'étonner, qu'il croyoit qu'il le vouloit faire mourir, quoyqu'il fût venu auprés de luy sur sa parole Royale, sans aucune contrainte ou necessité qu'il eût de le faire ; mais que sa Majesté pourroit connoître quel il estoit, de Chasta-Can & du Gouverneur de Sourat : Qu'au reste s'il perissoit, il y auroit des gens qui vangeroient sa mort ; mais qu'en attendant qu'ils le fissent, il vouloit mourir par soy-même, & tirant son poignard, il tâcha de se tuer ; mais on l'en empêcha, & on le fit garder.

Hardiesse de Sivagy parlant au Roy.

Le Roy l'auroit bien voulu faire mourir, mais il craignit que les Rajas ne se soulevassent. Ils murmuroient déja du traitement qu'on luy faisoit nonobstant la parole qu'on luy avoit donnée ; & tous s'interessoient d'autant plus pour luy, que la plûpart n'estoient à la Cour que sur la parole du Roy. Cette consideration obligea Auran-Zeb à le bien traiter, & à carresser son Fils. Il luy dit qu'il n'avoit jamais pensé à le faire mourir, & il le flata par la promesse qu'il luy fit de luy donner un beau commandement, s'il vouloit venir à Candahar, qu'il avoit alors dessein d'assieger. Sivagy feignit d'y consentir pourvû qu'il commandast ses propres troupes. Ce que le Roy luy ayant accordé, il demanda un passeport pour les faire venir ; & quand il l'eut, il resolut de s'en servir pour se retirer de la Cour. C'est pourquoy il donna ordre à ceux à qui il confia ce passeport, & qu'il envoya avant luy, sous pretexte de faire venir ses troupes, de luy amener des chevaux en certains lieux qu'il leur marqua ; & ils n'y manquerent pas. Quand il crût qu'il estoit temps de les aller joindre, il se fit emporter secretement la nuit avec son Fils, dans des paniers sur le bord de la riviere. Si-tôt qu'ils l'eurent passée, ils monterent sur des chevaux qu'on leur tenoit prêts, & il dit en même temps au Batelier, qu'il pouvoit aller avertir le Roy, qu'il avoit passé le Raja Sivagy. Ils coururent nuit & jour : Ils trouverent des chevaux frais aux lieux où il avoit ordonné qu'on en amenât ; & ils passerent par tout à la faveur du passeport du Roy : Mais le Fils ne pouvant suporter la fatigue de cette grande

Feinte de Sivagy.

Retraite de Sivagy.

course, il mourut en chemin. Le Raja laissa de l'argent pour brûler honorablement son corps, & il se rendit ensuite en bonne santé dans son Etat.

Taille & maniere de vivre de Sivagy.

Auranzeb fut extraordinairement fâché de cette fuite. Plusieurs croyoient qu'on n'en faisoit courir le bruit que par feinte, & qu'on l'avoit fait mourir ; mais on en sçût bien-tôt la verité. Ce Raja est petit & bazané, avec des yeux vifs qui marquent beaucoup d'esprit. Il ne mange ordinairement qu'une fois par jour, & se porte bien ; & quand il pilla Sourat en mil six cens soixante-quatre, il n'estoit âgé que de trente-cinq ans.

CHAPITRE DIX-SEPTIE'ME.

Du Pere Ambroise Capucin.

Le Pere Ambroise Capucin.

LE Pere Ambroise dont j'ay parlé, s'est acquis par sa vertu & par ses services, beaucoup de credit dans le Pays du Mogol, & il y est également estimé des Chrétiens & des Gentils : Aussi a-t-il beaucoup de charité pour tous. C'est luy qui accommode ordinairement les differens qui surviennent entre les Chrétiens, & particulierement entre les Catholiques ; & il est si autorisé par les Officiers Mogols,

Mogols, que si une des parties est si opiniâtre qu'elle ne vueïlle point s'accommoder, il la fait consentir à ce qui est juste par sa propre autorité. Il ne fait point difficulté de faire emprisonner un Chrêtien quand il est scandaleux, & si on s'adresse au Gouverneur ou au Cotoüal pour s'en plaindre, ou pour le faire sortir de prison, l'un & l'autre renvoyent le solliciteur au Pere, & luy disent que c'est une affaire dont ils ne sont pas les maîtres. Si le suppliant trouve de la faveur auprés d'eux, ils offrent seulement leur intercession envers le Capucin, & je vis un jour un homme qu'il avoit mis hors de prison à la priere du Cotoüal, à qui cét Officier fit de grandes reprimandes, parce qu'il s'estoit attiré l'indignation du Pere Ambroise. Il banit de la Ville les gens dont la vie est trop dereglée, & le Cotoüal luy-même luy donne des Pions pour les en faire sortir, avec ordre à ses gens de les conduire jusques où le Capucin leur ordonnera.

Autorité du Pere Ambroise

Il employe aussi souvent sa faveur pour les Gentils; & j'ay vû délivrer à sa priere, un Payen qu'on menoit en prison pour une faute legere. Il dispute hardiment de la Foy en presence du Gouverneur; & un jour il ramena dans son devoir une Chrétienne débauchée par un Secretaire de la Reine, qui pour vivre licencieusement, avoit quitté sa Religion pour embrasser la Mahometane, & luy-même l'alla un matin retirer des mains de ce Gentil. Effectivement ſa vie a toûjours eſté ſans reproche, ce qui n'eſt pas une loüange mediocre à un homme qui demeure dans un Pays où il y a tant de Nations differentes qui vivent dans de ſi grands deſordres, & que ſon employ l'oblige de frequenter.

Feſte de Mahometans.

Feſte de Choubret.

JE croyois avoir marqué dans mon Livre de la Perſe, toutes les Feſtes que les Mores ou Mahometans celebrent ; mais ils en firent une en cette Ville, que je n'avois pas encore veuë. Ils l'appellent la Feſte de Choubret : Ils croyent que ce jour-là les bons Anges examinent les ames des morts, & écrivent tout ce qu'ils ont fait de bien pendant leur vie, & que les mauvais Anges marquent auſſi en ce même jour leurs mauvaiſes actions. En ſorte que chacun employe cette journée dans laquelle ils croyent que Dieu voit les comptes des hommes, à le prier, à faire des aumônes, & à s'envoyer des preſens les uns aux autres. Ils finiſſent la Feſte par des illuminations & par des feux qu'ils allument dans les ruës & dans les places publiques, & par quantité de fuzées volantes & autres feux artificiels que l'on voit de tous côtez, pendant que les riches ſe regalent reciproquement de collations & de feſtins dans les ruës mêmes, ou dans les boutiques.

CHAPITRE DIX-HUITIE'ME.

Des autres Villes du Guzerat, & du Siege de Diu par les Turcs, sur les Portugais.

OUtre les Villes de la Province de Guzerat dont j'ay parlé, il y en a encore plus de trente autres, d'où quantité de Bourgs & de Villages dépendent; mais celles qui sont prés de la Mer, sont les plus considerables. Broudra est une des meilleures : Elle est entre Baroche & Cambaye, mais plus avancée vers l'Orient, & située dans une campagne trés-fertile, quoyque sablonneuse : La Ville est grande & moderne, & a retenu le nom d'une autre Ville ruinée, qui n'est qu'à trois quarts de lieuë de-là, qu'on a appellée Broudra & Rageapour : Elle a d'assez bonnes murailles & des tours : Elle est habitée de quantité de Banians ; & comme les plus belles toiles du Guzerat, se font dans cette Ville, elle est remplie d'Ouvriers qui y travaillent incessamment. Elle a plus de deux cens Bourgs ou Villages dans sa Jurisdiction, & on y voit beaucoup de lacque, parce qu'il s'en cüeille grande quantité dans le territoire d'un de ses Bourgs appellé Sindiguera. *Villes du Guzerat.* *Broudra Ville.* *Rageapour Ville.*

La petite Ville de Goga est à l'autre côté du *Goga Ville.*

Golphe, à vingt-huit ou trente lieuës de Cambaye. Il y a quantité de Banians & de gens de marine.

Patan Ville.

Patan est au Sud, vers la grande mer : C'est une grande Ville où autrefois il y avoit bon commerce. On y fait beaucoup d'étoffes de soye. Elle a une Forteresse & un trés-beau Temple, où il y a beaucoup de colonnes de marbre. On y adoroit les Idoles, mais il sert presentement de Mosquée.

Diu Ville

La Ville de Diu qui est aux Portugais, est aussi du Guzerat : Ils y ont trois Châteaux. Elle est située à l'entrée du Golphe de Cambaye, sur la droite, à vingt-deux degrez dix-huit minutes de latitude, & à deux cens lieuës du Cap de Comorin. Avant que Sourat & Cambaye fussent en reputation, elle profitoit de la plus grande partie du commerce qui se fait presentement en ces deux Villes. Son premier Château fut bâty en mil cinq cens quinze, par Albuquerque Portugais. Campson le penultiéme des Princes Mammelucs d'Egypte, suscité par le Roy de Guzerat, y envoya une Armée contre les Portugais, qui y périt. Ils n'estoient pas encore les maîtres de la Ville, & ils n'avoient que le Château.

Campson Sultan d'Egypte.

Mammelucs

Sultan Soliman.

Roy de Guzerat.

Sultan Soliman Empereur des Turcs, l'envoya assieger sur eux en mille cinq cens trente-huit, à la priere du même Roy de Guzerat, nommé Badur (car ce Pays n'estoit point encore aux Mogols) & il n'y réussit pas mieux que le Sultan d'Egypte. L'Armée de Soliman estoit composée de soixante-deux galeres, six galions, & de quantité d'autres moindres bâtimens équipez à Suez dans la Mer rouge, pour porter quatre mille Janissaires, & seize mille hommes d'autre milice, sans compter les canoniers, les matelots & les pilotes. Elle partit de Suez en Juin, & un Bacha nommé Soliman qui la commandoit, se saisit en passant de la Ville d'Aden, par une trahison horrible, & il en fit pendre le Roy.

Armée de Soliman.

Aden.

Lorsque cette Armée fut devant Diu, elle fut jointe par quatre-vingts voiles du Pays, & dés qu'on eut mis des troupes à terre, on fit descendre cent cinquante pieces de canon, dont on batit la Citadelle, qui estoit assiegée d'un autre côté par une Armée de terre du Roy de Guzerat. Il se fit cent belles actions durant ce Siege. Le Gouverneur de la Citadelle, nommé Silveira Portugais, fit paroître tant de valeur & tant de prudence en soûtenant les divers assauts & les attaques des Turcs & des Indiens, qu'il les obligea à lever honteusement le Siege, à abandonner leurs pavillons, leurs munitions & leur artillerie, à laisser plus de mille blessez en leur camp, & plus de mille autres qui estoient au fourage, & outre cela cent cinquante pieces de canon dont les Portugais se saisirent.

Silveira Portugais

C'est dans cette Ville de Diu que se font les

Pierres de Cobra. Pierres de Cobra si renommées. Elles sont composées de racines qu'on brûle, & dont on amasse les cendres pour les mettre avec une sorte de terre qu'ils ont, & les brûler encore une fois avec cette terre; & aprés cela on en fait la pâte dont ces Pierres sont formées. On s'en sert contre les morsures des Serpens & des autres bestes venimeuses, ou quand on est blessé d'armes empoisonnées. *Morsures de Serpens* *Remede.* Il faut faire sortir avec une aiguille, un peu de sang de la playe, y appliquer la Pierre, & l'y laisser jusqu'à ce qu'elle tombe d'elle-même. Il faut la mettre ensuite dans du laict de femme. Si l'on n'en a pas, on a recours au laict de vache; & elle y laisse tout le venin qu'elle a pris, & si on ne l'y mettoit pas, elle creveroit.

Entre Broudra & Amedabad, il y a encore deux Villes de mediocre grandeur, appellées l'une Nariad, & l'autre Mamadebad, où il se fait beaucoup de toiles, & la derniere fournit le fil de coton à la plus grande partie du Guzerat, & des autres Pays voisins. *Nariad & Mamadebad, Villes* Je n'écriray rien icy des autres Villes de ce Royaume, parceque comme il y a peu de choses à y remarquer, la description en seroit ennuyeuse. Il paye ordinairement au Grand-Mogol, vingt millions cinq cens mille livres par an. *Revenu de la Province de Guzerat.*

CHAPITRE DIX-NEUFIE'ME.

De la Province & ville d'Agra.

Agra.

AGra est une des grandes Provinces du Mogolistan, & sa Ville Capitale qui est de même nom, est la plus grande des Villes des Indes. Elle est éloignée de Sourat d'environ deux cens dix lieuës que l'on fait ordinairement en trente-cinq ou trente-six journées de caravane, & sa situation est au vingt-huitiéme degré & demy de latitude sur le Gemna, que quelques uns appellent Geminy, & Pline Jomanes. Cette Riviere a sa source dans des montagnes qui sont au Septentrion de Dehly, d'où prenant sa pente vers cette Ville, & recevant dans son lit plusieurs ruisseaux qu'elle rencontre, elle fait un Fleuve fort considerable. Elle passe à Agra, & aprés avoir traversé plusieurs Pays, elle se va rendre dans le Gange, à la grande Ville de Halbas.

Gemna riviere. Iomanes riviere. Cours du Gemna.

Il ne faut point se mettre en peine comme quelques uns ont fait, de recourir à Bacchus pour rendre Agra illustre par un nom ancien. Avant le Roy Ecbar, ce n'estoit qu'un Bourg qui avoit un petit Château de terre, & ce Bourg ne pretendoit aucun avantage au dessus de ses voi-

Bacchus

sins par son antiquité : Aussi personne n'y en a-t-il jamais trouvé de marques.

Sa situation ayant plû à ce Prince, il y joignit plusieurs Villages : Il leur donna la forme d'une Ville par d'autres bâtimens qu'il y fit faire : Il la nomma de son nom Ecbar-Abad, l'habitation d'Ecbar, & il y établit le Siege de son Empire en l'an mille cinq cens soixante-six. La declaration qu'il en fit, fut suffisante pour la peupler : Quand les Marchands eurent appris que la Cour y estoit, ils y vinrent de tous côtez, & non seulement les Negocians Banians s'y rendirent en foule, mais même les Chrêtiens de toute secte, ainsi que les Mahometans qui à l'envy l'un de l'autre la garnirent de toute sorte de marchandises ; & comme ce Prince y appella des Jesuites, & leur donna pension pour les y faire subsister, les Marchands Catholiques ne firent point difficulté de s'y venir habituër, & ces Peres y prennent encore aujourd'huy le soin du spirituël, & enseignent leurs enfans.

Agra nõmé Ecbar-Abad.

Les Marchãs viennent en foule à Agra.

Iesuistes à Agra.

Quoyque ce Prince pretendist faire d'Agra une Ville de consequence, il n'y fit ny ramparts ny murailles, ny bastions ; mais seulement un fossé, esperant la si bien garnir de Soldats & d'habitans, qu'elle seroit hors de l'insulte de toute sorte d'ennemis. On la commença par le Château, qu'il affecta de faire le plus grand de tous ceux qui estoient alors aux Indes ; & comme la situation

Chasteau d'Agro.

ſituation du vieux luy parut belle & commode, il le fit abatre, & en même temps on y poſa les fondemens de celuy qui y eſt preſentement. On l'entoura d'une muraille de pierre & de brique que l'on terraça en divers endroits, & qui a vingt-cinq coudées de haut, & on laiſſa entre le Château & la riviere une grande place pour les exercices qu'il plairoit au Roy que l'on y fit pour ſon divertiſſement.

Palais du Roy à Agra.

Le Palais du Roy eſt dans ce Château. Il a trois cours ornées tout au tour de portiques & de galleries peintes & dorées : Il y a même des pieces couvertes de plaques d'or : Il y a ſous les galleries de la premiere cour des logemens pratiquez pour les gens de la garde du Roy : Ceux des Officiers ſont dans la ſeconde, & c'eſt dans la troiſiéme que ſont les magnifiques appartemens du Roy & de ſes Dames, & d'où il va ordinairement à un beau Divan qui a vûë ſur la riviere, pour joüir du plaiſir de voir combattre ſes Elephans, de voir faire l'exercice à ſes Troupes, & de ſe divertir des jeux qu'il ordonne de faire ou ſur l'eau, ou dans la place.

Palais des Seigneurs à Agra.

Ce Palais eſt accompagné de vingt-cinq ou trente autres fort grands, qui ſont tous ſur une même ligne, & appartiennent aux Princes & aux grands Seigneurs de la Cour ; ce qui donne le plus bel aſpect du monde à ceux qui ſont au delà de la riviere, & qui le rendroit encore plus beau ſans les hautes & longues murailles qui y ſont pour la clôture des Jardins, qui aident beaucoup à rendre la Ville auſſi longue qu'elle eſt. Il y a ſur la même ligne pluſieurs moindres Palais & autres bâtimens. Chacun ayant deſiré de joüir de la belle veuë & de la commodité de l'eau du Gemna, a tâché de trouver place de ce côté-là : ce qui a fait que cette Ville a beaucoup de longueur & peu de largeur, & que horſmis quelques belles ruës qui y ſont, toutes les autres ſont fort étroites & ſans ſimetrie.

Places d'Agra. Il y a devant le Palais du Roy, au dedans de la Ville, une fort grande Place, & il y en a encore douze autres de moindre étenduë. Mais ce qui fait la beauté d'Agra, outre les Palais que j'ay marquez, ce ſont les Quervanſeras dont le nombre paſſe ſoixante ; & il y en a qui ont juſqu'à ſix grandes cours avec leurs portiques, qui donnent entrée à des appartemens fort commodes, où les Marchands eſtrangers prennent leurs logemens : Il y a plus de huit cens bains & un trés-grand nombre de Moſquées, dont quelques unes ſervent d'azile. On y voit auſſi pluſieurs Sepultures magnifiques, beaucoup de Grands ayant eu l'ambition de s'en faire bâtir dés leur vivant, ou d'en faire bâtir à leurs peres pour en honorer la memoire.

Quervanſeras d'Agra.

Bains d'Agra.

Sepultures à Agra.

Sepulture du Roy Ecbar. Le Roy Gehanguir en fit élever une au Roy Ecbar ſon pere, ſur un tertre de la Ville. Elle surpasse toutes celles des grands Seigneurs en magnificēce; mais la plus belle est celle que Châ-Gehan a fait bâtir en l'honneur d'une de ses femmes appellée Tadgé-Mehal, qu'il aimoit tendrement, & dont la mort luy pensa coûter la vie. Je sçay que le sçavant & curieux M. Bernier en a fait des Memoires, & ainsi je ne me suis point mis en peine de m'informer exactement de cét ouvrage. Je diray seulement que ce Roy ayant fait venir à Agra, tout ce qu'on pût trouver d'habiles Architectes dans les Indes, il en forma un conseil pour la perfection du Tombeau qu'il avoit en pensée d'élever, & qu'aprés leur avoir reglé des appointemens, il leur ordonna de ne rien épargner pour faire le plus beau Mausolée qui fût au monde, s'ils pouvoient. Ils le firent à leur maniere, & ils réussirent à son gré.

Beau Mausolée de Tadgé-Mehal.

Le Jardin magnifique dans lequel toutes les parties de ce Mausolée sont partagées, les grands pavillons qui y sont avec leurs façades, les beaux vestibules, le superbe dôme qui enferme le Tombeau, la belle disposition de ses colonnes, l'élevation des voûtes qui y soûtiennent quantité de galleries, de quiochques & de terrasses, font bien connoître que les Indiens ne sont pas ignorans en Architecture. Il est vray que la maniere en paroist bizare aux Européens ; mais elle a son bon goût, & quoyqu'elle ne ressemble pas à celle des Grecs & des autres Anciens, on peut dire que le Mausolée est trés-beau. Les Indiens disent que l'on employa vingt ans à le bâtir, que pour en venir à bout, on mit en besogne autant d'Ouvriers qu'il en falut pour un si grand ouvrage, & que le travail n'en fut point interrompu durant ce long espace de temps.

Tombeau du Roy Gehanguir

Ce Roy n'a pas eu la même passion pour la memoire de son Pere Gehanguir, que pour celle de sa femme Tadgé-Mehal ; car il ne luy a point fait élever de sepulture magnifique : Et ce Grand Mogol est enterré dans un Jardin où l'on s'est contenté de peindre son Tombeau sur le portail.

Air d'Agra.

Au reste l'air d'Agra est fort incommode en Esté, & il y a bien de l'apparence que la chaleur excessive qui échauffe les sables qui environnent cette Ville, fut une des principales raisons qui obligerent le Roy Châ Gehan à changer de climat, & à choisir celuy de Delhy pour habiter.

Le Roy Châ-Gehan prisõnier dans son Palais

Ce Prince ne pensoit pas que quelque jour on le contraindroit de demeurer à Agra, quelque aversion qu'il en eût, bien moins encore qu'il seroit prisonnier dans son Palais même, & qu'en cét estat il y finiroit ses jours, accablé de déplaisirs. Ce malheur luy est arrivé par Auran-Zeb le troisiéme de ses enfans, qui estant venu à bout de ses freres, & par adresse & par force, s'assura de la personne du Roy & de ses tresors, par le moyen des Soldats qu'il fit adroitement entrer dans le Palais, & par lesquels il le fit garder jusqu'à la mort.

Auran-zeb emprisonna le Roy son pere.

Dés qu'Auran-Zeb sçût que son pere estoit en sa puissance, il se fit declarer Roy : il tint sa Cour à Dehly ; & on ne vit point de party se former pour le Roy malheureux, quoyque par ses bienfaits il eût élevé beaucoup de gens. Auran-Zeb regna dés lors sans trouble ; & le Roy son pere estant mort dans sa prison, sur la fin de l'année mil six cens soixante-six, il joüit à son aise de l'Empire, & de ce Thrône si fameux des Mogols, qu'il avoit laissé dans l'appartement du prisonnier, pour le divertir. Il ajoûta aux pierreries qui l'environnoient, celles des Princes ses freres, & particulierement les joyaux de Begum-Saheb sa sœur, qui mourut aprés son pere ; & on disoit que sa mort avoit esté avancée par le poison. Et enfin il fut le maître absolu de tout, aprés avoir vaincu & fait mourir Dara-Châ son aîné, que Châ-Gehan avoit destiné pour regner. Ce Roy est enterré au de-là de la riviere, en un Sepulchre qu'il avoit commencé, & qui n'est pas achevé.

Auran-zeb declaré Roy.

Mort du Roy Châ-Gehan.

Begum-Saheb sœur d'Auran-Zeb.

Sepulchre de Châ-Gehan.

La Ville d'Agra est peuplée comme le doit estre une grande Ville ; mais elle ne l'est pas jusqu'à pouvoir mettre deux cens mille hommes sous les armes, comme on l'a écrit. Les Palais avec leurs grands Jardins, en occupent la meilleure partie, & ainsi son étenduë n'est pas une marque infaillible du grand nombre de ses habitans. Les maisons ordinaires sont basses. Celles

Dissertation sur Agra.

du menu peuple ne sont que des chaumieres, & chacune contient peu de monde ; & en effet on marche dans les ruës sans estre pressé, & on n'y voit de la foule que quand la Cour y est : Mais on m'a dit qu'alors il y a grande confusion, & qu'il y paroist un nombre infiny de peuple. Ce qui ne doit étonner personne, puisque les ruës y sont étroites, & que le Roy outre les gens de sa Maison, qui sont en grand nombre, est toûjours accompagné d'une armée pour sa garde ; que les Rajas, les Omras, les Mansepdars & autres Grands, ont de fort grandes suites, & que la plûpart des Marchands mêmes suivent la Cour, sans compter quantité d'Artisans, & des milliers de petites gens qui en reçoivent toute leur subsistance.

Chrétiens à Agra.

Quelques uns veulent qu'il y ait vingt-cinq mille familles de Chrétiens dans Agra, mais tous n'en conviennent pas. Il est seulement constant qu'il y a peu de Gentils & de Parsis, en comparaison des Mahometans qui y sont ; & ceux-cy surpassent toutes les autres Sectes en puissance, comme ils sont en nombre. Les Hollandois ont un Comptoir dans la Ville ; mais les Anglois n'y en ont plus, parce qu'ils n'y ont pas trouvé leur compte.

Comptoir des Holandois à Agra.

Il y a des Officiers à Agra, comme à Sourat, qui font les mêmes fonctions ; & il en est de mêmes par toutes les grandes Villes de l'Empire.

Nous avons vû que le Fourſdar ou Prevoſt, doit répondre des vols qui ſe font à la campagne ; & ce fut par cette raiſon que M. Beber, un des Envoyez au Mogol, pour les intereſts de la Compagnie des Indes en France, ayant eſté volé, demanda à cét Officier d'Agra, la ſomme de trente & un mille deux cens roupies qu'il pretendoit qu'on luy avoit priſes. Cette ſomme étonna le Prevoſt qui luy fit connoître qu'il ne croyoit pas qu'il eût tant perdu ; & parce que l'Envoyé luy répondit qu'aſſurement la ſomme augmenteroit s'il differoit à luy reſtitüer ſon argent, & s'il luy donnoit le temps de ſe ſouvenir de beaucoup de choſes qu'il avoit oubliées, il écrivit au Grand-Mogol, & luy marqua qu'il eſtoit impoſſible que cét envoyé eût perdu une ſi groſſe ſomme. Monſieur Beber avoit auſſi fait à la Cour ſes diligences ; mais comme il eſtoit aſſez difficile de prononcer juſte ſur ce different, le Roy pour le finir, ordonna au Prevoſt de payer à l'Envoyé, quinze mille roupies, & parce qu'il avoit eſté bleſſé lors qu'on le vola, le Prince luy fit donner de ſon Epargne, dix mille roupies pour ſon ſang.

Mr Beber volé.

Liberalité du Roy Mogol.

CHAPITRE VINGTIE'ME.

Des Vêtemens à Agra.

Vêtemens à Agra. PArmy les diverses Nations qu'il y a dans Agra, aussi bien que dans le reste des Indes, on y voit assez d'uniformité dans la maniere de se vêtir ; & il n'y a que les Mahometans appellez Mores par les Portugais, qui se distinguent à l'exterieur par une coëffure particuliere, mais au reste ils sont habillez comme les autres. Le calçon des Indiens est pour l'ordinaire de toile de coton. Il vient aux uns jusqu'à my-jambe, & d'autres le portent un peu plus long, en sorte qu'il descend jusqu'à la cheville du pied. Ceux qui se piquent d'estre richement vêtus, portent des calçons d'étoffe de soye rayée de differentes couleurs, qui sont si longs qu'ils leur font faire plusieurs plis sur la jambe, de la même maniere à peu prés qu'on ajustoit autrefois les bas de soye en France.

Mores.

Calçon.

Chemises. On laisse pendre la chemise par-dessus le calçon, ainsi qu'il se pratique dans tout le Levant. Ces chemises s'attachent comme celles des Persans, & elles n'avoient pas autrefois plus d'ouverture que les leurs ; mais comme celles des Mo-

gols

gols sont fenduës depuis le haut jusqu'au bas, ainsi que leurs robes de dessus qu'on nomme Cabas, il y a presentement beaucoup de gens qui les portent de cette façon, parce qu'ils les trouvent plus commodes, estant plus aisées à mettre & à ôter : outre que quand on est seul, on peut les ouvrir pour prendre le frais.

Lorsqu'il fait froid, les Indiens vêtent par-dessus la chemise un arcaluq ou just'aucorps cotonné & piqué, dont le dessus est ordinairement d'une chite ou toile peinte. Les couleurs qui sont dessus, sont si vives & si bonnes, qu'encore qu'elles soient devenuës sales par l'usage qu'on en a fait, elles reprennent leur premiere beauté aussitôt qu'on les a lavées. C'est avec des moules appliquez sur la toile, que l'on y marque les fleurs & les autres bigarures qui s'y voyent. *Arcaluc.*

Dessus l'arcaluq on met le Caba, qui est une premiere veste ; mais il faut supposer qu'il ne fasse pas chaud, car pour peu qu'il y aye de chaleur, on ne porte point d'arcaluq, & alors le Caba se met par-dessus la chemise. Le Caba des Indiens est plus large que celuy des Persans ; & je ne sçaurois en faire concevoir une idée plus naïve, qu'en disant que c'est une maniere de corps de robe où il y auroit une jupe attachée, qui seroit ouverte pardevant, & plissée depuis le haut jusqu'au bas, afin qu'elle ne fasse point la cloche. Il y a un collet haut de deux travers de doigt, *Caba.*

qui est de même étoffe que le reste. Ils ne font pas fermer cette veste comme nous faisons nos just'aucorps, mais ils la croisent sur l'estomach, premierement de droit à gauche, & ensuite de gauche à droit. Ils l'attachent avec des rubans de même étoffe, qui sont larges de deux doigts, & longs d'un pied ; & il y en a sept ou huit depuis le haut jusques sur la hanche, dont ils ne noüent que le premier & le dernier, & laissent pendre les autres à la negligence, pour avoir meilleure grace.

Ces Cabas sont faits communément de toile blanche, c'est-à-dire de toile de coton, afin qu'ils soient plus legers & plus propres en les blanchissant souvent ; & cette maniere est conforme à celle des anciens Indiens. Je dis de toile de coton, parce qu'on n'en use point d'autres sortes dans l'Inde, & qu'il n'y croist pas de lin. Quelques uns neantmoins en portent de toile peinte, mais ce n'est pas la belle maniere de s'habiller ; & quand les riches n'en vêtent pas de blanc, ils en prennent de soye, & choisissent de la plus large étoffe qu'ils puissent trouver, qui ordinairement est rayée & a plusieurs couleurs.

Il n'y a point de Lin aux Indes.

Ceinture.

Ils ne mettent qu'une ceinture, au lieu que les Persans en ont deux, & même elle coûte peu, car elle n'est que de toile blanche, & il est rare de voir que des Indiens se servent des belles ceintures de Perse, à moins que ce ne soient des gens de qualité qui soient riches.

Quand il fait bien froid, les Indiens mettent sur tous les vêtemens dont j'ay parlé, une veste qu'on appelle Cadeby ; & alors on en voit aux riches de fort magnifiques. Elles sont de brocat d'or, ou de quelque autre belle étoffe, & elles sont doublées d'une fourrure de Marte-Zebeline qui coûte beaucoup.

Cadeby.

Belles vestes à Agra.

Ils mettent sur eux en toute saison, lorsqu'ils sortent une Chal, qui est une maniere de toilette d'une laine trés-fine qui se fait à Cachmir. Ces Chals ont environ deux aûnes de long sur une de large. On les achete vingt-cinq ou trente écus si elles sont fines. Il y en a même qui coûtent cinquante écus, mais ce sont les trés-fines. Ils mettent cette Chal sur leurs épaules, & en noüent deux bouts sur l'estomach, & le reste pend par derriere jusqu'au bas des reins. Quelques uns les portent en escharpe, & quelques fois ils en font venir un bout sur la teste, qu'ils accommodent en maniere de coëffe. Il y en a de plusieurs couleurs, mais celles des Banians sont presque toûjours de couleur de feüille-morte ; & ceux qui sont pauvres, ou qui ne veulent point beaucoup dépenser, n'en ont que de simple toile.

Chal ou Toillette.

Le Turban qui se porte dans les Indes, est ordinairement petit. Celuy des Mahometans est toûjours blanc, & les riches en ont d'une toile si fine, que vingt-cinq ou trente aûnes qu'on em-

Turban aux Indes

Toile dont

Vingt cinq à trente aunes ne pesent pas quatre onces.

ployent pour faire un Turban, ne pesent pas quelques fois quatre onces. Ces belles toiles se font vers Bengale : Elles coûtent cher, & un seul Turban revient à vingt-cinq écus. Ceux qui aiment à estre encore plus richement coëffez, en portent où il y a de l'or mêlé, mais un Turban de cette étoffe, coûte plusieurs tomans ; & j'ay dit ailleurs qu'un toman vaut environ quarante-cinq livres.

2e Partie ch. 7. du L. 2

Forme des Turbans à Agra.

Ces Turbans tortillez comme il faut, ont beaucoup de rapport à la forme de la teste, car ils sont plus hauts par derriere de quatre ou cinq doigts que par devant, ensorte qu'il n'y a que le haut de la teste qui soit bien couvert ; & j'ay vû des Païsanes en France, dont la coëffure avoit assez de rapport à cette espece de Turban.

Les Indiens conservent leurs cheveux.

Les Indiens se servent de leurs Cheveux pour orner leur teste, au contraire des Mahometans qui les font raser ; & en cela, comme en beaucoup d'autres choses, ces Indiens imitent leurs ancestres.

Chaussure.

A l'égard de la chaussure, l'on ne fait aucune dépense dans les Indes en bas de chausses ny en chaussons : On ne s'en sert point ordinairement, & on met les pieds à nud dans les souliers. L'étoffe est de maroquin, & ils sont presque de mesme figure que les Papouches des Turcs ; mais les gens de qualité les font broder d'or, & ils ont par derriere une espece de talonniere, de mesme étoffe que l'empeigne, qu'ils replient presque toûjours en dedans, comme ceux qui portent leurs souliers en pantoufle. Neantmoins les Banians chaussent tout-à-fait les leurs, parceque estans gens d'affaire, ils veulent marcher avec liberté ; ce qui est assez difficile quand le pied n'est pas entouré du soulier de tous côtez.

Souliers ou Papouches des Banians.

Les riches Banians font couvrir le cuir des leurs, de velours rouge, avec de grandes fleurs en broderie de soye ; & les autres se contentent de cuir rouge avec de petites fleurs, ou quelque autre galanterie de peu de valeur.

Vestements des Femmes.

Les femmes Mogoles qui se veulent distinguer des autres, se vestent presque comme les hommes ; cependant les manches de leurs chemises, non plus que celles des autres Indiennes, ne passent point le coude, & c'est afin d'avoir comme elles la liberté d'orner le reste du bras de carcans & de brasselets d'or, d'argent ou d'yvoire, ou garnis de pierreries, ainsi qu'elles en mettent au bas de leurs jambes. La chemise ordinaire des Indiennes idolâtres ne va que jusqu'à la ceinture, non plus que la chemisette de satin ou de toille qu'elles ont par dessus, parceque de la ceinture en bas elles s'enveloppent dans un morceau de toille ou d'étoffe, qui les cache jusqu'aux pieds, comme un cotillon ; & cette toille est taillée d'une maniere qu'elles en font venir une des extrêmitez sur la teste par derriere le dos.

Chemise des Indiennes.

Chemisette des Indiénes.

Elles n'ont point d'autre habillement, soit qu'elles demeurent à la maison, soit qu'elles aillent par la Ville, & elles ont de hauts patins pour chaussure.

Indiennes se parent le nez & les oreilles avec des anneaux

Elles portent à leurs oreilles un petit cercle d'or ou d'argent, qui est plat, & où il y a de la graveure ; & elles se parent le nez avec des anneaux qu'elles passent à une narine.

Miroir au doigt.

Les bagues sont les ornemens de leurs doigts comme ailleurs. Elles en mettent plusieurs, mais comme elles aiment à se mirer souvent, il y a toûjours une bague entre les autres, qui a un petit miroir enchassé dans le chaton, au lieu de pierre, & dont le diamettre est d'un pouce. Si ces Indiennes sont Idolâtres, elles marchent le visage découvert ; & si elles sont Mahometanes, elles le couvrent. Il y a quelque Pays dans l'Inde, où les femmes vont toutes nuës jusqu'à la ceinture, aussi bien que les hommes ; & elles n'ont le reste du corps couvert que jusqu'au genoüil.

Indiennes nuës jusqu'à la ceinture.

CHAPITRE VINGT-UNIE'ME.

Des autres Curiositez à Agra.

Il y a beaucoup de gens à Agra, qui sont curieux de nourrir des animaux pour avoir le divertissement de les faire battre ensemble: Mais comme ils ne peuvent avoir d'Elephans ny de Lions, parce qu'il coûte beaucoup à les nourrir, la plûpart se contentent d'élever des Boucs, des Moutons, des Belliers, des Cocqs, des mâles de Cailles, des Cerfs & des Gazelles, pour regaler leurs amis des combats de ces animaux.

Combats d'Animaux.

Les Gazelles des Indes ne sont pas tout-à-fait comme celles des autres Pays: Elles ont même beaucoup plus de cœur, & à l'exterieur on les distingue par les cornes. Les Gazelles ordinaires les ont grises & moins longues de la moitié, que celles des Indes, qui les ont noirâtres & longues d'un grand pied & demy. Ces cornes vont en serpentant jusqu'à la pointe comme une vis; & les Faquirs & Santons en portent ordinairement deux qui sont jointes: Elles sont armées de fer au haut & au bas, & ils s'en servent comme d'un petit bâton à deux bouts.

Gazelles des Indes.

Quand on ne veut point se servir d'un Leopard apprivoisé pour prendre les Gazelles, on meine un mâle de Gazelle privé, à qui l'on met aux cornes une corde qui a divers tours & replis, & dont on attache les deux bouts sous le ventre: Lors qu'on a trouvé une compagnie de Gazelles, on laisse aller ce mâle; il va pour les joindre, le mâle de la troupe s'avance pour l'en empêcher, & comme l'opposition qu'il luy fait n'est qu'en joüant avec ses cornes, il ne manque

Leopard.

pas de les empêtrer & de s'embarrasser avec son rival, ensorte que ne pouvant pas aisément se retirer, le chasseur s'en saisit adroitement & l'emmeine : mais il est plus mal aisé de prendre les femelles.

Pigeons. Il y a des Pigeons tout verds en ce Pays-là, & qui ne different des nostres que par cette couleur : Les chasseurs les prennent avec de la glu, ils portent devant eux une maniere de mantelet leger qui leur cache tout le corps, & où il y a des trous pour voir devant eux : Les Pigeons ne voyant point d'homme, n'ont aucune peur quand le chasseur approche, & il les enleve adroitement l'un aprés l'autre, avec une baguette engluée, sans qu'aucun s'envole. L'on prend ainsi en quelques lieux les Perroquets de petite taille.

Mantelet pour chasser.

Les Indiens qui se mêlent de chasses & de pesches, sont fort adroits : Ils prennent les Oyseaux qui se plaisent sur l'eau, avec une grande facilité : Les chasseurs nagent presque de bout, en sorte neantmoins qu'ils ont la teste hors de l'eau & qu'ils la cachent par le moyen d'un pot qui est percé pour faciliter la respiration & donner de la veuë : mais outre cela, ce pot est couvert de plumes pour tromper les Canards & les autres Oyseaux ; si bien que quand le chasseur approche, ils ne s'effarouchent point, pensant que cette teste est un Oyseau : Et alors ce chasseur les prend à coup seur, par les pieds, au dessous de

Chasse aux oiseaux aquatiques

de la surface de l'eau, & il les tire dedans. Les autres canards ne voyant personne, croyent que leurs camarades se sont plongez d'eux-mêmes, & ne s'étonnent point : En sorte que se familiarisant avec la teste de plume qui les suit continüellement, ils sont à la fin tous pris pendant qu'ils attendent inutilement pour changer de poste, que ceux qu'ils ont vû plonger, soient revenus.

Les chasseurs d'Agra vont jusqu'à cinq journées au de-là de cette Ville, en une montagne qu'on appelle Nerover, où il y a une mine d'excellent fer ; mais ils ne font cette course que pour y aller prendre de certaines Vaches sauvages qu'ils appellent Merous, qui sont dans des bois à l'entour de cette montagne, qui est sur le chemin de Sourat à Golconde ; & comme ces Vaches sont ordinairement fort belles, ils en tirent un grand profit.

Nerouer.

Merous Vaches sauvages.

On voit dans les Indes plusieurs Peintures sur du papier & sur de la carte, mais presques toutes sont grossieres, & on n'y estime que celles qui sont faites à Agra & à Dehly : Cependant comme celles d'Agra sont pour la plûpart indescentes, & representent des postures lascives qui sont encore pires que celles de l'Aretin, il y a peu d'honnêtes gens d'Europe qui les achetent.

Peintures aux Indes

On a en cette Ville une maniere de travailler en or, sur l'Agathe, le Crystal & les autres matieres fragiles, que nos Orfévres & Lapidaires

Travail sur l'Agathe & le Crystal.

P

n'ont point. Quand les Indiens veulent orner des Vases, des Tasses ou des Coffres, outre les cercles d'or qu'ils y mettent, ils gravent sur ces Vases des fleurs & d'autres sortes de figures, & ils y enchassent aussi des pierreries. Ils coupent des feuïlles d'or pour garnir les vuides des figures, ils en mettent plusieurs morceaux les uns sur les autres, & ils les enchassent si adroitement dans les creux, avec un fer qui est fait comme un burin, qu'il semble que ce soit de l'or d'orfévrerie, quand les vuides sont entierement remplis. Ils en usent de même pour les pierreries; ils les entourent aussi de ces morceaux de feuïlles d'or, & ils les foulent si fort que les pierreries tiennent parfaitement.

Ils font les cercles qui entourent les Vases, soit par le milieu, soit par les bords, d'un or qui est en petites verges rondes, qu'ils battent sur une enclume, jusqu'à ce qu'elles soient reduites en lames plates & minces : Ils prennent ensuite sur le Vase la mesure de la partie qu'ils veulent entourer, & ayant plié le cercle trés-juste, ils soudent les deux bouts de la lame, & la mettent à l'endroit où ils l'ont destinée sur le Vase, ensorte qu'elle y tient fort bien, pourvû qu'on ait l'adresse de la poser juste au lieu qui est marqué. S'il est necessaire qu'il y ait des anses aux Vases, ou quelque serrure au coffre d'Agathe ou de crystal, ils la soudent au cercle, avec le mesme art qu'ils ont soudé les deux bouts du cercle ; mais ils les font differemment de nos Orfévres. Ils se servent pour cela de petites féves rouges, qui sont noires par le bout, & qui sont le fruit d'un Convolvule, appellé en Indien Gomtchi, & en Langue Telenghi, Gourghindel. Ils en ostent l'écorce qui est dure & seche, & prenant la féve qui est dedans & qui paroist jeaunâtre, ils la frotent jusqu'à ce qu'elle soit toute usée & reduite en bouë, sur une platine de fer où ils ont versé un peu d'eau : Ils écrasent ensuite un petit morceau de Borax, & l'ayant mêlé dans cette bouë, ils enduisent de cette mixtion les extrêmitez qu'ils veulent souder, & les joignent aprés les avoir échauffées avec un charbon ; & de cette maniere les deux côtez se prennent & tiennent parfaitement bien ensemble.

Maniere de souder

On fait faire ce travail par de pauvres gens, & quelquefois par de petits garçons qui le font fort vîte & adroitement, moyennant deux écus de façon ou environ, qu'on leur paye pour chaque tole d'or ; & l'on donne encore quelque chose à celuy qui a battu les verges d'or, pour les applatir : Mais tous ces gens-là ne sçavent point comme on émaille l'or.

Au reste, la Province d'Agra a plus de quarante Villes dans sa dépendance, & l'on dit qu'elle a plus de trois mille quatre cens Villages. Fetipour est une de ses Villes ; elle s'appelloit autre-

Fetipour.

Sicari. fois Sicari, & le mot de Fetipour qui marque en sa signification la joüissance de ce qu'on souhaite, luy fut donné par Ecbar, à cause de l'heureuse nouvelle qu'il y reçût de la naissance d'un fils, au retour d'une expedition de guerre. Cette Ville est éloignée d'Agra d'environ six lieuës ; elle a esté trés-belle, & ce grand Mogol, au commencement de son regne, aprés en avoir fait rebâtir les murailles, en avoit fait la Capitale de son Empire. Mais la passion que les Roys ont de faire de grandes choses des petites, fit qu'Ecbar ayant voulu bâtir une Ville là où il n'y avoit *Agra Bourg* qu'un Village, ou au plus un Bourg nommé Agra, non seulement la Ville de Fetipour fut negligée, mais elle fut depuis entierement abandonnée ; puisqu'aussi-tôt qu'Agra fut devenu Ville, & que ce Roy luy eut donné son nom, en l'appellant *Ecbarabad.* Ecbarabad, lieu bâty par Ecbar, il y alla faire sa residence, & quitta Fetipour.

Beau Meidan à Fetipour Quoyque cette Ville de Fetipour soit fort délabrée, l'on y void encore une grande Place ornée de beaux bâtimens, & l'entrée magnifique *Belle Mosquée à Fetipour* du Palais d'Ecbar, y est entiere. Ce Palais est accompagné d'une des belles Mosquées de l'Orient, bâtie par un Mahometan Calender de profession, qui y est enterré en qualité de Saint. Les *Calenders* Calenders sont des Dervichs qui vont pieds nuds. Cette Mosquée est encore ornée de toutes ses colonnes & de ses beaux lambris, & en general de tout ce qui peut parer un beau Temple. Il y a auprés un grand reservoir qui fournissoit de l'eau à toute la Ville, & il estoit d'autant plus necessaire, que toutes les sources des environs sont salées ; & les eaux mal sainesfurent une des principales causes qui obligerent le Grand-Mogol à s'établir ailleurs.

Cause de l'abandonnement d'Agra

Beruzabad est du nombre des Villes de l'Agra. Chitpour en est aussi, & le commerce des chites ou toiles peintes, y est grand. Bargant en est une autre qui appartient à un Raja qui fait payer quelques droits. Chalaour est sur une montagne. On fabrique les beaux Tapis à Vetapour. Il y a aussi Mirda, Ladona, Hindon, Canova, Byana, & Scanderbade. Ces dernieres fournissent le meilleur Indigo des Indes. On voit à deux lieuës de Biana, des débris d'anciens Palais & de plusieurs autres édifices ; & il y en a aussi de fort considerables sur une petite montagne à quelques lieuës de Scanderbade. Il y a au pied du mont, du côté de cette Ville, une belle vallée ceinte de murs, divisée en plusieurs grands Jardins, & plusieurs ruines de bâtimens, dont il n'y a pas lieu de s'étonner, puisqu'autrefois Scanderbade a eu plusieurs lieuës de long, estant la Capitale d'un puissant Roy des Patans ; & la montagne même faisoit partie de la Ville, qui a esté pillée & ruinée depuis par Ecbar, lorsqu'il l'eut prise sur le Raja Selim, qui en faisoit sa place d'armes.

Beruzabad. Villes de l'Agra. Chitpour, Ville de l'Agra. Bargant, V. de l'Agra. Chalaour V. de l'Agra Vetapour V. de l'Agra Mirda Vil. Ladona V. Hindan V. Canova V. Byana V. de l'Agra. Scanderbade V. de l'Agra.

Raja Selim.

La Maison Royale de la Reyne-Mere d'Ecbar.

Sur le chemin d'Agra à Biana, il y a une Maison Royale que la Reine Mere d'Ecbar, a fait bâtir, & qui est accompagnée de Jardins bien entretenus ; & il y a aussi dans Biana, quelques Serails, & un long Meïdan ; mais cette Ville est peu habitée. On m'a encore nommé Seronge, parmy les Villes de cette Province d'Agra, & il s'y fait des chites qui approchent en beauté, de celles de Saint Thomé. Il y en a encore plusieurs autres, mais je n'en sçay point le nom. Les principales Rivieres qui arrosent l'Agra, sont le Gemna ou Geminy, Lanqué, Cham-Elnady, Geogonady, Singour ; & il y en a beaucoup d'autres qui sont moindres.

Gemna ou Geminy riv. Lanqué riviere, Chamelnady riviere, Geogonady riviere Singour R.

Revenu d'Agra.

On fait monter le revenu du Roy en cette Province d'Agra, à plus de trente-sept millions de livres par année.

CHAPITRE VINGT-DEUXIE'ME.

De la Province & Ville de Dehly, ou Gehan-Abad.

Province de Dehly.

LA Province de Dehly est contiguë à celle d'Agra vers le Nord, & presentement le Grand-Mogol Auran-Zeb tient sa Cour dans la Capitale, qui est éloignée d'Agra d'environ quarante-cinq lieües. Elle est nommée dans l'Indostan Gehan-Abad, & on l'appelle ailleurs Dehly.

Gehan-Abad.

La route qui conduit de l'une à l'autre de ces deux Villes est fort agreable : C'est cette fameuse allée de cent cinquante lieuës de long, que le Roy Gehanguir a fait planter d'arbres, & qui conduit non seulement d'Agra à Dehly, mais jusqu'à Lahors mesme. Toutes les demy-lieuës y sont marquées par des manieres de tourelles : Il y en a soixante & neuf ou soixante & dix entre les deux Capitales ; & il y a mesme de petits Serrails ou Caravanseras, de giste en giste pour loger les Voyageurs. Cependant il n'y a rien à remarquer touchant ces Serrails, si ce n'est en celuy qu'on appelle Chekiseraï, qui est à six lieuës d'Agra. Il y a en ce lieu un ancien Temple d'Idole, & on le peut mettre au nombre des belles & grandes Pagodes des Indes. Il estoit plus frequenté qu'il n'est, quand le Gemna passoit au pied de ses murs, à cause de la commodité des ablutions : mais quoyque cette riviere s'en soit reculée de prés d'une demy-lieuë, il ne laisse pas d'y venir encore beaucoup d'Indiens ; & on n'a point pour cela cessé d'apporter à manger aux Singes, dans un Hôpital qu'on y a bâty pour eux.

Allée de 150 lieuës

Pagode de Chequiseraï.

Hôpital pour les Singes.

Quoyque la route dont je viens de parler, soit belle, elle a beaucoup d'incommoditez. On y trouve des Tygres, des Pantheres & des Lions : On a mesme à se prendre garde des Voleurs, &

sur toutes choses, il faut avoir pour maxime, quand on y voyage, de ne se laisser approcher par personne. Les Voleurs de ce pays-là sont les plus adroits du monde; ils ont l'usage d'un certain lasset à nœud coulant, qu'ils sçavent jetter si subtilement au col d'un homme, quand ils sont à sa portée, qu'ils ne le manquent jamais; ensorte qu'en un moment ils l'étranglent. Ils se servent encore d'une finesse pour tromper les Voyageurs: Ils envoyent sur le chemin une belle femme qui avec ses cheveux épars, paroît éplorée, jettant des soûpirs & se plaignant de quelque malheur qu'elle feint luy estre arrivé: Comme elle marche du côté que va le voyageur, il entre aisément en conversation avec elle, & voyant que c'est une belle personne, il luy offre son assistance, qu'elle accepte: mais il n'a pas plûtôt souffert qu'elle se mette sur la croupe de son cheval, qu'elle luy jette le lasset au col & l'étrangle, ou au moins l'étourdit, jusqu'à ce que les Voleurs qui sont cachez, accourent pour luy aider, & achever ce qu'elle a commencé. Mais outre cela, il y a des gens en ces quartiers-là qui sont si habiles à jetter le lasset, qu'ils réüssissent aussi bien de loin que de prés; & si un beuf ou une autre beste d'une caravane s'enfuit, comme il arrive quelquefois, ils ne manquent point de l'arrêter par le col.

Lasset des Voleurs.

Femme dangereuse sur la route d'Agra & Dehly.

trois Villes de Dehly,

Il y a eu trois Villes de Dehly, les unes aprés

les

les autres : La premiere, qui est entierement détruite, & dont il ne reste que quelques ruines, estoit fort ancienne, & les doctes Indiens veulent qu'elle ait esté la Capitale des Etats du Roy Porus, si fameux par la guerre qu'il fit contre Alexandre le Grand. Elle estoit plus prés de la source du Gemna, que les deux autres qu'on a bâties depuis. Les Indiens disent qu'elle avoit cinquante-deux portes, & il y a encore à quelque espace de ses mazures un Pont de pierre, d'où l'on a tiré une route bordée de beaux arbres, qui conduit au second Dehly, par le lieu où est la sepulture de Châ-Humayon.

Premiere Ville de Dehly.

Sepulture de Châ-Humaïon.

Cette seconde Ville de Dehly est celle qui fut prise par ce Roy qu'on appelle le premier Conquerant des Indes, d'entre les Mogols modernes, quoyque son pere Mirzababer y eust déja porté ses armes. Elle estoit alors ornée de quantité de Sepultures magnifiques des Roys Patans, & d'autres monumens qui la rendoient une fort belle Ville : mais Châ-Gehan pere du Roy Auranzeb, l'a fait détruire pour bâtir Gehan-Abad. Il en reste pourtant encore un grand Fauxbourg, & plusieurs autres quartiers habitez. Il y a vers la sepulture d'Humayon, une Pyramide ou Obelisque de pierre, qui marque par ses caracteres inconnus une grande antiquité, & que l'on croit aux Indes avoir esté élevée par l'ordre d'Alexandre, aprés la défaite de Porus. Ce que je ne puis

Seconde Ville de Dehly.

Pyramide de grande antiquité vers Dehly.

croire, ne doutant pas, si cela estoit, que l'inscription n'en fust Grecque, & elle ne l'est pas.

Troisiéme Ville de Dehly.

La troisiéme Ville de Dehly est attachée aux restes de la seconde: Châ-Gehan voulant imiter le Roy Ecbar & donner son nom à une nouvelle Ville, fit bâtir celle-cy des ruines du second Dehly, & l'appella Gehanabad. C'est ainsi que les Indiens la nomment presentement, quoyque le nom de Dehly luy soit demeuré parmy les autres nations. Elle est en rase campagne, sur les bords du Gemna, qui a sa source dans cette Province, & se va décharger dans le Gange. Sa Forteresse a demy-lieuë de circuit & de bonnes murailles qui ont des tours rondes de dix en dix creneaux, & des fossez pleins d'eau, revêtus de pierre, avec de beaux Jardins à l'entour: Et c'est dans cette Forteresse qu'est le Palais du Roy, & toutes les magnificences de la Royauté.

Forteresse de Dehly

Palais du Roy à Dehly.

Cette Ville de Dehly ou Gehanabad, au contraire de celle d'Agra ou Ecbarabad, n'a point de fossez, & a des murailles avec un terre-plein derriere & des tours. Il y a du côté de l'eau une place pour les combats des Elephans & pour les autres exercices; & du côté de la Ville, il y en a une autre trés-grande où campent les Rajas qui sont à la solde du Roy, pour y faire la garde, & où se font plusieurs autres exercices. On y tient aussi le marché, & on y voit les jeux des Bateleurs & les charlatanneries des Astrologues,

Description du Palais.

Il faudroit faire icy la description du dedans de la Forteresse & du Palais, & aprés avoir commencé par les deux Elephans de l'entrée, qui portent deux hommes de guerre, parler du Canal qui y entre, des ruës qui conduisent aux divers appartemens, des Officiers & autres gens qui sont sur les parapets de ces ruës pour le service, des portiques & des corps de garde magnifiques, où les Mansepdars & les Emirs ou Omras, font la garde, des salles où toutes les sortes d'Artisans qui sont aux gages du Roy, travaillent, de cette grande cour de l'Amças, avec ses arcades, & du concert qui s'y fait, de l'Amcas même, cette superbe salle ornée de trente-deux colonnes de marbre, où le Roy ayant en sa presence ses grands & petits Officiers debout, les mains croisées sur l'estomach, donne tous les jours audiance à midy, à tous ceux qui ont recours à sa justice.

Canal du Palais de Dehly.

Posture des Officiers du Roy. Mog.

Il faudroit décrire aussi cette autre cour, & cette salle interieure où le Prince entend ses Officiers, touchant les affaires de son Etat, & celles de sa Maison, & où les Omras & autres Grands se trouvent tous les soirs pour entretenir le Roy en Langue Persienne, quoyqu'ils soient de nations differentes. Enfin il faudroit marquer en détail le reste du Palais, sans oublier ce superbe Trône d'or massif avec son Paon, dont on parle tant dans les Indes, & que les Mogols disent avoir

Trône du Grand Mogol.

esté commencé par Tamerlan, ce qui n'est pas vray-semblable : car à qui le Roy Humayon & son pere, l'auroient-ils confié dans le temps de leurs desastres ? Comme l'on y voit en pierreries les dépoüilles des Rois Patans & autres Souverains des Indes, que les Rois Mogols ont vaincus, on dit qu'il vaut plus de vingt millions d'or : Mais qui en peut sçavoir le prix, puisqu'il dépend de celuy des pierreries qui en font la richesse, aussi bien que l'ornement, & dont il faudroit avoir examiné le poids & la beauté en particulier, pour juger de leur valeur, & par consequent de celle du Trône ?

M. Bernier.

Quelques memoires que l'on m'aye donné du Palais & du Trône, je n'en diray rien davantage, parce que je ne doute point que M. Bernier qui a demeuré plusieurs années à la Cour du Grand-Mogol, en Employ honorable & commode pour connoître entierement la Forteresse, le Palais & tout ce qu'il y a dedans, n'en donne une description achevée. Je m'assure même qu'il n'oubliera pas celle de la Ville, dont les principales pieces sont la grande Mosquée avec ses dômes de marbre blanc, & le Carvanseray de Begum-Saheb, cette Princesse dont nous avons déja parlé. On peut mettre au nombre des belles choses de Dehly, ses deux ruës principales, car elles sont larges, droites & trés-longues. Elles ont des arcades par tout aux deux côtez, qui servent de boutiques

Grande Mosquée de Dehly, avec ses Dômes de marbre blanc

Rues de Dehly.

aux gros Marchands qui ont leurs magazins derriere. Le dessus de ces arcades est en terrasse pour se promener à la sortie des appartemens ; & comme ces ruës aboutissent à la grande Place & au Château, on peut dire qu'elles sont la plus belle perspective que l'on puisse avoir dans une Ville. Le reste de Dehly n'a rien de considerable. Les maisons ordinaires ne sont que de terre & de canes ; & les autres ruës sont si étroites, qu'elles sont tout-à-fait incommodes.

Mais il semble que cette incommodité serve de quelque chose à la reputation de cette Capitale de l'Empire Mogol, car comme on est extrêmement pressé dans les ruës lorsque la Cour y est, les Indiens se persuadent qu'il n'y a pas de Ville au monde plus peuplée ; & cependant on m'a dit qu'elle paroist un desert durant l'absence du Roy. Ce qui ne semblera pas étrange quand on fera reflexion que la Cour du Grand-Mogol est fort nombreuse, parce que les grands Seigneurs de l'Empire, y sont presque tous, qu'ils ont de grandes suites, à cause que leurs valets leur coûtent peu à nourrir, & encore moins à entretenir ; que cette Cour est accompagnée de plus de trente-cinq mille Cavaliers, & de dix ou douze mille hommes d'Infanterie, qu'on peut appeller une Armée ; & que chaque homme de guerre a sa femme, ses enfans & ses serviteurs, qui pour la plûpart sont aussi mariez & ont quantité d'en-

La Cour du Grand-Mogol est fort nombreuse.

Valets coûtent peu à nourrir aux Indes.

Armée qui suit la Cour du Mogol.

sans, aussi bien que leurs maîtres. Si l'on ajoûte à cela tous les gens de bas service que les Cours & les Armées traînent ordinairement avec elles, & ensuite la foule des Marchands & autres Vendeurs qui sont obligez de s'y attacher, parce que dans les Indes ils ne trouvent ny de debit, ny de gain qu'à la Cour. Quand dis-je l'on considerera Dehly vuide de tous les gens que je viens de marquer, & de beaucoup d'autres encore, l'on n'aura pas de peine à croire que cette Ville est peu de chose lorsque son Roy n'y est pas ; & que s'il y a eu quatre cens mille hommes quand il y estoit, il n'y en reste pas la sixiéme partie en son absence. Voyons quelles sont les Armes des Mogols.

CHAPITRE VINGT-TROISIE'ME.

Des Armes des Mogols.

Armes des Mogols.

LEurs Epées sont larges de quatre doigts, fort épaisses, & par consequent pesantes. Elles sont un peu courbes, & ne taillent que du côté qui est convexe. La garde en est fort simple : Il n'y a pour l'ordinaire qu'une poignée de fer avec un travers de même métail en bas. Le pommeau qui est aussi de fer & rond, n'est ny en boule, ny

Forme des Espées mogoles.

en olive, & il est plat dessus & dessoûs comme une piroüette, afin que l'Epée ne leur échape pas des mains lors qu'ils combattent. Les Epées faites par des Indiens, sont extrêmement cassantes ; mais les Anglois leur en fournissent de bonnes qu'ils font apporter d'Angleterre. Les Mogols se servent de ceinturons pour leurs Epées : Ils sont larges de deux doigts, & ont deux pendans où l'Epée est passée de maniere que la pointe est toûjours en haut ; & toutes les petites gens dans les Indes, les portent ordinairement à la main, ou reposées sur l'épaule, de même qu'un mousquet.

Poignard des Mogols.

C'est aussi la coûtume de porter un poignard à son côté, dont la lame a prés d'un pied de longueur, & plus de quatre doigts de largeur par le haut. La garde en est singuliere, & il ne me souvient pas d'avoir rien vû en France en fait d'armes, qui en approche plus que le manche ou poignée de certains moules à faire des bales, ou de la dragée de plomb. Ce sont deux barres de fer quarrées larges d'un travers de doigt, & longues d'environ un pied, qui sont paralelles & à distance de prés de quatre pouces. Elles viennent en arondissant se rejoindre au haut de la lame, & il y a en travers deux vergettes de fer rondes, à deux pouces l'une de l'autre.

Les Indiens ont toûjours un poignard de cette sorte au côté, entre la ceinture & le caba ; &

ils le portent un peu panché, en sorte que le bout de la garde vient assez haut au milieu de l'estomach, & la pointe assez bas. Les Officiers de guerre ont aussi des Poignards à garde de fer, mais elle est damasquinée & dorée ; & les personnes de grande qualité en ont à la Persienne, qui sont plus petits & plus riches.

Armes défensives.

Bouclier des Mogols.

Les autres armes offensives sont l'arc & la fleche, le javelot ou zagaye, & quelquefois le pistolet ; le mousquet & la pique de douze pieds, servent aux gens de pied.

Canon des Mogols ne vaut rien.

Ils ont aussi du Canon dans leurs Villes, mais comme ils en fondent le métal en divers fourneaux, & qu'il ne se peut faire que l'un ne soit plus cuit que l'autre, quand ils le mêlent, il arrive pour l'ordinaire que leur Canon ne vaut rien.

Les armes deffensives des Indiens, sont un Bouclier rond qui a environ deux pieds de diametre. Il est fait de peau de Bufle sauvage, & est vernissé de noir par-dessus, & a plusieurs clous dont la teste a plus d'un pouce de large. Ils en parent les coups de fleches & d'épées.

Chemise de maille.

brassar des Mogols.

Ils ont encore la chemise de maille, la cuirasse, le casque, & un brassar attaché à l'épée. Ce brassar est une piece de fer qui prend depuis la garde de l'épée en élargissant en rond autour de la poignée, jusqu'à la hauteur du pommeau, & quelquefois plus haut. Il a quatre à cinq pouces de diametre par le haut, & il est doublé en dedans

de

de velours, ou autre chose semblable, pour ne pas blesser la main. Si bien que par le moyen de cette machine, la main & même le poignet, sont entierement à couvert des coups de l'ennemy.

CHAPITRE VINGT-QUATRIE'ME.

Des Animaux à Dehly.

Animaux de Dehly.

IL y a dans Dehly de toutes les sortes d'Animaux qu'on connoist. Le Roy en a beaucoup, & les particuliers qui sont riches, en ont aussi. Il y a des Oiseaux de proye de toute espece. Il y a de toutes les sortes de Chameaux, de Dromaderes, de Mulets, d'Asnes & d'Elephans. Il y a des Elans, des Rinoceros qui sont hauts comme les plus grands Bœufs. Les Bœufs ordinaires y sont plus petits que les nôtres. Il y a des Bufles, dont ceux de Bengale sont les plus chers, parce qu'ils sont trés-courageux, & ne craignent point les Lions. Il y a aussi de toutes les sortes de Chiens, dont ceux que l'on fait venir du Maurenahar ou Transoxiane, sont les plus estimez pour la chasse, quoyqu'ils soient petits : Cependant ceux des Indes valent mieux pour le Liévre. Il y a des Cerfs, des Lions & des Leopards.

Elans à Dehly.

Rinoceros

Bufles à Dehly.

Chiens de Maurenahar.

Chevaux

Il y a aussi de toutes sortes de Chevaux, & en

quantité. Outre ceux du Pays, dont les Mogols se servent, & qui sont fort bons, il leur en vient du Pays des Ulbecs, d'Arabie & de Perse, dont le Roy a toûjours les plus beaux. Les Chevaux d'Arabie sont les plus estimez. On ne leur donne aux Indes ny avoine, ny orge : Si bien que les Chevaux étrangers sont de la peine à nourrir lors qu'on les y ameine. Voicy comme on les traite : Chaque Cheval a son Palfrenier : On le pense une heure avant le jour ; & si-tôt que le jour est venu, on le fait boire. A sept heures du matin on luy fait manger cinq ou six plotes d'une composition appellée Donna, où il entre trois livres de farine de froment, le poids de cinq pechas de beurre, & de quatre pechas de jagre. On leur met par force ces plotes dans le gozier, & on les accoûtume ainsi peu à peu à cette nourriture, dont quelques mois aprés ils deviennent trés-friands.

Pensement & nourriture des Chevaux.

Une heure aprés le Palfrenier donne de l'herbe au Cheval, & il continuë de le faire à toutes les heures du jour, à certains momens ; & sur les quatre heures aprés midy, il luy donne trois livres de poids chiches qu'il écrase. Il y mêle de l'eau, & quelquefois un peu de sucre, selon la disposition où le Cheval se trouve ; & quand la nuit approche, il fait avec grand soin la littiere à son Cheval, en étendant le plus épais qu'il peut de fiente seichée dont il a grand soin de faire

Littiere de fiente seichée.

provision. Il ramasse pour cela tout ce que son Cheval en a fait ; & quand il n'en fournit pas assez, il en achete des gens qui ne se soucient pas que leurs Chevaux soient à leur aise.

Houpes volantes de poil blanc, prises de la queuë de certains Bœufs.

Pour ce qui concerne l'ornement des Chevaux, il est à Dehly comme ailleurs. Les grands Seigneurs y ont des selles & des housses de broderie, chargées quelquefois de pierreries à proportion de la dépense que chacun y veut faire. Mais ce qui est de plus galant, quoyque moins riche, est un ornement de six grandes houpes volantes de poil blanc & long, prises des queuës de Bœufs sauvages qui sont en certains quartiers des Indes. Quatre de ces grosses houpes attachées devant & derriere aux arçons de la selle, pendent jusqu'à terre, & les deux autres sont à la teste du Cheval ; & quand le Cavalier pousse son Cheval à toute bride, ou qu'il fait du vent, ces houpes portées par l'air, paroissent autant d'aîles au Cheval, & font le plus bel effet du monde.

Elephans.

Il y a de diverses sortes d'Elephans à Dehly, ainsi que dans le reste des Indes : Mais ceux de Ceïlan sont preferez à tous les autres, parce qu'ils sont les plus courageux, encore qu'ils soient les plus petits ; & les Indiens disent que tous les autres Elephans les respectent. Ces animaux vont ordinairement par troupes, & alors ils ne font mal à personne ; mais quand ils se separent du troupeau, ils sont dangereux. Il s'en trouve toûjours quelques uns qui ont l'adresse & l'inclination de le faire ; & on appelle ceux-là dans le Pays, voleurs de grands chemins, parce que s'ils rencontrent un homme à quartier, ils le tuent & le mangent.

Elephans voleurs de grans chemins.

La charge d'un Elephant.

Choix des Elephans.

Les forts Elephans peuvent porter jusqu'à quarante mans de quatre-vingts livres le man. Ceux des Pays de Golconde, de Siam, de Cochin & de Sumatra, sont veritablement moins estimez que ceux de Ceïlan, mais ils sont beaucoup plus forts, & ont le pied plus seur dans les montagnes : Ce qui fait que les grands Seigneurs qui ont à voyager, se fournissent de ceux-cy plûtôt que de ceux de Ceïlan. Cependant on peut dire en general, que les Elephans de quelque pays ou espece qu'ils soient, sont les plus seures de toutes les montures, parce qu'il est fort rare qu'ils fassent un faux pas : Mais comme ils coûtent beaucoup à nourrir, & qu'outre la viande qu'on leur fait manger, & l'eau de vie qu'on leur fait boire, il faut au moins faire estat d'une demy pistole par jour pour la pâte de farine, de sucre & de beurre qu'il faut donner à un seul, il y a peu de gens qui en ayent. Les grands Seigneurs même n'en ont pas un grand nombre, & le Grand-Mogol n'en entretient point plus de cinq cens pour sa Maison, tant pour porter ses Femmes dans leurs Micdembers à treillis, qui sont des manieres de cages, que pour les bagages ; & l'on m'a assuré qu'il

Nourriture qu'on dõne à un Elephant.

Micdembers.

n'en a pas plus de deux cens pour la Guerre, dont on en employe une partie à porter les petites pieces d'artillerie sur leurs afusts.

Elephants dociles.

Lorsqu'un Elephant est dans sa constitution ordinaire, son Gouverneur luy fait faire ce qui luy plaist avec sa trompe. Cét instrument que beaucoup appellent une main, leur pend entre les dents, & est composé de cartilages. Il leur fait faire divers jeux avec cette trompe : Il leur fait salüer ses amis : Il fait menacer les gens qui luy déplaisent : Il fait batre qui il veut, & il feroit mettre un homme en pieces en un moment, s'il l'entreprenoit. Ce Gouverneur est assis sur le col de l'Elephant quand il luy fait faire quelque execution ; & c'est ordinairement avec une pointe de fer qui est au bout d'un bâton, qu'il le fait obéïr. Enfin cét animal est fort traitable, pourvû qu'il ne soit ny en colere, ny en chaleur ; mais quand il y est, le Gouverneur est en grand danger luy-même, & il a besoin d'une grande adresse pour s'empescher de périr : Car alors l'Elephant bouleverse tout, & il feroit d'étranges ravages, si on ne l'arrétoit comme on fait, avec les feux d'artifice qu'on jette sur luy.

Elephants furieux.

Chasse aux Elephants

La chasse des Elephans se fait de diverses manieres. En des endroits on leur tend des chausses trapes, par le moyen desquelles ils tombent dans quelque fosse, d'où on les tire aisément quand on les a bien embarassez. En d'autres on se sert d'une femelle apprivoisée qui est en chaleur, & que l'on meine en un lieu étroit où on l'attache. Elle y fait venir le mâle par ses cris. Quand il y est, on l'enferme par le moyen de quelques barrieres faites exprés, qu'on pousse pour l'empescher de sortir; & cependant comme il trouve la femelle sur le dos, il habite ainsi avec elle, contre l'usage des autres bestes. Il tâche aprés cela de se retirer, mais comme il va & vient pour trouver une sortie, les Chasseurs qui sont ou sur la muraille, ou en quelqu'autre lieu élevé, jettent quantité de petites & de grosses cordes avec quelques chaînes, par le moyen desquelles ils embarassent tellement sa trompe, & le reste de son corps, qu'ils en approchent ensuite sans danger; & aprés qu'ils ont pris quelques precautions necessaires, ils l'emmenent à la compagnie de deux autres Elephans qui sont apprivoisez, & qu'ils ont amenez exprés pour luy donner exemple, ou pour le menacer s'il fait le mauvais.

Chasseurs d'Elephãs.

Il y a encore d'autres sortes de pieges pour prendre les Elephans, & chaque Pays a sa maniere. Les femélles portent leurs petits dans le ventre pendant un an, & pour l'ordinaire ils vivent environ cent ans. Quelque gros & pesans que soient ces animaux, ils nagent parfaitement bien, & ils se plaisent dans l'eau: Aussi l'on ne manque pas à les y pousser par des feux d'artifice quand ils sont en fougue, ou lorsqu'on veut

Femelles d'Elephãs portent leurs petits vn an durant.

Elephants vivent 100 ans.

les détacher du combat, quand on les y a engagez. C'est comme l'on en use envers ceux du Grand-Mogol, qui se plaist à voir souvent ces grosses masses mouvantes s'entrechoquer de leur trompe, de leur teste & de leurs dents. Dans toutes les Indes, ceux qui ont des Elephans à gouverner, ne manquent jamais de les mener au matin dans la riviere, ou dans quelqu'autre eau. Ces bestes y entrent le plus avant qu'elles peuvent, & se baissent ensuite jusqu'à ce qu'elles en ayent sur le dos, afin que leurs Conducteurs les lavent, & que se relevant peu à peu, elles puissent estre nettoyées par tout le corps.

CHAPITRE VINGT-CINQUIE'ME.

Des autres Curiositez à Dehly.

LEs Peintres de Dehly sont plus honêtes que ceux d'Agra, & ne travaillent point comme eux aux Peintures lascives. Ils s'appliquent à representer des Histoires, & on voit en beaucoup d'endroits les batailles & les victoires de leurs Princes, assez bien peintes. L'ordonnance y est observée : Les personnages ne manquent pas de l'attitude qui leur est necessaire, & les couleurs y sont trés-belles ; mais ils font mal ressembler les

Peintres de Dehly.

visages. Ils travaillent assez bien en mignature; & il y a quelques gens à Dehly, qui ne gravent pas mal ; mais comme les Ouvriers gagnent peu, il est certain qu'ils ne s'appliquent pas à leur ouvrage avec l'exactitude qu'ils pourroient, & ils ne songent qu'à faire beaucoup de besogne pour la debiter aussi-tôt, & en tirer de l'argent pour vivre.

Gens riches en pierreries

Il y a dans Dehly, des personnes infiniment riches en joyaux, particulierement les Rajas qui gardent leurs pierreries de pere en fils. Quand ils ont des presens à faire, ils aiment mieux en acheter, que de donner celles qu'ils ont de leurs ancêtres : Ils les augmentent tous les jours, & il faut qu'ils soient à l'extrémité, pour s'en défaire.

On voit dans cette Ville, un certain métal appellé Tutunac, qui approche de l'étain, mais qui est beaucoup plus beau & plus fin ; & souvent on le prend pour de l'argent. Ce métal s'apporte de la Chine.

Pierre thébaïque ou Granite.

On estime fort en cette Ville, une Pierre grisâtre dont beaucoup de sepulchres sont ornez ; & on en fait d'autant plus de cas, qu'elle est semblable à la Pierre Thebaïque ou Granite. J'ay vû dans des Pays de Rajas & ailleurs, des Mosquées & des Pagodes qui en estoient entierement bâties.

Vis à Dehly.

Les Indiens à Dehly, ne sçavent point faire de Vis comme nos Serruriers. Ils se contentent d'attacher d'attacher en vis à chacune des deux pieces qui doivent entrer l'une dans l'autre, du fil de fer, de cuivre ou d'argent, sans faire d'autre façon que de souder ce fil à ces pieces; & ils tournent ces Vis de gauche à droit pour les ouvrir, au contraire des nôtres qu'on tourne de droit à gauche.

Fleurs de Citroüille empêchent les mouches.

Ils ont en ce Pays-là, un remede fort aisé pour empescher que les mouches n'incommodent un Cheval, quand ils ont un Palfrenier assez diligent pour en user: Car il n'a qu'à faire provision des fleurs de Citroüille, & l'en froter. Mais beaucoup negligent ce remede, parce qu'il faut le renouveller souvent, à cause que l'étrille & l'eau l'emportent. Je ne sçay si ces fleurs auroient une même vertu dans nôtre Pays.

Femmes de Dehly.

Les Femmes de Dehly sont bien faites, & les Gentiles y sont trés-chastes: En sorte que si celles qui sont Mahometanes ne deshonoroient point les autres par leur lubricité, on pourroit donner la chasteté des Indiennes, pour exemple à toutes les Femmes de l'Orient. Ces Indiennes mettent aisément leurs enfans au monde; & on en voit quelques fois marcher par la Ville, dés le lendemain du jour qu'elles ont accouché.

CHAPITRE VINGT-SIXIE'ME.

De la Feste de la Naissance du Roy.

Feste de la Naissance du Roy.

ON fait tous les ans à Dehly, une grande Feste au jour que le Roy qui regne, est nay. La celebration que le peuple en fait, est à peu prés comme celles des Zinez de Turquie, que j'ay décris en mon premier Livre ; & cette Feste dure cinq jours. Elle se fait chez le Roy, avec beaucoup de pompe. Les cours du Palais sont couvertes par tout de pavillons de riches étoffes. On fait paroître dans les salles tout ce qu'il y a de magnifique en pierreries, en or & en argent. On y voit briller le grand Trône accompagné de ceux qu'on porte dans les voyages, qui ont aussi leurs pierreries. On amene devant le Roy, de temps en temps, de ses plus beaux Elephans parez des plus riches harnois de ses garde-meubles ; & les plus beaux Chevaux paroissent à leur tour : Et comme les premiers Rois Mogols ont introduit la coûtume de se faire peser en cette Feste, dans une balance pour en augmenter le divertissement, le Regnant n'y manque jamais.

Premier Livre.

Pompe de la Feste.

Elephants parez.

Le Roy se fait peser.

Balance où l'on pese le Roy.

La balance où l'action se fait, paroist fort riche. On dit que les chaînes en sont d'or, & les deux

Bassins qui sont ornez de pierreries, paroissent aussi estre d'or, ainsi que le fleau de la balance, quoy que quelques uns asseurent que le tout n'est que doré. Le Roy richement habillé & chargé de joyaux, s'assied sur les talons dans un des bassins de la balance, & on met dans l'autre des balots qui sont si bien empaquetez, qu'on ne sçauroit voir ce qui est dedans: On fait croire au Peuple que ces balots que l'on change plusieurs fois, sont pleins d'or, d'argent & de pierreries, ou de riches étofes; & les Indiens disent la mesme chose aux Etrangers, pour vanter leur Pays. On pese ensuite le Roy contre quantité de denrées bonnes à manger; & je croy que ce qu'il y a dans les balots n'est gueres plus precieux.

Toutefois il faut faire semblant, quand on est à la Feste, de croire ce qu'on en dit, & d'estre bien attentif à la publication de ce que le Roy pese, car on le publie, & ensuite on l'écrit avec exactitude. Quand on voit dans le Registre, que le Roy pese plus que l'année precedente, on témoigne de la joye par des acclamations: mais bien davantage, par de riches presens que les Grands & les Dames du Haram luy font, lors qu'il est retourné dans son Trône; & ces presens valent ordinairement plusieurs millions. Ils sont precedez par une distribution que sa Majesté leur fait de quantité de fruits artificiels, &

Presens de la Feste.

Bijoux que le Roy donne.

autres bijoux d'or & d'argent qu'on luy porte dans des bassins d'or : Mais ces bijoux sont si legers, que la profusion qu'il en fait en les jettant confusément au milieu de l'assemblée des Princes & autres grands Seigneurs de sa Cour, qui se pressent pour en avoir leur part, ne diminuë gueres le Tresor de son Epargne : Car l'on m'a assuré que toute cette bijouterie ne peut pas aller à cent mille écus. Aussi Auranzeb passe-t-il pour beaucoup plus ménager qu'un grand Roy ne doit estre. Durant les cinq jours on se rejoüit dans toute la Ville, aussi bien que dans le Palais, par des régales de presens, de festins, de feux de joye & de dances ; & le Roy a grand soin de donner ses ordres pour que les Danceuses & les Baladines les plus habiles, soient toûjours à la Cour.

Auranzeb ménager.

Rejouissance publique

Jeu des Dez.

Comme les Gentils aiment fort le Jeu des Dez, on y jouë beaucoup durant les cinq jours de la Feste. Ils y sont si ardans à Dehly & à Benare, qu'il s'y perd une infinité d'argent, & beaucoup s'y ruinent ; & l'on m'a fait l'histoire d'un Banian de Dehly, qui s'engagea si fort dans le jeu à la derniere Feste, qu'il y perdit tout son argent, son bien, sa maison, sa femme & ses enfans. A la fin celuy qui le gagna, en ayant eu pitié, luy rendit sa femme & ses enfans, mais il ne luy rendit que la valeur de cent écus de tous son bien.

Au reste, la Province de Dehly n'a pas grande étenduë au Sud-Est qui est le côté d'Agra ; Elle est plus grande des autres côtez, & particulierement à l'Est, où elle a beaucoup plus de Villes : Son terroir est excellent, là où il n'est point negligé, mais il l'est en beaucoup d'endroits. Celuy de la Ville capitale est trés-fertile, l'on y fait du froment & du ris, qui y viennent en abondance. Le sucre y vient parfaitement bien, & il y croist de bon Indigo, particulierement vers Châlimar, qui est une des Maisons de plaisance du Roy, éloignée de Dehly environ deux lieües, sur le chemin de Lahors. Il y croist aussi de toute sorte d'arbres, & il y a de tous les fruits : mais les Ananas entr'autres y sont admirables. J'en parleray dans la description du Royaume de Bengale.

Terroir de Dehly.

Châlimar Maison de plaisance du Roy

Il est marqué dans mon memoire, que cette Province fournit annüellement au Grand Mogol trente-sept à trente-huit millions.

Revenu annüel de Dehly.

CHAPITRE VINGT-SEPTIE'ME.

De la Province & Ville d'Azmer.

Route d'Agra à Azmer. Il y a six lieües

LA Province d'Azmer confine au Dehly, du costé de Nord-Est : Le Pays de Sinde luy est *d'Agra à Fetibour, 6 l. à Bramabad, 7 l. à Hendouen, 7 l. à Mogolserai 6 l. à Lascot 7 l. à Chasol 4 l. à Pipola 7 l. à Mosabad, 5 l. à Bender sandren. 6 l. à Mandil, 1 l. à Azmer.*

limitrophe au Couchant : Elle a l'Agra au Levant, le Multan & le Pengeab au Nord, & le Guzerat au Midy. C'est de cette Province d'Azmer dont l'on a fait celles de Bando, de Gesselmere, & de Soret, & presentement la capitale est Azmer, qui est éloignée d'Agra d'environ soixante-&-deux lieües.

Situation d'Azmer.

Cette ville est située au vingt-cinquiéme degré & demy de latitude septentrionale, au pied d'une montagne trés-élevée, & peu accessible : Elle a à son sommet un Château extrêmement fort, où l'on ne peut arriver avant que d'avoir monté en tournoyant durant plus d'une lieüe ; & cette Forteresse donne beaucoup de reputation à la Province. La Ville a des murailles de pierre, & un bon fossé. Il y a dans ses dehors plusieurs ruïnes de beaux bâtimens, qui marquent une grande antiquité. Le Roy Ecbar estoit le maître de cette Province avant qu'il fist bâtir Agra : Elle appartenoit avant luy, à un Raja ou Raspoute fameux, nommé Ramgend qui la luy vint offrir à Fetipour ; & il luy en fit hommage en mesme temps.

Ragea Ramgend.

Ce Raja estoit Mahometan, & ses prédecesseurs l'avoient esté : car outre qu'il y avoit en ce païs-là, de son temps beaucoup d'anciennes marques du Mahometisme, l'on reveroit déja à Azmer ce fameux Cogea-Mondy, qui estoit en reputation de sainteté parmy les Mahometans, &

Cögea mundy.

l'on venoit à son tombeau de toutes parts en pelerinage : Le bâtiment en est assez beau : Il y a trois cours pavées de marbre, dont la premiere est extrêmement grande, & a d'un côté plusieurs sepultures de faux Saints, & de l'autre un reservoir d'eau, qui est entouré d'une belle muraille. La deuxiéme cour est plus ornée, & il y a beaucoup de lampes. La troisiéme est plus belle que les autres, & c'est où le tombeau de Cogea-Mondy se voit dans une Chapelle dont la porte est enrichie de plusieurs pierres de couleurs mêlées avec de la nacre de perle. Il y a encore trois moindres cours qui ont leurs eaux & leurs bâtimens pour la commodité & le logement des Imans, qui sont entretenus pour lire l'Alcoran.

Sepulture de Cogea mundy.

Le Roy Ecbar voulut éprouver comme les autres, la vertu de ce Cogea-Mondy, & parce qu'il n'avoit point d'enfans mâles, il eut recours à son intercession pour en avoir. Il fit Vœu d'aller à son tombeau, & il en resolut le voyage au Bourg d'Agra.

Vœu d'Ecbar pour avoir des enfans mâles

Encore qu'il y ayt soixante-deux lieuës de marche d'Agra à Azmer, il fit ce pelerinage à pied, aprés avoir fait mettre d'espace en espace, des sieges de pierre pour se reposer : Cependant il se fatigua extraordinairement, parce qu'estant d'un naturel vif & boüillant, il eut beaucoup de peine à se contraindre à aller doucement, & il en fut malade. Il entra pieds nuds comme les autres,

Le Roy Ecbar fit un pelerinage de 62 lieuës à pied.

dans la Chapelle du faux Saint : Il y fit ses prieres & donna quantité d'aumônes, & aprés avoir satisfait à sa devotion, & lû l'Epitaphe de Cogea-Mondy, qui y est écrite en Langue Persienne, il revint au lieu d'où il estoit party.

Selim Dervich

Prophetie de Selim Dervich

Passant par Fetipour, il consulta un certain Dervich nommé Selim, qui estoit estimé trés-devot, & les Mahometans disent qu'il apprit de luy que Dieu avoit exaucé ses prieres, & qu'il auroit trois fils ; que cette prophetie plût si fort à Ecbar, lors principalement qu'elle eut commencé à s'accomplir, qu'il nomma son aisné Selim comme le Dervich ; qu'il donna à cette Ville qu'on appelloit Sycary, le nom de Fetipour, qui signifie lieu de joye & de plaisir, & qu'il y fit bâtir un fort beau Palais, dans le dessein d'en faire sa capitale.

Sycari.

Azmer est une ville de mediocre grandeur : mais quand le Grand Mogol y vient, on ne sçauroit s'y remüer, lors particulierement qu'il y a quelque Feste, parce qu'outre les gens de la Cour & de l'Armée, tous ceux des Pays d'alentour, y viennent en foule, & il ne manque jamais d'y arriver quelques desordres.

Neurous.

Voyons comme se passa celle du Neurous, que le Roy Gehanguir fit celebrer à Azmer, où il se trouva en une certaine année au nouvel an : Car Neurous veut dire nouveau jour, & il faut entendre le premier jour de l'année qui commence

mence en Mars, lors que le Soleil entre en Aries.

CHAPITRE VINGT-HUITIE'ME.

De la Feste du nouvel An.

LE memoire qu'on m'en a fourny, marque que quelques jours devant la Feste on fit orner tout le Palais, & principalement les lieux & les salles où il estoit permis d'entrer : Ce n'étoient par tout que satins, velours, brocards, & plaques d'or : Les fleurs d'or & d'argent estoient semées sur les riches étofes, & les salles en estoient tapissées. Celle où le Grand Mogol parut dans son Trône, estoit la plus magnifique de toutes : les daix qui en couvroient le plat-fond estoient enrichis par tout de pierreries, & le plancher estoit couvert d'un fin tapis de Perse, tissu d'or & d'argent. Les autres salles avoient pareillement leur daix, leurs tapis de pied, & autres ornemens, & les cours avoient aussi leurs parures, dont les plus considerables estoient les belles tentes que l'on y dressa, quoy qu'elles ne fussent pas si pompeuses que celles que l'on tend dans les villes capitales de l'Empire, quand on celebre une semblable Feste. On posa le Trône dans la salle

Feste du nouvel An.

Parures du Nourous.

royale le premier jour de la Feste, & ce Trône estoit tout couvert des pierreries de la Couronne. Il y en avoit une quantité d'autant plus grande qu'on n'avoit apporté qu'un des Trônes du Roy, & qu'on avoit détaché comme à l'ordinaire les joyaux des autres petits Trônes pour orner celuy-cy.

Foire des Dames du Serrail.

La Feste commença dans le Serrail, par une Foire qu'on y fit. Les femmes & les filles des grands Seigneurs eurent permission d'y entrer, & les Dames les moins qualifiées du dedans, qui croyoient avoir assez d'esprit pour faire leur Cour, par le debit des belles choses qu'ils y firent venir en furent les Marhandes: mais elles ne furent pas seules, car les femmes des Omras & des Rajas à qui on donna l'entrée, ouvrirent aussi boutique, & firent venir des plus riches marchandises qui se pûrent trouver, & qu'ils crûrent convenir le mieux au Roy & aux Princesses de son Serail. Beaucoup eurent lieu en vendant & disputant adroitement & agreablement sur le prix des choses que le Roy & ses femmes vinrent marchander, de faire la cour de leurs maris, & de faire glisser des presens à celles qui les pouvoient servir pour augmenter leur fortune, ou pour conserver celle où ils se trouvoient.

Les grandes Dames Marchandes.

Begum.

Le Roy & ses Begum payoient souvent les choses au double quand la Marchande leur plaisoit; mais c'estoit aprés avoir galamment poussé la raillerie, conformément à ce qui se disoit en marchandant : Aussi les plus spirituelles & les plus belles furent toûjours les plus favorisées. On regala dans le Serail, toutes ces Dames étrangeres, de festins & des dances des Quenchenies, qui sont des femmes & des filles d'une Caste de ce nom, qui n'ont point d'autre profession que celle de la dance ; & la Foire dura cinq ou six jours.

Raillerie des Marchandes.

Quenchenies.

Il est vray que tout ce qui s'y debita, n'estoit pas de la beauté & de la richesse qu'il auroit esté si la Feste s'estoit celebrée dans Dehly ou dans Agra, mais on y étala ce qu'on avoit & ce qu'on pût trouver de plus beau & de plus precieux à Azmer, & dans les Villes les plus proches ; & le Roy en fut trés-satisfait.

Durant ces réjoüissances du Serail, les Grands se regaloient en faisant la garde dans les postes qu'ils tenoient, & ailleurs ; & il y avoit plusieurs tables servies aux dépens du Roy, qui leur donnoient lieu de bien celebrer le Neurous, ou nouvel An.

Le Roy paroissoit tous les jours à l'Amcas à son heure ordinaire, mais il n'y parut extraordinairement paré que le septiéme jour ; & ce fut aussi dans cette journée que les Seigneurs qui avoient tous les jours changé d'habits, vétirent leurs plus magnifiques. Ils allerent tous faire la reverence au Roy, & le Roy leur fit ses presens qui n'estoient que des galanteries de peu de va-

Presens du Roy au Neurous.

leur, & il n'y dépensa pas quatre cens mille livres. Le huit & le neufiéme jour sa Majesté fit la même seance dans son Trône, au temps qu'il ne fut pas en festin avec ses Princes & Omras, dans une des salles du dehors, où il familiarisa plusieurs fois avec eux ; mais cette familiarité ne les exempta pas de luy faire des presens. En quelque belle humeur qu'ils l'eussent mis, il en receut d'eux comme des autres. Il n'y eut ny Omra, ny Mansepdar qui n'en fit de trés-riches ; & celuy du Gouverneur ou Tributaire d'Azmer, fut le plus considerable de tous. On faisoit monter tous ces presens à quatorze ou quinze millions. La Feste finit au Palais par la revûë des Elephans & des Chevaux du Roy, pompeusement equipez ; & dans la Ville par quantité de feux d'artifice qui succederent aux festins. Gehanguir ne donna pas veritablement aux Princes & aux grands Seigneurs, l'équivalent des presens qu'ils luy firent en cette Feste : mais il les recompensa dans la suite par des Charges & des Emplois ; & le Roy en use toûjours de même envers eux, & ordinairement il y en a peu qui s'en plaignent.

Presens des grans Seigneurs au Roy.

CHAPITRE VINGT-NEUFIE'ME.

Des Animaux du Pays d'Azmer, & du Salpestre.

IL y a dans ces Pays un Animal semblable à un Renard par le museau, qui n'a pas le corps plus gros qu'un Liévre : Il a le poil de la couleur de celuy du Cerf, & les dents comme celles du Chien. Il produit de trés-excellent musc : Il a au ventre une vessie qui est pleine de sang corrompu, & c'est ce sang qui compose le musc, ou plûtôt qui est le musc même : On la luy ôte, & on couvre aussi-tôt avec du cuir, l'endroit de la vessie qui est coupé, afin d'empêcher que l'odeur ne se dissipe : mais aprés que l'operation est faite, la beste ne demeure guére longtemps en vie. *Animal à musc.*

On trouve aussi vers Azmer des Poules qui ont la peau toute noire, aussi bien que les os, quoyque la chair soit trés-blanche, & qu'elles ayent le plumage d'une autre couleur. *Poules*

A l'extrêmité de cette Province, les Filles sont nubiles de trés-bonne heure, & elles sont de même en plusieurs autres endroits des Indes, où la plûpart souffrent l'homme dés l'âge de huit à neuf ans, & ont des enfans à dix. Cela est fort *Filles nubiles à 8 ou 9 ans*

f. 246.

ordinaire dans la campagne, où les petites gens marchent nuds, & n'ont rien sur le corps qu'un morceau de toile pour couvrir les parties naturelles.

Jeux des enfans.

Les enfans ont en ces contrées là plûpart des Jeux dont ceux de nostre pays se divertissent : Ils se servent comme les nostres du sabot, de la toupie ordinaire, de la toupie à vent & des cerfs-volans dans la saison ; de ce que nous appellons la trompette à laquais, & de plusieurs autres instrumens de cette nature. Pour les grandes personnes, elles sont peu civiles : Les hommes y sont grands roteurs & fort éffrontez : Ils sont grands crieurs, quand ils ont quelque querelle ; mais quelque émotion qu'ils fassent paroître, & quelque parole piquante qu'ils se disent, ils ne se battent point. Les Valets y servent mal & volent souvent leurs Maîtres.

Scorpions venimeux

Remede du feu.

Il y a dans ce Pays-là des Scorpions fort venimeux, mais les Indiens ont plusieurs remedes pour se garantir du mal, & le meilleur de tous est celuy du feu. Ils prennent un charbon allumé & l'approchent de la playe, ils l'y tiennent le plus longtemps & le plus prés qu'ils peuvent : Le venin empesche qu'on ne soit incommodé de l'ardeur du feu, l'on sent au contraire que ce venin sort peu à peu de la playe, & peu de temps aprés on est entierement guery.

Comme il y a beaucoup de chemins en cette

Province, qui sont fort pierreux, on ferre les Beufs, quand ils ont à passer par ces lieux-là, pour un long voyage. On les fait tomber à terre par le moyen d'une corde attachée à deux pieds, & si-tôt qu'ils y sont, on leur lie les quatre pieds ensemble, qu'on leur met sur une machine faite de deux bâtons en X. & en mesme temps on prend deux petits fers minces & legers, qu'on applique à chaque pied; chaque fer n'en couvre que la moitié, & on l'y attache avec trois clouds longs de plus d'un poulce, que l'on rive à côté sur la corne, ainsi qu'à nos Chevaux.

On ferre les Beufs.

Comme les Beufs ne sont aucunement farouches aux Indes, il y a beaucoup de gens qui s'en servent pour faire des voyages, & qui les montent comme on fait les Chevaux: L'alleure pour l'ordinaire en est douce. On ne leur donne, au lieu de mord, qu'une cordelette ou deux, passées par le tendon des narines, & on renverse par dessus la teste du Beuf un gros cordon attaché à ces cordelettes, comme une bride, qui est arrêtée par la bosse qu'il a sur le devant du dos; ce que nos Beufs n'ont pas. On luy met une selle, comme à un Cheval, & pour peu qu'on l'excite à marcher, il va fort vîte; & il s'en trouve qui courent aussi fort que de bons Chevaux. On use de ces bestes generalement par toutes les Indes; & on n'en attelle point d'autres aux charrettes, aux carrosses & aux chariots qu'on fait traîner

Beufs des Indes.

On selle les Beufs.

par autant de Beufs que la charge est pesante.

Les Beufs servent aux Carrosses aussi bien qu'aux charrettes

On attelle ces animaux avec un long joug qui est au bout du timon, & qu'on pose sur le col des deux Beufs ; & le Cocher tient à la main le cordon où sont attachées les cordelettes qui traversent les narines. Ces Beufs sont de diverses tailles, il y en a de grands, de petits & de moyens, mais tous pour l'ordinaire sont d'un grand travail, & il y en a qui font jusqu'à quinze lieuës par jour. Il y en a d'une espece qui ont prés de six pieds de haut, mais ils sont rares ; & l'on en a d'une contraire espece qu'on appelle nains, par cequ'ils n'ont pas trois pieds de haut : Ceux-cy ont comme les autres une bosse sur le dos ; ils courent fort vîte, & ils servent à traîner de petites charrettes.

Beufs blancs sont fort chers.

Il y a des Beufs blancs qui sont extrêmement chers, & j'en ay vû deux à des Hollandois, qui leur coûtoient chacun deux cens écus. Veritablement ils estoient beaux, bons & forts, & leur chariot qui en estoit attelé, avoit grande mine.

On prend grand soin des Beufs.

Quand les gens de qualité ont de beaux Beufs, ils prennent grand soin de les conserver : Ils leur font garnir les bouts des cornes d'étuis de cuivre. On leur donne des couvertures, comme à des Chevaux, on les étrille tous les jours avec exactitude, & on les nourrit de même. Leur manger

le manger des Beufs.

ordinaire est de la paille & du mil : mais sur le soir on fait avaller à chaque Beuf cinq ou six

grosses

grosses plotes de pâte faite de farine, de jagre & de beurre, pêtris ensemble. On leur donne quelquefois dans la campagne du Kichery, qui est la nourriture ordinaire des pauvres ; & on appelle ce manger Kichery, parcequ'il est composé d'une graine de ce nom, qui est cuite avec du ris, du sel & de l'eau. Quelques-uns leur font manger des pois chiches qu'on trempe dans de l'eau, aprés qu'on les a concassez.

Kichery.

Au reste, il n'y a dans cette Province que les Pays où Azmer & Soret sont situez, qui soient fertiles, car ceux de Gesselmere & de Bando le sont fort peu. Le principal trafic d'Azmer est de Salpestre, il s'y en fait quantité, à cause de la terre noire & grasse qui est dans son territoire, & qui est la plus propre de toutes les terres pour en tirer beaucoup. Les Indiens remplissent un grand trou de cette terre, & la détrempent dans de l'eau avec de gros pillons d'un bois fort dur. Quand ils l'ont reduite en bouë, ils la laissent reposer, afin que l'eau prenne tout le Salpestre de la terre. Quand ce mélange a ainsi demeuré quelque temps, ils en tirent ce qu'il y a de clair, & le mettent dans de grandes poëles où ils le font boüillir, & l'écument continuëllement. Lors qu'il est cuit, ils tirent encore de ces poëles ce qu'il y a de clair, & quand il est congelé & seiché au Soleil, où ils l'exposent durant un certain temps, il est en sa perfection ; & ils le transpor-

Salpestre d'Azmer.

Maniere de faire le Salpestre.

tent alors aux Ports de Mer, & particulierement à Sourat, où les Européens & autres l'achetent & en lestent leurs Vaisseaux, pour l'aller vendre ailleurs.

Cette Province d'Azmer paye ordinairement au Grand-Mogol, trente-deux ou trente-trois millions, nonobstant les lieux steriles qui s'y rencontrent.

CHAPITRE TRENTIE'ME.

De la Province du Sinde ou Sindy.

Province de Sinde ou Sindy.

LE Sindy ou Sinde, que quelques uns nomment le Tatta, est borné de la Province d'Azmer à son Orient ; & les montagnes qui se trouvent de ce côté-là à ses confins, appartiennent à l'un ou à l'autre Pays. Il a au Septentrion le Multan : Au Midy, un desert & la Mer des Indes ; & au Couchant, le Macran & le Segestan. Il s'étend du Midy au Septentrion, aux deux côtez du Fleuve Indus ; & ce Fleuve est aussi appellé Sindy ou Sinde par les Orientaux. Ce fut sur ses bords que se donna cette celebre Bataille entre Ginguis-Can, premier Empereur des Tartares ou anciens Mogols, & le Sultan Geladeddin, qui decida du sort de l'Empire en faveur du pre-

Le Sinde fleuve,

Ginguis-Can

Geladeddin.

mier, contre les Princes Carezmiens qui avoient longtemps esté les maîtres du Royaume de Perse, de tout le Zagatay, & de la plus grande partie des Pays du Turquestan.

Princes de Carezem.

La Ville Capitale de cette Province, est Tatta, & sa Ville la plus Meridionale est Diul. On la nomme encore Diul-Sind, & autrefois on l'a appellée Dobil. Sa situation est au vingt-quatriéme ou vingt-cinquiéme degré de latitude. Il y a des Orientaux qui donnent le nom de Royaume de Diul, au Pays de Sinde. Il s'y fait un grand negoce, & particulierement à la Villle de Tatta, où les Marchands Indiens se pourvoient de quantité de curiositez qui s'y trouvent par l'adresse des Habitans qui y ont une merveilleuse facilité pour toutes sortes d'arts. L'Indus embrasse plusieurs petites Isles vers Tatta; & ces Isles qui sont fertiles & agreables, rendent cette Ville une des plus commodes des Indes, encore qu'il y fasse trés-chaud.

Tatta.

Diul.

Dobil.

Il se fait aussi beaucoup de trafic à Lourebender, qui est à trois journées de Tatta sur la mer, où la rade est plus excellente pour les Vaisseaux, qu'en quelqu'autre lieu que ce soit des Indes. L'on fait à Tatta les plus jolis Palanquins qu'il y ayt dans l'Indostan, & il n'y a rien de plus propre que les chariots à deux rouës qui s'y construisent pour voyager. Il est vray qu'il y a peu de carosses, parce qu'il vient peu d'Européens en

Lourebender.

ce lieu-là, & qu'il n'y a presqu'eux dans les Indes qui s'en servent : Mais ces chariots sont assez commodes pour le voyage, & ils ne sont pas plus durs que les carosses. Ils sont plats & unis : Ils ont un rebord de quatre doigts, avec des colonnes tout autour, plus ou moins selon la fantaisie de celuy à qui il doit servir ; mais pour l'ordinaire il n'y en a que huit, dont quatre sont aux quatre coins de la machine, les quatre autres aux côtez ; & on entrelasse des corroyes de cuir de colonne en colonne ; pour empescher qu'on ne tombe. Il est vray que quelques uns font entourer le chariot d'un balustre d'ivoire, mais il y a peu de gens qui en veüillent faire la dépense, & l'habitude qu'on a à se servir de ces lassis de cuir, fait que la plûpart ne se soucie point de balustrade, & que l'on va ainsi par la Ville, sans se mettre en peine d'autre chose que d'avoir un beau tapis qui couvre le fond du chariot où l'on s'assied à la Levantine. Il y a des gens qui le couvrent d'un imperial leger, mais ce n'est pour l'ordinaire que lorsqu'ils vont en campagne, pour se deffendre contre les rayons du Soleil.

Chariots commodes pour voyager.

Cette machine n'a que deux roues posées sous les côtez du chariot, sans avancer en dehors. Elles sont de même hauteur que celles du devant de nos carosses en France : Elles ont huit rayons quarrez : Elles sont épaisses de quatre ou cinq doigts, & souvent elles ne sont point ferrées. Les

Roues des Chariots des Indes.

chariots à voyager avec l'attelage de deux bœufs, coûtent de loüage vingt-cinq à trente sols par jour ; mais quelque commodité que les Indiens y trouvent, nos carosses valent beaucoup mieux, parce qu'ils sont suspendus.

Les roues des chariots ou charettes à voiturer les choses pesantes, n'ont point de rayons : Elles sont tout d'une piece & d'un bois fort massif, en forme de meules de moulin ; & le fond de la charette est toûjours d'un gros chassis de bois. Ces charettes sont attelées de huit à dix bœufs selon la pesanteur du fardeau que l'on y a mis. Quand un Marchand fait voiturer quelque chose de consequence, il doit avoir quatre Soldats, ou quatre Pions aux côtez de la charette ; c'est pour tenir les bouts des cordes qui y sont attachées pour empescher de verser, si elle venoit à pancher en quelque lieu difficile ; & il y en a ainsi dans toutes les Caravanes, quoyqu'elles soient pour l'ordinaire de plus de deux cens charettes.

Roues de Charettes

Charettes.

CHAPITRE TRENTE-UNIE'ME.

Des Palanquins.

Palanquin. CEux qui ont beaucoup de moyens dans les Indes, ne prennent ny chariots ny carosses pour voyager : Ils se servent d'une machine que l'on appelle Palanquin, qu'on fait plus proprement à Tatta qu'ailleurs. C'est une espece de couchette à quatre pieds, qui a aux deux côtez un balustre de quatre ou cinq pouces de haut, & au chevet & aux pieds un dossier pareil à celuy des berceaux d'enfans, qui quelquefois est à jour comme une balustrade, & quelquefois est tout uny. Cette machine est suspenduë à une longue barre que l'on appelle Pambou, par le moyen de deux chassis cloüez aux pieds de la couchette, qui sont presque semblables à ceux que l'on met au haut de nos portes mouvantes, pour y attacher la tapisserie ; & ces deux chassis, dont l'un est au chevet & l'autre à l'opposite, ont des anneaux où l'on passe les gros cordons qui attachent & suspendent la couchette au Pambou.

Pambous de Palanquins. Les Pambous qui servent aux Palanquins, sont de grosses canes rondes de cinq à six pouces de diametre, & de quatre toises de longueur, courbez en voûte dans le milieu, en sorte qu'il reste de chaque côté aprés la courbure, un bout fort droit, qui est long de cinq à six pieds. On met sur la voûte du Pampou, une couverture de deux toiles cousuës ensemble, entre lesquelles il y a de distance en distance de petits bâtons en travers pour tenir les toiles en tel estat qu'elles couvrent commodément le Palanquin. Si c'est une femme qui soit dedans, il est entierement couvert d'une serge rouge, ou d'un velours si elle est grande Dame. Et quand on craint la pluye, on jette une toile cirée sur toute la machine. Il y a au fond de ces Palanquins, des matelats & des coussins pour se coucher ou s'asseoir, & on se soulage par le moyen de quelques cordons de soye qui sont attachez au Pambou, au dedans de la machine.

Ornement des Palanquins.

Chacun fait orner son Palanquin comme il veut. Il y a des gens qui le font couvrir de plaques d'argent cizelé, & quelques-uns y font seulement peindre des fleurs & autres galanteries, ou le font entourer de pommes dorées; & les tabourets ou cages dans lesquels on suspend les vases qui contiennent l'eau qu'on porte pour boire, sont ornez de mesme que le corps du Palanquin. Ces machines sont ordinairement fort cheres, & il y en a dont le seul Pambou coûte plus de cent

Porteurs de Palanquins.

escus : mais en recompense on a des Porteurs à bon marché, car on ne donne à chacun que neuf à dix francs par mois, & il est obligé à se nourrir : Il faut quatre hommes pour porter un Palanquin, parceque chaque bout du Pambou est posé sur les épaules de deux hommes, & quand on va loin on en fait suivre quelques autres pour les soulager quand ils sont las.

Revenu annuel de la Province du Sinde.

Le Sinde dont nous venons de parler, ne rapporte pas au Grand Mogol plus de trois millions quatre cens mille livres par année.

CHAPITRE TRENTE-DEUXIEME.

De la Province de Multan.

LE Multan qui comprend le Bucor, a vers le Midy la Province de Sinde, & vers le Nord celle de Caboul : ainsi qu'elle a la Perse à l'Occident, & la Province de Lahors à l'Orient. Elle est arrosée de plusieurs rivieres qui la rendent fertile. La Ville capitale qui s'appelle aussi Multan estoit autrefois trés-marchande, parce qu'elle n'est pas trop éloignée de l'Indus : mais comme presentement les Vaisseaux n'y peuvent aller, parce que le lit de ce fleuve est gasté en des endroits, & l'embouchure fort ensablée, le trafic est beaucoup diminüé à cause que les frais des voitures de terre sont trop grands ; Cependant la Province produit

duit quantité de cotton, dont on fabrique une infinité de toiles. Elle fournit du sucre, de l'oppium, du soufre, de la noix de gale, & beaucoup de Chameaux, que l'on transporte en Perse par Gazna & Candahar, ou dans les Indes mesmes par Lahors : mais au lieu que les marchandises descendoient autrefois à peu de frais à Tatta par l'Indus, où les Marchands de divers Royaumes les venoient enlever, il faut presentement les voiturer par terre jusqu'à Sourat, si l'on veut en avoir quelque debit considerable.

Ce que produit Multan.

La Ville de Multan est attribuée au Sinde, par quelques Geographes, quoyqu'elle fasse une Province particuliere. Elle est située au vingt-neufiéme degré quarante minutes de latitude ; & elle a dans sa dépendance plusieurs bonnes Villes, comme Cozdar ou Cordar, Candavil, Sandur & autres. Elle fournit à l'Indostan les plus beaux Arcs qui s'y voyent, & les plus adroits Baladins. Les Commandans & Officiers de ces Villes, sont Mahometans ; & l'on peut dire consequemment, que la plus grande partie des habitans, est de même Religion : Mais il y a aussi beaucoup de Banians, car Multan est leur principal rendez-vous pour negocier en Perse, où ils font ce que les Juifs font ailleurs ; mais ils sont bien plus adroits qu'eux, car rien ne leur échape, & ils ne negligent aucune occasion de gagner, pour petite qu'elle soit.

Ville de Multan.

Cozdar ou Cordar Ville.

Candavil Ville.

Sandur V.

Banians.

La Tribu de ces Banians, eſt la quatriéme en dignité entre les Caſtes, Tribus ou Sectes des Gentils, dont nous parlerons dans la ſuite de cét Ouvrage. Ils ſont tous Marchands & Courtiers, & ils font les choſes ſi adroitement, que preſque perſonne ne ſe peut paſſer d'eux. On leur donne toutes ſortes de commiſſions. Quoyqu'on ſçache qu'ils en tireront du profit, on aime mieux s'en ſervir que de faire les choſes ſoy-même ; & j'ay éprouvé en pluſieurs endroits, que j'ay eu beaucoup meilleur marché de ce qu'ils m'ont acheté, que de ce que j'ay acheté ou fait acheter par mes gens. Ce qu'il y a d'agreable en eux, c'eſt qu'aucun ſervice vil ou honorable ne les rebute, & qu'ils ſont toûjours prêts à ſatisfaire ceux qui les veulent employer : Auſſi chacun a ſon Banian dans les Indes, & il y a des perſonnes de qualité qui leur confient tout ce qu'ils ont, quoyqu'ils n'ignorent pas leur hypocriſie & leur avarice. Il y en a parmy eux qui ſont les plus riches Marchands des Indes, & j'en ay rencontré de cette maniere dans tous les endroits où j'ay eſté en ce Pays. Ils ſont ordinairement trés-jaloux de leurs femmes : Elles ſont à Multan plus blanches que les hommes, mais leur couleur eſt toûjours fort brune, & elles aiment à ſe farder.

Banians utiles.

Il y a à Multan d'une autre ſorte de Gentils, qu'on appelle Catry. Cette Ville eſt proprement leur Pays, & c'eſt de là qu'ils ſortent pour ſe

Catry.

répandre par toutes les Indes ; mais nous en traiterons en parlant des autres Sectes. Les uns & les autres ont dans Multan une Pagode de grande consideration, à cause de l'affluence du peuple qui y vient faire ses devotions à sa maniere, & l'on y vient en pelerinage de tout le Multan, Lahors & autres Pays. Je ne sçay point le nom de l'Idole que l'on y revere : Il a la face noire, & est vétu de cuir rouge. Il a deux perles à la place des yeux ; & l'Emir ou Gouverneur du Pays, prend les offrandes qu'on y presente. Au reste la Ville de Multan est de peu d'étenduë pour une Capitale, mais elle est assez bien fortifiée, & elle est de grande consideration au Mogol, lorsque les Persans sont les maîtres de Candahar, comme ils le sont à present.

Pagode de Multan.

Idole de Multan.

Ce que le Grand-Mogol reçoit annüellement de cette Province, va à dix-sept millions cinq cens mil livres.

Revenu annuel du Multan.

CHAPITRE TRENTE-TROISIE'ME.

De la Province de Candahar.

AVant que de parler des Provinces Orientales des Indes, je continüeray à traiter de celles qui sont à l'Occident de l'Indus, ou vers les

Province de Candahar.

Fleuves qui le composent. Celle de Candahar en est une, quoyque sa Capitale soit presentement au Roy de Perse, qui la prit sur Châ-Gehan, contre la volonté de son Ayeule, à qui il en coûta la vie. On dit que cette Dame avoit receu de l'argent de la part du Grand-Mogol, pour empescher qu'on assiegeât cette Ville. Son Petit-Fils estant prest de partir, elle luy fit mille supplications pour le détourner du voyage, & comme elle n'en pût rien obtenir par la douceur, elle se mit en colere, & luy reprocha qu'il alloit dissiper le bien des Orphelins. Ce discours choqua tellement le Roy, qu'aprés luy avoir demandé si ce bien appartenoit à d'autres qu'à luy, il luy donna sur la teste un coup de hache qu'il tenoit en main, dont elle mourut.

Le Roy de Perse tuë son Ayeule

Cette Province a au Nord le Pays de Balc, dont un Prince Uzbec est Souverain. Elle a à l'Orient la Province de Caboul : Au Midy celle de Bucor, qui est du Multan, & une partie du Sigestan, qui est du Royaume de Perse ; & au Couchant d'autres Pays du Roy de Perse. La Province est fort montagneuse, & Candahar sa Capitale, est située au vingt-troisiéme degré de latitude, quoyqu'il y ait des voyageurs qui l'ayent mise au trente-quatriéme.

Bornes de Candahar

Ce Pays produit abondamment toutes les sortes de vivres qui sont necessaires pour la subsistance de ses habitans, si ce n'est du côté de la

Perse, où il est fort sterile. Tout est cher dans la Capitale, à cause de la multitude des Marchands étrangers qui y vont & viennent, & elle manque de bonnes eaux. La Ville de Candahar est considerable par sa situation, & chacun sçait que le Persan & le Mogol la pretendent. Le premier y tient presentement neuf à dix mille hommes de garnison, de peur d'y estre surpris par le Mogol; & comme d'ailleurs cette Ville est de grande consequence, elle ne manque pas d'estre fortifiée de bonnes murailles, & elle a deux citadelles.

Deux Citadelles à Candahar

Le commerce qui s'y fait de la Perse, du Pays des Uzbecs & des Indes, fait qu'elle est trés-riche, & quelque petite que soit la Province, elle ne laissoit pas de rapporter autrefois au Mogol, quatorze à quinze millions. Il n'y a point de Province dans l'Indostan, où il y ait moins de Gentils. Les habitans y aiment le vin éperduëment, mais on leur deffend d'en boire, & s'il arrive qu'un More qui en a bû, fasse quelque scandale, on le met sur un Asne, la face tournée vers la croupe, & on le promene par la Ville, accompagné des gens du Cotoüal, qui batent un petit tambour, & ils sont suivis des enfans du quartier qui font des huées. Quoyquil n'y ait point de Province dans l'Indostan, où il y ait moins de Gentils, il y a toûjours des Banians à cause du commerce; mais il n'y a point de Pagode publique, & leurs assemblées pour la Religion, se font

Candahar riche.

Revenu annuël du Mogol à Candahar

Beuveurs de Vin maltraitez.

dans la maison d'un particulier, sous les ordres de quelque Bramen qu'ils y entretiennent pour faire leurs ceremonies.

Les femmes ne se bruslent point à Candahar.

Le Roy de Perse n'y permet point que les femmes des Gentils se brûlent quand leur mary est mort. Il y a beaucoup de Parsis ou Guebres, mais ils sont pauvres, & ce sont eux dont les Mahometans se servent pour le plus vil & le plus penible travail : Ils vont faire les ceremonies de leur Religion en une montagne qui est peu éloignée de la Ville, où ils ont un lieu dans lequel ils conservent le feu qu'ils reverent. J'ay parlé de ces Gens-là dans mon Livre de la Perse.

Guebres, dans le Liv. de la Perse, pag

Il y a dans Candahar les mesmes Officiers qui sont dans les Villes du Royaume de Perse, & ils font les mesmes fonctions : mais sur toutes choses ils ont ordre de traiter doucement les Peuples, à cause de la proximité des Mogols, & pour peu de vexation qu'ils y fassent ils sont rudement châtiez.

Il y a quelques petits Rajas dans les montagnes, qu'on laisse vivre en liberté moyennant de legers tributs ; & ces Messieurs-là se sont toûjours mis du côté du plus fort, lors que le païs a changé de Maistre. Il y a aussi un petit païs dans les montagnes qu'on nomme Peria, c'est à dire païs des Fées, où le Pere Ambroise Capucin a passé un Caresme en Mission dans deux

Peria.

Bourgs, dont l'un est appellé Cheboular, & l'autre Cosne, & il m'a dit que ce païs est assez agreable & remply de bonnes gens : mais que les Chrêtiens qui y sont, n'ont que de foibles teintures de nôtre Religion.

CHAPITRE TRENTE-QUATRIE'ME.

De la Province de Caboul, ou Caboulistan.

Prov. de Caboul.

LE Caboulistan a pour limites au Nord, la Tartarie, d'où il est separé par le Mont Caucase, que les Orientaux nomment Caf-Dagui. Cachmire est à son Orient : Il a à son Occident le Zabulistan, & une partie du Candahar ; & à son Midy, le païs de Multan. Il a esté quelquefois sous la domination des Persans. Deux des rivieres qui emplissent l'Indus ont leur source dans ses montagnes, d'où elles arrosent la Province, & ne la rendent pas pour cela plus abondante ; car comme le païs est trés-froid, il est peu fertile, si ce n'est aux endroits qui sont couverts de montagnes : cependant il ne laisse pas d'estre fort riche, parce qu'il s'y fait un trés-grand trafic de la Tartarie, du païs des Uzbecs, de la Perse & des Indes. Les Uzbecs seuls y vendent tous les ans plus de soixante mille chevaux, & cette Province

Caboulistan.

Zabulistan.

est si commodément située pour le trafic, que l'on apporte de toutes parts ce qui y manque, & les choses y sont à bon marché.

Caboul, Ville. La Capitale de la Province s'appelle Caboul : c'est une fort grande Ville qui a deux bons Châteaux ; & comme il y a eu des Rois qui y ont tenu leur Cour, & que plusieurs Princes en suite l'ont eüe pour appanage, il y a beaucoup de Palais : Elle est située au trente-troisiéme degré & *Mirabolans.* demy de latitude : Les Mirabolans croissent dans ses montagnes, & c'est la cause pourquoy les Orientaux les appellent Cabuly. On y cüeille encore plusieurs sortes de drogues : mais outre cela elles sont remplies de bois aromatiques, dont les habitans ont un grand debit : & il y a mesme des mines d'un fer qui est propre à tous usages. C'est particulierement de cette Province dont on fait venir les cannes dont on fait les Halebardes & les Lances, & beaucoup de ses terres en sont plantées. Le Caboulistan est remply de petites Villes, de Bourgs & de Villages, & la plus part des habitans sont Gentils : c'est pourquoy il y a beaucoup de Pagodes. Ils comptent leurs mois par Lunes, & celebrent avec grande vene-*Houly Feste.* ration leur Feste appellée Houly. Elle dure deux jours. Leurs Temples sont alors remplis de peuples qui y viennent prier & faire leurs offrandes. Le reste de la celebration consiste à danser par troupes dans les rües au son des trompettes. Ils

ont

ont tous à cette Feſte des habits d'un rouge obſcur. Pluſieurs font des maſcarades, & viſitent ainſi leurs amis.

Ceux qui ſont de même Tribu, mangent enſemble, & le ſoir on allume des feux par les ruës. Cette feſte ſe celebre tous les ans à la pleine Lune de Février, & elle finit par la deſtruction de la figure d'un Geant, contre lequel un petit enfant tire des fleches pour repreſenter ce qu'on fait croire au peuple ; à ſçavoir, que Dieu eſtant venu au monde ſous le nom de Cruchman, il y parut ſous la forme d'un enfant ; qu'un grand Geant qui craignoit d'en eſtre détruit, le voulut perdre ; mais que cét enfant luy donna ſi adroitement un coup de fleche, qu'il le renverſa par terre, & le tua. Il ſemble que ces peuples ayent autrefois eſté Chrétiens, mais s'ils en ont eu quelque teinture, elle eſt bien gâtée par les fables & par les contes chimeriques qu'on leur a faits, auſquels ils conforment leur vie & leur Religion. Leur plus conſiderable charité conſiſte à faire creuſer beaucoup de Puys, & à faire élever quantité de petits bâtimens d'eſpace en eſpace dans les grands chemins, pour la commodité des Voyageurs ; & il y a toûjours à ces petits bâtimens, un lieu propre à faire repoſer ceux qui ſont las & qui ſont chargez : En ſorte qu'ils peuvent s'y deſcharger de leur fardeau, & ſe recharger ſans l'aide de perſonne.

Dieu ſous le nom de Cruchman.

Geant tué par Cruchman.

Charitez des Indiës de Caboul

Medecins des Indes. Ce Pays fournit au reste des Indes, beaucoup de Medecins, qui tous sont de la Caste des Banians. Il y en a même de trés-habiles qui ont de beaux secrets pour la Medecine ; & entr'autres remedes ils se servent souvent de l'ustion. Le *Revenu annuel de Caboul.* Roy Mogol ne tire de ce Pays par année, que quatre à cinq millions.

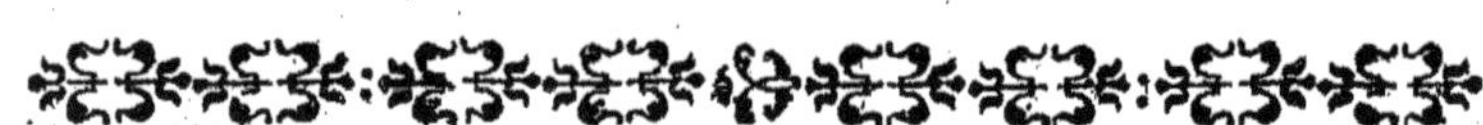

CHAPITRE TRENTE-CINQUIE'ME.

De la Province de Cachmir ou Kichmir.

Province de Cachmir. LE Royaume ou Province de Cachmir, a vers l'Occident le Caboulistan : A l'Orient une partie du Tibet : Au Midy la Province de Lahors ; & au Nord la Tartarie. Mais ce sont là ses limites les plus éloignées ; car il est borné & entouré de tous côtez par des montagnes, & l'on n'y peut entrer que par des détroits & des défilez. Ce Pays a quelquefois appartenu aux Rois du Turquestan, & il est de *Turchind* ceux que l'on appelloit Turchind, c'est-à-dire l'Inde des Turcs, ou la Turquie des Indes.

Les eaux des montagnes qui l'environnent, fournissent tant de sources & de ruisseaux, qu'elles rendent ce Pays le plus fertile des Indes ; & aprés l'avoir agreablement arrosé, forment une riviere appellée Tchenas, qui ayant communiqué ses eaux pour le transport des marchandises à la plus grande partie du Royaume, en sorte par une rupture de montagne, & se va descharger prés la Ville d'Atoc, dans l'Indus. Mais avant sa sortie elle a receu la descharge d'un Lac qui a plus de quatre lieuës de tour, qui est orné de beaucoup d'Isles pleines de verdure, & qui a la Capitale de la Province, presque sur ses bords. Il y en a qui veulent que cette riviere soit la Moselle, mais ils n'ont pas raison, car la Moselle parcourt le Caboulistan ; & c'est celle qu'on appelle encore Behat ou Behar, à cause des plantes aromatiques qui se trouvent sur ses bords.

Tchenas riviere.

Atoc.

La Ville de Cachmir, qui porte le nom de la Province, & que quelques uns appellent Syrenaquer, est située au trente-cinquiéme degré de latitude, & au cent troisiéme de longitude. Cette Capitale a bien demy lieuë de large sur trois quarts de long. Elle n'a point de murailles : Elle est à deux lieuës des montagnes. Ses maisons sont bâties de bois qu'on tire de ces montagnes ; & elles ont pour la plûpart trois étages, avec un jardin, & quelques unes un petit canal qui s'étend jusqu'au Lac, où l'on se va promener en bateau. Au reste ce petit Royaume est fort peuplé : Il y a beaucoup de Villes & quantité de Bourgs. Ce sont par tout des plaines qui ne sont

Cachmir Ville.

Syrenaquer.

interrompuës que par d'agreables colines & de belles eaux. Il y a des fruits en abondance, & de belles verdures. Les montagnes dont les penchans ont par tout des habitans, fournissent un si bel aspect par la quantité des arbres qui y sont, entre lesquels on voit des Mosquées, des Palais, & autres Bâtimens, qu'il est impossible de rien découvrir de plus beau pour la perspective & le païsage. Le Grand-Mogol y a une Maison de plaisance, accompagnée d'un beau Jardin, & tout y est d'autant plus magnifique, que le Roy qui l'a fait bâtir, l'a ornée des dépoüilles des Temples des Gentils, où il y a quantité de choses précieuses.

Beauté de Cachmir.

Ce fut le Roy Ecbar qui assujettit ce Royaume, qui estoit alors possedé par un Roy nommé Justaf-Can. Comme il estoit par tout victorieux, il écrivit à ce Prince qu'il n'y avoit pas d'apparence qu'il soûtint la guerre contre les forces de l'Empereur des Indes, à qui tous les autres Princes se soûmettoient ; qu'il luy conseilloit de faire comme eux, & qu'il luy promettoit s'il le vouloit reconnoître de son bon gré, & sans experimenter la fortune de la guerre, qu'il le traiteroit encore mieux que tous les autres, & que sa puissance au lieu de diminuer, augmenteroit, puisqu'il ne luy refuseroit jamais rien de tout ce qu'il voudroit luy demander. Justaf-Can qui estoit un Prince paisible, se contentant

Le Roy Ecbar assujettit Cachmir.

Justaf-Can Roy de Cachmir.

de laisser son fils dans son Royaume, vint trouver le Grand-Mogol sur sa parole à la Ville de Lahors : Il luy rendit hommage, & l'Empereur luy confirmant la promesse qu'il luy avoit faite dans ses Lettres, le traita avec toute sorte de civilité.

Jacob fils de Iustaf-Can.

Cependant le Prince Jacob fils de Justaf, n'en voulut pas demeurer là : car estant excité par la plûpart des peuples du Royaume, qui envisageoient la domination Mogole comme la chose du monde la plus terrible, se fit declarer Roy, fit munir le païs de toutes choses, & en même temps en ferma les entrées : Ce qui ne luy fut pas difficile à faire, parce qu'on ne peut y aborder que par des détroits qui peuvent estre deffendus par tres-peu de gens. Sa conduite déplût fort au Grand-Mogol, qui crût d'abord qu'il y avoit intelligence entre le pere & le fils : Mais enfin il reconnut qu'il n'y en avoit point, & sans faire aucun mauvais traitement au pere, il envoya une Armée contre Cachmir, dans laquelle il donna employ à plusieurs des Grands Seigneurs & des Officiers de guerre qui avoient suivy Justaf-Can. Il les avoit tellement gagnez par ses bons traitemens & ses promesses, qu'ils luy furent plus affectionnez qu'à leur Prince même ; & comme ils sçavoient parfaitement tous les détroits & les avenuës des Montagnes, ils introduisirent les Mogols dans le Royaume, les uns

Officiers Cachmiriens introduisent les Mogols.

par des lieux qui leur appartenoient, & les autres par des détours qu'il auroit esté impossible de trouver, si l'on n'y avoit esté conduit par les gens les mieux informez du païs. Ils vinrent d'autant plus aisément à bout de leur dessein, que le Roy Jacob ne songeoit qu'à garder les lieux les plus dangereux, & principalement le passage de Bamber, qui est le plus facile pour entrer à Cachmir.

Bamber.

Les Mogols ayant laissé une partie de leur Armee à Bamber pour amuser celle du Prince Jacob, allerent vers les plus hautes Montagnes, où les Omras de Cachmir les conduisirent : Ils y trouverent de petits passages entre les rochers, dont on ne devoit aucunement se défier : Ils entrerent par ces endroits les uns aprés les autres, & à la fin s'estant assemblez au lieu où l'on avoit donné le rendez-vous, ils eurent assez de monde pour composer un corps de troupes capable de se saisir, comme ils firent durant la nuit, de la Capitale qui estoit sans murailles, & où Jacob-Can fut surpris. Neanmoins Ecbar luy pardonna, & luy assigna, aussi-bien qu'à son pere, une pension pour sa subsistance : Mais il s'asseura du Royaume, qu'il reduisit en Province; il l'annexa à l'Empire du Mogolistan, & ses successeurs en ont joüy jusqu'à present comme du païs le plus agreable qu'ils ayent dans tout leur Empire. Il ne rapporte au Grand-Mogol par chaque année que cinq à six cens mille livres.

Revenu annuel du Mogol à Cachmir.

CHAPITRE TRENTE-SIXIE'ME.

De la Province de Lahors & des Vartias.

IL y a quarante-huit ou cinquante lieuës de Lahors jusqu'aux limites de Cachmir qui est à son Nord, comme Dehly est à son Midy ; & Lahors est éloigné de Dehly de cent bonnes lieuës : car on compte deux cens cosses de l'une à l'autre Ville, & les cosses où demy-lieuës sont grandes en ce païs. Multan est à l'Occident de Lahors, & en est éloigné de soixante & quelques lieuës : & il y a à son Orient de hautes montagnes habitées en quantité d'endroits par des Rajas, dont quelques-uns sont tributaires au Grand-Mogol, & d'autres ne le sont point, parce qu'ayant des lieux forts où ils se retirent, ils ne peuvent y estre forcez, quelques voleries qu'ils exercent sur les Marchands : & quand on voyage en ce païs, on est obligé de se faire accompagner de Soldats pour deffendre les caravanes contre ces voleurs.

Province de Lahors.

Situation de Lahors.

Lahors est situé au trente-uniéme degré cinquante minutes de latitude prés du fleuve Ravy, qui se rend dans l'Indus comme les autres. Les Mogols ont donné à cette Province le nom de

Lahors, ville.

Ravy, riviere.

Pangeab. Pangeab, qui signifie les cinq fleuves, à cause qu'il en coule cinq sur son territoire. Ces fleuves ont reçû tant de noms particuliers des modernes qui en ont parlé, qu'on a presentement de la peine à les discerner les uns des autres ; & même la plûpart de ces noms sont confondus, quoyque Ptolomée les aye assez distinguez sous ceux d'Acelines, Cophis, Hydarphes, Zaradras & Hispalis. Il y a des modernes qui les nomment Behat, Canab, Find, Ravy, Van ; & d'autres leur donnent d'autres noms qui ne sont point ceux du païs, ou au moins qui ne leur sont attribuez qu'en certains cantons où ils passent. Quoyqu'il en soit, tous ces fleuves ont leurs sources dans les montagnes du Nord, & composent l'Indus où ils se vont rendre, aprés avoir pris le nom de Sinde dans un long espace de païs ; d'où vient que ce fleuve est tantôt appellé Indy, & tantôt Sindy. La Capitale n'est plus sur le Ravy comme elle a esté long-temps, parce que cette riviere ayant un lit fort plat, elle s'en est éloignée de plus d'un quart de lieuë.

Acelines, riviere. Cophis, riviere. Hydarphes, riv. Zaradras riviere. Hispalis, riviere.

Behat, riviere. Canab, riviere. Find, riviere. Ravy, riviere. Van, riv.

Cette Ville a esté tres-belle quand les Rois y ont tenu leur Cour, & qu'ils ne luy ont point preferé Dehly & Agra : Elle est grande, & a esté ornée comme les autres de Mosquées, de Bains publics, de Quervanseras, de Places, de Tanquiés, de Palais & de Jardins. Le Château y subsiste encore, parce qu'il est bien bâty : Il avoit autrefois

autrefois trois portes du côté de la Ville, & neuf du côté de la campagne ; & le Palais du Roy qui est dedans, n'a pas encore perdu tous ses ornemens. Il y a quantité de peintures aux murailles qui representent les actions des Grands-Mogols, leurs ayeuls y sont peints avec pompe ; & il y a un Crucifix sur une porte, & le Tableau de la Vierge sur une autre : mais je croy que ces deux pieces de devotion n'y ont esté mises que par l'hypocrisie du Roy Gehanguir, qui feignit d'affectionner la Religion Chrêtienne pour flater les Portugais. Beaucoup des principaux Bâtimens de la Ville tombent peu à peu en ruine, & on voit avec quelque douleur dans certaines ruës qui ont plus d'une lieuë de long, des Palais qui deviennent des mazures. Cependant la Ville n'est pas ancienne ; car avant le Roy Humayon ce n'estoit au plus qu'un bon Bourg : Ce Roy en fit une Ville, il y fit bâtir un Château, il y tint sa Cour, & elle s'accrût tellement en peu de temps, qu'elle a eu jusqu'à trois lieuës de long, y comprenant les Fauxbourgs. Comme il y a beaucoup de Gentils en cette Ville, il y a aussi beaucoup de Pagodes : Il y en a de bien ornées, & toutes sont élevées au dessus des rez dè chaussée de sept ou huit degrez.

Peintures à Lahors.

Crucifix à Lahors.

Image de la Vierge.

Pagodes à Lahors.

La Province de Lahors est une des plus grandes & des plus abondantes des Indes ; les fleuves qui y sont la rendent extrémement fertile ; elle

Fruits de Lahors.

fournit de tout ce qui est necessaire à la vie. Le ris y est en abondance, aussi-bien que le bled & les fruits : Il y a même d'assez bon vin, & le sucre y est meilleur qu'en aucun endroit de l'Indostan. Non seulement il se fabrique dans les Villes de cette Province des Toiles peintes de toutes les manieres, mais il y a des Manufactures de tout ce que l'on travaille dans les Indes : Et en effet, selon mon Indien, elle rapporte au Grand-Mogol plus de trente-sept millions ; ce qui est une grande marque de sa fertilité. J'ay déja dit que la grande allée d'Arbres qui commence à Agra, a esté poussée jusqu'à Lahors, quoyque ces deux Villes soient éloignées l'une de l'autre de cent cinquante lieuës : Ce beau Cours est fort agreable, à cause que les Arbres d'Achy dont il est planté, ont leurs branches grandes & épaisses, qu'elles s'étendent de tous côtez, & qu'elles couvrent toute la route : Il y a aussi beaucoup de Pagodes sur le chemin de Lahors à Dehly, & particulierement vers la Ville de Tanassar, où l'on peut dire que l'Idolatrie s'exerce avec liberté.

Manufactures à Lahors. *Revenu annuel de Lahors.* *Achy, arbre.* *Tanassar, ville.*

Il y a un Convent de Gentils qu'on appelle Vartias, qui ont leur General, leur Provincial, & autres Superieurs : Ils disent qu'ils sont fondez depuis plus de deux mille ans. Ils font vœu d'obedience, de chasteté & de pauvreté : Ils observent exactement leurs vœux ; & quand quelqu'un

Convent de Vartias. *Vœux des Vartias.*

y manque, il eſt rigoureuſement châtié. Ils ont des Freres deſtinez à queſter pour tout le Convent; ils ne mangent qu'une fois le jour, & ils changent de maiſon tous les trois mois : Ils n'ont point de temps determiné pour le Noviciat ; quelques-uns le font en deux ans, d'autres en trois, & il y en a qui y employent quatre années ſi le Superieur le juge à propos. Le point de leur inſtitution eſt de ne faire à autruy que ce qu'ils veulent qui leur ſoit fait : Ils obſervent ce commandement, même envers les beſtes, car ils n'en tuent jamais ; & encore mieux envers les hommes, puiſque ſi quelqu'un les bat, ils ne ſe deffendent pas, & s'il les injurie, ils ne luy répondent point. Ils obeïſſent ſans murmure au moindre ſignal de leur Superieur, & il leur eſt deffendu de regarder une femme ou fille au viſage : Ils n'ont ſur le corps qu'une toile pour couvrir les parties naturelles, & ils la font revenir ſur la teſte pour s'en faire une maniere de coëffe comme celle d'une femme : Ils ne peuvent poſſeder d'argent ; il leur eſt deffendu de reſerver aucune choſe pour manger le lendemain, & quelque faim qu'ils ayent, ils attendent avec patience que leurs Queſteurs leur apportent les aumônes que tous les jours on leur diſtribuë aux maiſons des Gentils de leur Tribu. Ils prennent peu de choſe, afin de n'incommoder perſonne, & pour cela ils ne reçoivent en chaque endroit que plein la main de ris, ou autre

Noviciat des Vartias.

Conduite des Vartias.

Vartias, vivent d'aumônes.

denrée semblable ; & si on leur veut donner davantage, ils le refusent. Ils ne prennent rien que de cuit, parce qu'ils n'allument point de feu chez eux, de peur que quelque mouche ne s'y vienne brûler. Quand ils ont assez reçû d'aumônes, ils reviennent au Convent, & ils mélent tout ce qu'ils ont eu de ris, de lentilles, de lait, de fromage, & d'autres sortes de vivres : L'Officier le partage ensuite également entre les Vartias, chacun mange sa portion chaude ou froide comme elle luy est presentée, & tous ne boivent que de l'eau.

Vartias, ne mangēt qu'une fois le jour.

C'est vers le midy qu'ils font ce repas, c'est le seul qu'ils fassent durant la journée ; & quelque faim ou quelque soif qui les presse, il faut qu'ils attendent au lendemain à pareille heure pour manger & pour boire.

Dortoir des Vartias.

Ils employent le reste du jour à prier Dieu, & à lire des Livres ; & quand le Soleil est couché, ils se mettent en état de dormir, & n'allument jamais de chandelle. Ils couchent tous dans une même chambre, & ils n'ont point d'autre lit que la terre. Ils ne peuvent d'eux-mêmes sortir de l'Ordre, depuis qu'ils ont fait des vœux ; & neanmoins s'ils font quelque faute qui soit contre ces vœux, & principalement contre celuy de la chasteté, on les chasse non seulement de l'Ordre, mais de toute leur Tribu. Le General, les Provinciaux & autres Officiers, changent de

Officiers des Vartias.

Convent tous les quatre mois : Ils demeurent toute leur vie en leur charge ; & quand quelqu'un d'eux vient à mourir, il nomme aux Religieux celuy qu'il a reconnu plus digne de luy succeder, & on suit le choix qu'il en a fait. Ces Vartias ont plus de dix mille Maisons dans les Indes ; il y en a dans quelques-unes qui sont plus austeres que les autres : il y en a même qui se contentent d'adorer Dieu en esprit, & ceux-là n'ont point d'Idole, & ne veulent avoir aucune Pagode auprés d'eux. Et ils ont en quelques endroits des Religieuses qui vivent avec beaucoup d'exemple. *Religieuses Gentiles.*

CHAPITRE TRENTE-SEPTIE'ME.

Des Provinces d'Ayou, ou Haoud ; Varad, ou Varal.

LEs deux Provinces d'Ayoud & de Varal, sont si peu frequentées par les Mogols, que ceux à qui j'en ay demandé le détail, ne me l'ont pû dire, quoyqu'ils sçûssent assez bien le reste du Mogolistan : & ainsi je ne puis en donner beaucoup de particularitez. Celle d'Ayoud autant que je l'ay pû comprendre, contient les païs les plus Septentrionaux du Mogol, comme Canca- *Province d'Ayoud.*

res, Bankich, Nagarcut, Siba & autres : Et celle de Varal est composée de ceux qui en sont les plus Orientaux vers le Nord, à sçavoir Gor, Pitan, Canduana, & quelqu'autres.

Province de Varal.

Ces deux Provinces estant presque par tout arrosées des fleuves qui se déchargent dans le Gange, sont extrémement fertiles, nonobstant les montagnes qui s'y rencontrent : ce qui fait qu'elles sont tres-riches. Celle d'Ayoud rend par an au Grand-Mogol plus de dix millions, & celle de Varal plus de vingt-sept. Les grands profits que ces deux Provinces & celle qui les suit font avec les étrangers du Septentrion & de l'Orient, sont cause des revenus si considerables que le Mogol en tire, & ils sont d'autant plus grands, que ces païs estant éloignez de la mer, il n'y a point d'Européens qui les partagent.

Revenu annuel d'Ayoud & de Varal.

Il y a plusieurs Rajas dans l'une & dans l'autre, dont la plûpart ne reconnoissent point les ordres du Grand-Mogol : Il y a deux Pagodes de grande reputation dans Ayoud, l'une est à Nagarcut, & l'autre à Calamac : mais celle de Nagarcut est beaucoup plus fameuse que l'autre, à cause de l'Idole Matta à qui elle est dediée ; & on dit qu'il y a des Gentils qui ne sortent point de cette Pagode sans immoler une partie de leur corps. La devotion que les Gentils font paroître à celle de Calamac, vient de ce qu'ils attribuent à grand miracle que les eaux qui sont en

Rajas non soûmis.

Pagode de Nagarcut.

Idole Matta.

Pagode de Calamac.

cette Ville, & qui ſont tres-froides, ſortent d'un rocher qui jette continuellement des flâmes. Ce rocher de Calamac eſt de la montagne de Balaguate, & les Bramens qui en gouvernent la Pagode, en tirent un grand revenu.

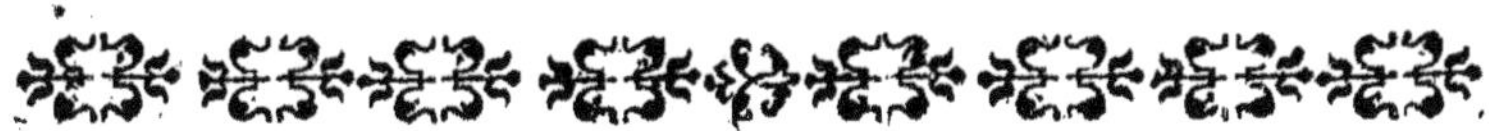

CHAPITRE TRENTE-HUITIE'ME.

De la Province de Becar, & des Caſtes ou Tribus des Indes.

LA Province de Becar qui comprend les païs de Douab, Jeſuat & Udeſſe, eſt auſſi arroſée par les fleuves qui ſe déchargent dans le Gange. Non ſeulement elle eſt à l'Orient de Dehly, mais encore elle eſt la plus Orientale du Mogoliſtan par le païs d'Udeſſe qui la ferme avec ſes montagnes: Et comme cette grande Province eſt riche, à cauſe de ſa fertilité, elle rapporte par an au Grand-Mogol plus de quatorze millions. Elle a pluſieurs bonnes Villes; mais les meilleures ſont Sambal, Menapour, Rageapour, Jehanac, & ſur tout celle de Becaner, qui eſt preſentement la Capitale ſituée à l'Occident du Gange.

Province de Becar. *Douab.* *Ieſuat.* *Udeſſe.*

Villes du Becar. *Sambal, ville.* *Menapour, ville.* *Regeapour, ville.* *Jehanac, ville.* *Becaner, ville.*

Il y a dans cette Province de Becar & dans les deux precedentes, de toutes les Caſtes & Tribus des Indiens, dont on compte juſqu'à quatre-

Castes ou Tribus des Gentils, 84. vingt-quatre. Encore qu'ils professent tous une même Religion, les ceremonies de chacune des Castes, & même des particuliers de chaque Caste, sont si differentes, qu'elles forment une infinité de sectes. Les gens de chacune de ces Tribus exercent un métier, & aucun de leurs descendans ne l'abandonne, à moins que de passer pour infame dans la Tribu : Par exemple, les Bramens qui composent la premiere Tribu, font profession de doctrine, & leurs enfans font la même chose, sans s'en départir jamais. *Bramens.* La seconde Tribu est celle des Catry ou Raspoutes, qui font profession des Armes : Leurs enfans font la même profession, ou le doivent faire, parce que tous pretendent estre descendus des Princes Gentils. *Catri, ou Raspoutes* Ce n'est pas qu'il ne s'en trouve de Marchands, & même de Tisserands dans le Multan, Lahors & Sinde : mais ils sont méprisez dans la Tribu, & ils passent pour gens lâches & sans honneur. La troisiéme Tribu est des Soudr ou Courmy, ce sont les Laboureurs qui travaillent à la terre : *Soudr, Courmy.* Il y en a de ceux-cy qui suivent les Armes ; & comme c'est un métier honnorable, & d'une Caste superieure, ils n'en sont point blâmez ; mais parce qu'ils affectent de n'estre pas dans la Cavalerie, on s'en sert ordinairement pour les Garnisons des Places, & cette Caste ou Tribu est la plus grande de toutes. La quatriéme est celle des Ouens ou Banians : tous sont Marchands, *Banians.*

Banquiers

Banquiers ou Courtiers, & les plus adroites personnes qui ſoient au monde pour tirer de l'argent de toutes choſes.

Il n'y avoit anciennement que ces quatre Tribus; mais par ſucceſſion de temps, tous les gens qui ſe ſont attachez à une même profeſſion, ont composé leur Tribu ou Caſte, & c'eſt ce qui en a fait un ſi grand nombre. Les Colis ou Accommodeurs de cotton, ont fait une Caſte à part : Les Tcherons ou Gardes voyageurs, ont la leur : Les Porteurs de Palanquins en ont auſſi fait une ; on les nomme Covillis : Les Faiſeurs d'arcs & de fléches en ont fait une autre, ainſi que les gens de marteau, qui ſont les Orfévres, les Armuriers, les Maréchaux & les Maſſons. Ceux qui manient le bois comme les Charpentiers, Menuiſiers & Bocherons, ſont tous d'une Caſte : Les Filles publiques, les Sauteurs, Sauteresſes & Baladins en ont une : Et il en eſt de même des Tailleurs & autres Couturiers, des Faiſeurs de caroſſes & de ſelles, des Bengiara qui ſont les Voituriers, des Peintres, & enfin de tous les autres gens de métier.

Colis. *Tcherons.* *Covillis.* *Bendgiara.*

Les moins eſtimées des quatre-vingts-quatre Tribus ſont celles des Piriaves, & des Der ou Halalcour, à cauſe de leur ſaleté, & ceux qui les touchent ſe croyent pollus : Les Piriaves s'employent à recüeillir & à porter les peaux des beſtes, & quelques-uns ſont Corroyeurs :

Der. *Piriaves.*

Halalcour. Les Halalcour sont les Gadoüars des Villes ; ils nettoyent les maisons particulieres & publiques, & ils en reçoivent la paye tous les mois ; ils se nourrissent de toutes sortes de viandes permises & non permises : Ils mangent les restes des autres, sans regarder de quelle Religion ou de quelle Caste ils sont : & c'est pour cette raison que ceux qui ne parlent que Persien dans les Indes, les appellent Halalcour, c'est à dire celuy qui se donne la liberté de manger de tout ce qui luy plaist, ou selon quelques-uns, celuy qui mange ce qu'il a legitimement gagné. Et ceux qui approuvent cette derniere explication, disent qu'autrefois les Halalcour s'appelloient Haramcour, mangeurs de viandes deffenduës : mais qu'un Roy entendant un jour que ses Courtisans se railloient d'eux, à cause du sale métier qu'ils exerçoient, il leur dit : Comme ces gens-là gagnent mieux leur pain que vous, qui estes des faineans ; on vous doit donner leur nom de Haramcour, & à eux celuy de Halalçour. Et que ce nom leur est demeuré.

Haramcour, ou Halalcour.

Baragui. Il y a une Caste de Gentils appellez Baraguy, qui improuvent la couleur jaune, & qui se mettent le matin du blanc au front, contre l'usage des gens des autres Castes, qui se font mettre du rouge par les Bramens. Quand un Gentil a esté teint de ce rouge, il fait trois inclinations de la teste, & porte trois fois les deux mains jointes au front ;

Couleurs jaune & rouge au front.

aprés quoy il presente au Bramen du ris & un cocos.

Toutes ces Castes ou Tribus vont prier dans le même temps, mais ils adorent l'Idole qu'ils veulent, sans estre obligez de s'attacher à celuy à qui le Temple est dedié, si leur devotion ne les y convie : si bien qu'il y en a qui portent leurs Idoles avec eux, quand ils sçavent que celuy qu'ils reverent n'y est pas. Tous ces Gentils ne s'allient jamais hors de leur Caste. Un Bramen épouse la fille d'un autre Bramen, un Raspouté prend en mariage la fille d'un Raspoute, un Halalcour celle d'un Halalcour, un Peintre la fille d'un Peintre, & ainsi des autres.

Alliance des Gentils.

Les quatre-vingts-quatre Tribus observent entr'elles un ordre de subordination. Les Banians cedent aux Courmis, les Courmis aux Raspoutes ou Catris, & ceux-cy, comme tous les autres, aux Bramens ; & ainsi les Bramens sont les premiers des Gentils, & les plus distinguez. Cela fait qu'un Bramen se croiroit profané, s'il avoit mangé avec un Gentil d'un autre Caste que de la sienne, quoique tous ceux des autres Castes puissent manger chez luy. Et il en est de même des autres Tribus, à l'égard de celles qui leur sont inferieures.

Subordination des Tribus.

Les Bramens, qui sont proprement les Brahmanes ou Sages des anciens Indiens, & les Gymnosophistes de Porphire, sont les Prestres & les

Brahmanes. Gymnosophistes.

Docteurs des Gentils de l'Inde. Outre la Theologie dont ils font profession, ils sçavent l'Astrologie, l'Arithmetique & la Medecine : mais ceux qui sont actuellement Medecins, rendent tous les ans certain tribut à leur Caste, à cause que la Medecine ne doit pas estre de leur profession. Tous ces Gentils ont du respect pour les Bramens, & ils les croyent en toutes choses, parce qu'on leur a toûjours suggeré que ce sont eux à qui Dieu a envoyé les quatre Bets, qui sont les Livres de leur Religion, & qu'ils en sont les dépositaires.

Bets, ou Livres de Religion.

Philosophes.

Il y a plusieurs de ces Docteurs qui s'attachent à la Philosophie, & qui affectent de ne paroître pas si extravagans que les autres dans leur croyance. Quand un Chrêtien leur parle de leur Dieu Ram que les Gentils adorent, ils ne soûtiennent point qu'il est Dieu, & disent seulement que ç'a esté un grand Roy, dont la sainteté & le secours qu'il a donné aux hommes luy ont acquis une communication plus particuliere avec Dieu qu'aux autres Saints ; & qu'ainsi ils luy portent beaucoup plus de respect : Et si on leur parle de l'adoration des Idoles, ils répondent qu'il ne les adorent point ; que leur intention est toûjours attachée à Dieu ; qu'ils ne les honorent que parce qu'ils font souvenir du Saint qu'ils representent ; qu'il ne faut pas s'arrester à l'ignorance du menu peuple, qui se forme mille chi-

Ram, Dieu des Gentils.

Adoration des Idoles.

meres, parce qu'il a toûjours l'imagination remplie d'abus & de superstitions; & qu'il faut consulter les Sçavans d'une Religion quand on s'en veut instruire : Qu'il est vray que les ignorans croyent que plusieurs grands hommes, sous la figure desquels Dieu s'est fait connoître, sont des Dieux, mais que pour eux ils n'en croyent qu'un; & que si Dieu en a usé de même, ce n'a esté que pour faciliter le salut des hommes, & s'accommoder à la capacité & à l'humeur de chaque Nation.

Croyance des habiles Indiēs.

Sur ce principe ils croyent que chacun se peut sauver dans sa Religion & dans sa Secte, pourvû qu'il suive exactement la voye que Dieu luy a montrée, & qu'il sera damné s'il en suit une autre : Ils ne doutent point que leur Religion ne soit la premiere des Religions, qu'elle ne soit établie dés le temps d'Adam, & qu'elle ne se soit conservée en Noé : Ils croyent le Paradis & l'Enfer, mais ils asseurent que les ames n'y entreront qu'aprés le Jugement universel : Ils disent même que l'honneur qu'ils portent à la Vache, ne doit estre blâmé de personne; qu'ils ne la preferent aux autres animaux, qu'à cause qu'elle leur fournît plus de nourriture par le moyen de son lait, que tous les autres ensemble, & qu'elle engendre le Bœuf qui est si utile au monde, puisqu'il le fait subsister par son travail, & qu'il nourrit les hommes par sa peine.

Les Indiens croyent que leur Religion est la premiere de toutes.

Respect à la Vache.

Metempsicose. Les Bramens croyent la metempsicose ou transmigration des ames dans de nouveaux corps, plus ou moins nobles, selon le merite ou le démerite des actions qu'elles auront faites durant leur vie. Et beaucoup des gens des autres Castes suivent cette opinion de Pythagore : Ils croyent *Pythagore.* que chaque ame doit ainsi faire plusieurs transmigrations, mais ils n'en déterminent pas le nombre ; c'est pourquoy il y en a qui ne tuent aucune beste, & n'allument jamais de feu ny de chandelle, de peur que quelque papillon ne s'y brûle ; se pouvant faire, disent-ils, que l'ame d'un papillon ait habité le corps d'un homme : & ils ont le même sentiment des autres animaux. En veuë de sauver ce qui a vie, ils sollicitent souvent les Gouverneurs Mogols de deffendre qu'on ne pesche du poisson à certains jours de Festes, & quelquefois la deffense s'en fait à force de presens : Ils voudroient bien aussi empêcher qu'on ne tuât des Vaches, mais ils ne l'obtiennent jamais ; les Mahometans veulent manger de la chair, & celle de Vache est la meilleure de toutes les grosses viandes des Indes.

Opinion des Gentils sur leur Dieu Ram. Au reste l'opinion du commun des Gentils touchant le Dieu Ram, est qu'il a esté produit, & qu'il est sorty de la lumiere, de la même façon que la frange d'une ceinture sort de cette ceinture ; & que si on luy attribuë un pere qu'ils appellent Dester, & une mere nommée Gaoucella, ce n'est que pour la forme, puisqu'il n'en est pas né : Et dans cette pensée les Indiens luy rendent des honneurs divins dans leurs Pagodes & ailleurs ; & quand ils veulent salüer leurs amis, ils repetent son nom, & disent *Ram*, *Ram*. Leur adoration consiste à joindre les mains comme s'ils prioient, à les porter fort bas, à les relever doucement jusqu'à la bouche, & enfin à les élever sur leur teste. Ils appellent Chita la femme de Ram ; & comme ils sçavent le juste respect que les Chrestiens portent à la sainte Vierge, ils ont la hardiesse de luy comparer cette femme, & s'ils en rencontrent une image, ils croyent que c'est la representation de Chita. *Chita, femme de Ram.*

C'est sur cette opinion que beaucoup de Gentils vont à Bassaim Ville des Portugais, où est l'Image d'une Vierge, qu'on appelle Nôtre-Dame des Remedes, & où l'on dit qu'il se fait des miracles. Quand ils sont arrivez à la porte de l'Eglise, ils la salüent jusqu'à terre, & aprés avoir déchaussé leurs souliers, & estre entrez, ils font plusieurs reverences, ils mettent de l'huile dedans la lampe qui est devant l'Image, ils y font brûler des cierges, & jettent quelque argent dans le tronc s'ils en ont le moyen. Ils vouloient au commencement ajoûter des fruits & l'onction de leurs corps à cette offrande, afin de la nommer Sacrifice, mais les Portugais les en ont empêchez. On juge bien par l'aversion qu'ils ont à *Bassaim. Image de la Vierge. Nôtre-Dame des Remedes.*

tuer les animaux ; que leurs Sacrifices ne sont jamais sanglans : ils ne consistent qu'à apporter en leurs Pagodes beaucoup de choses propres à manger. Quand ils y sont arrivez, & qu'ils ont pris ordre du Bramen, ils oignent leurs corps d'huile, & font leurs prieres devant l'Idole qu'ils veulent invoquer : & aprés quils luy ont presenté leur offrande, ils sortent de la Pagode. Le principal Bramen en prend ce qui luy plaist, & ensuite tous ceux qui veulent manger le peuvent faire, de quelque Religion qu'ils soient. Ils font aussi des Sacrifices à la Mer.

Sacrifices des Indiens.

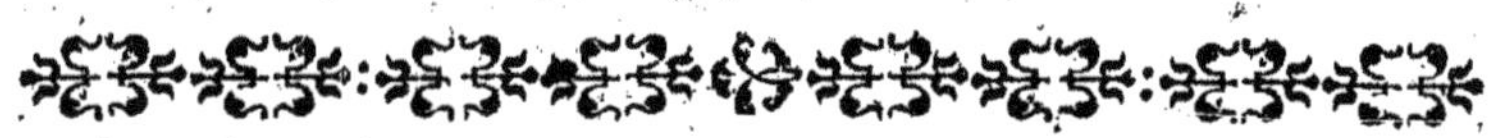

CHAPITRE TRENTE-NEUVIE'ME.

De la Province de Halabas, & des Faquirs des Indes.

LA Province de Halabas s'appelloit autrefois Purop : L'on y comprend le Narvar & le Mevat, qui ont au Midy le Bengale : La Capitale située sur le bord du Gange à l'embouchure du fleuve Gemini, porte le nom de la Province. Elle a esté long-temps un des boulevards du Royaume des Patans, & c'est la Ville que Pline a appellée Chrysobacra. Elle tomba en la puissance du Grand-Mogol Ecbar, aprés qu'il

Province de Halabas.

Narvar.

Mevat.

Chrysobacra.

qu'il eut ſubjugué le Royaume de Bengale : Il y fit bâtir la forte Citadelle qui y eſt ſur une langue de terre, & il la fit entourer d'une triple muraille, dont la derniere, c'eſt à dire celle du dehors, eſtoit d'une pierre rouge tres-dure. Ce Château eſt orné d'une Obeliſque fort antique : Elle a plus de ſoixante pieds de haut depuis ſon rez de chauſſée, & a pluſieurs inſcriptions ; mais les lettres en ſont ſi fort effacées, qu'on n'en diſtingue pas même le caractere.

Le Palais du Roy eſt auſſi d'une belle ſtructure, & l'on voit encore au deſſous des lieux voûtez, où l'on conſerve avec ſoin des Pagodes, que les gens du païs attribuent à Adam & à Eve, dont ils pretendent ſuivre la Religion : On y voit en certains temps une affluence incroyable de peuple qui y vient en pelerinage de toutes les parties des Indes, & ces gens y ſont attirez par la croyance qu'ils ont qu'Adam & Eve y ont eſté créez : Mais avant que d'approcher de ce lieu qu'ils croyent Saint, ils ſe jettent tout nuds dans le Gange pour ſe purifier, & ils ſe raſent la barbe & les cheveux, afin de meriter l'honneur d'y eſtre introduits. Cette Province a beaucoup de bonnes Villes, dont Narval & Gehud ſont du nombre ; mais les peuples y ſont ſi extravagans ſur le fait de la Religion, qu'on n'y peut preſque rien comprendre : Ils donnent dans tout ce qu'ils voyent & approuvent toutes les

Adam, Eve.

Purificatiõ des Indiens dans le Gange.

Gehud, ville.
Narval, ville.

actions de ceux qui font paroître de la devotion, sans prendre garde si elle est veritable ou si elle est fausse. Il arrive souvent qu'un Banian donne des sommes d'argent considerables à un Faquir, parce qu'il a la hardiesse de se poster auprés de sa boutique, & de protester qu'il se va tuer si on ne luy fournît ce qu'il demande : Le Banian le luy promet, & l'apporte ; mais parce que le Faquir qui est fantasque apprend que plusieurs gens ont contribué à cette aumône, il la refuse hautement, & se met en état d'executer la menace qu'il a faite, si le Banian tout seul ne fournît la somme : Et le Banian qui sçait qu'il y a eu des Faquirs assez desesperez pour se tuer en pareille occasion, est assez fol pour la tirer de sa bourse, & rendre aux autres ce qu'ils avoient fourny.

Faquirs.

Ces Faquirs qui se disent Religieux, n'ont pour l'ordinaire aucun lieu de retraite, excepté quelques Pagodes : & on ne peut mieux les comparer (si on met à part les penitences qu'ils font) qu'à ceux qu'on appelle en France des Boëmes, car leur maniere de vivre est semblable à la leur, & je croy que leur profession a une même origine, qui est le libertinage. Ils l'attribuent pourtant à un Prince nommé Revan, qui eut des affaires avec Ram, & qui ayant esté vaincu & dépoüillé de ses Estats par le moyen d'un Singe nommé Herman, passa le reste de sa vie à courir

Boëmes, Faquirs.

Revan, Prince.

Le Singe Herman.

par le monde, ſans avoir d'autre ſubſiſtance pour luy & ſes Sectateurs que ce qu'on luy donnoit par aumône.

On en voit ſouvent par bandes à Halabas, où ils s'aſſemblent pour des Feſtes qu'ils veulent celebrer, & pour leſquelles ils ſont obligez à ſe laver dans le Gange, & à faire certaines ceremonies. Ceux qui ne font point de mal, & qui font paroître de la pieté, ſont extrémement honorez par les Gentils, & les riches croyent attirer ſur eux pluſieurs benedictions quand ils aſſiſtent ceux qu'on appelle Penitens. Leurs penitences conſiſtent à ne point manger durant pluſieurs jours, à demeurer debout ſur un pied pluſieurs ſemaines, ou pluſieurs mois ; à tenir leurs bras croiſez derriere la teſte pour toute leur vie, ou à s'enterrer dans des foſſes juſqu'à certain temps. Mais s'il y a de ces Faquirs gens de bien, il s'en trouve de grands ſcelerats, & les Princes Mogols ne ſont pas fâchez quand on tuë ceux qui font des violences.

Les bons Faquirs honorez.

Faquirs, ſcelerats.

On en rencontre en campagne de tous nuds, avec des étendarts & des trompettes, qui demandent l'aumône l'arc & la fléche à la main ; & quand ils ſont les plus forts, ils ne laiſſent pas a la diſcretion des voyageurs de leur donner, ou de leur refuſer. Ces miſerables n'ont pas même de conſideration pour ceux qui les nourriſſent, & j'en ay vû dans des caravanes qui ne recherchoient qu'à faire piece, & incommoder les voyageurs, quoyqu'ils en tiraſſent toute leur ſubſiſtance. Il n'y a pas longtemps que je me trouvay dans une, où il y avoit de ces Faquirs qui ſe mirent en teſte d'empêcher tout le monde de dormir : Ils ne ceſſerent toute la nuit de chanter & de prêcher, & au lieu de les faire taire à coups de bâton comme on devoit, on les en prioit avec civilité, & ils s'en fâchoient ; en ſorte qu'ils redoubloient leurs cris & leurs chants, & ceux qui ne pouvoient chanter, rioient & ſe mocquoient du reſte de la caravane.

Ces Faquirs eſtoient envoyez par leurs Superieurs en je ne ſçay quelle contrée remplie de Banians, pour y demander deux mille roupies, avec une certaine quantité de ris & de mans de beure, & ils avoient ordre de ne point revenir ſans avoir fait leur commiſſion. Voilà comme ils en uſent par toute l'Inde, où leurs momeries ont accoûtumé les Gentils à leur donner ce qu'ils demandent, ſans oſer les refuſer. Il y a quantité de Faquirs parmy les Mahometans, auſſi-bien que parmy les Idolâtres, & qui ſont vagabonds comme eux, & encore plus méchans : & on les traite ordinairement les uns comme les autres.

Revenu du Mogol à Halabas.

La Province de Halabas rend par année au Mogol la ſomme de quatorze millions, & plus,

CHAPITRE QUARANTIE'ME.

De la Province d'Oulesser ou Bengale, & du Gange.

LA Province d'Oulesser que nous appellons Bengale, & que les Idolâtres nomment Jaganat, à cause du fameux Idole de la Pagode de Jaganat qui y est, n'est pas habitée de Gentils moins fantasques sur le fait de la Religion, que celle des Halabas : & voicy un exemple qui en peut servir de preuve. Uu Faquir voulant inventer quelque chose dans la devotion qui n'eût point encore paru, & qui luy donnât beaucoup de peine, resolut de mesurer avec son corps toute l'étenduë de l'Empire Mogol, depuis Bengale jusqu'à Caboul, qui en sont les extremitez du Sud-Est au Nord-Oüest : Le pretexte qu'il prit pour le faire, fut d'assister une fois en sa vie à la Feste de Houly que j'ay déja décrite, & il se fit accompagner par des especes de Novices pour le servir.

Province d'Oulesser, ou Bengale.

Iaganat.

Penitence extraordinaire d'un Faquir.

La premiere action qu'il fit en commençant le voyage, fut de se coucher tout de son long le ventre contre terre, & d'ordonner que l'on y marquât l'étenduë de son corps. Quand cela fut fait, il se releva, & il instruisit ses gens de son dessein, qui estoit de faire un voyage jusqu'à Caboul en se couchant & se relevant incessamment, & de ne marcher à chaque fois que dans autant d'espace que son corps estoit long : Et il ordonna en même temps à ses Novices de faire une marque sur la terre, à l'extremité de sa teste, toutes les fois qu'il se coucheroit, afin de regler parfaitement la marche qu'il auroit à faire. Tout s'executa ponctuellement de part & d'autre. Le Faquir faisoit une cosse & demie par jour, c'est à dire environ trois quarts de lieuë ; & les gens qui en ont raconté l'Histoire, ne le rencontrerent un an aprés son départ, qu'à l'extremité de la Province de Halabas. Cependant on luy rendoit tous les respects imaginables dans les lieux par où il passoit, & on l'accabloit d'aumônes ; en sorte qu'il estoit obligé de les distribuer aux pauvres, qui sous l'esperance d'en profiter, le suivoient dans son voyage.

Il y a aussi beaucoup de Mahometans, mais ils ne sont pas plus gens de bien que les Gentils. Les gens pour la plûpart y sont extraordinairement voluptueux ; ils ont l'esprit captieux & subtil, & sont fort sujets à voler : Les femmes mêmes y sont hardies & impudiques, il n'y a point d'adresse dont elles n'usent pour corrompre les jeunes hommes, & particulierement les

Habitans de Bengale voluptueux.

étrangers, desquels elles viennent aisément à bout, parce qu'elles sont pour la plûpart bien faites & bien vêtuës.

Les peuples sont fort à leur aise dans cette Province, à cause de sa fertilité, & plus de vingt mille Chrêtiens s'y sont habituez. Le païs estoit bien mieux reglé sous les Rois Patans, c'est à dire avant que les Mahometans & les Mogols en fussent les maîtres, parce qu'il y avoit uniformité de Religion. On a vû par experience que le desordre y est entré avec le Mahometisme, & que la diversité des Religions y a causé la corruption des mœurs.

Mahometisme a introduit le desordre.

Daca, ou Daac, est proprement la Ville Capitale du Bengale ; Elle est située sur la rive du Gange, & est fort étroite, parce qu'elle s'étend prés d'une lieuë & demie sur les bords de ce fleuve. La plûpart de ses maisons ne sont bâties que de Canes, que l'on couvre de terre : Celles des Hollandois & des Anglois sont plus solides, parce qu'ils n'ont rien épargné pour la seureté de leurs marchandises : Les Augustins y ont aussi une Maison. Le flux de la Mer monte jusqu'à Daca, & ainsi les Galeres que l'on y bâtit peuvent facilement aller dans le Golphe de Bengale pour y negocier ; & les Hollandois se servent utilement de celles qu'ils ont pour leur commerce.

Daca, ou Daac.

Les Augustins ont une Maison à Daca.

Galeres du Golphe de Bengale.

Le païs est remply de Châteaux & de Villes ;

Villes de Bengale.

Philipatan, ville. *Satigan, ville.* *Patane, ville.* *Comptoir des Hollandois à Patan.* Celles de Philipatan, de Satigan, de Patane, de Casanbazar & de Chatigan sont tres-riches, & Patane est une fort grande Ville, située au bord Occidental du Gange dans le païs de Patan, où les Hollandois ont un Comptoir. Le bled, le ris, le sucre, le gingemvre, le poivre long, le coton & la soye, & plusieurs autres marchandises, croissent en abondance dans ce païs, ainsi *Ananas.* que les fruits, & particulierement les ananas, dont l'exterieur ressemble assez à la pomme de pin : Ils sont gros comme des melons, ausquels quelques-uns ressemblent aussi : Leur premiere couleur est entre le verd & le jaune ; mais quand ils sont meurs, le verd se perd entierement : Leur tige n'a pas plus d'un pied & demy de hauteur ; ils sont agreables au goût, & ils laissent à la bouche une odeur d'abricot.

Le Gange. Le Gange est remply d'Isles agreables, où il y a des plus beaux arbres des Indes, & on joüit de leur beauté pendant plus de cinq journées en naviguant sur cette riviere. Il y a dans ces Isles, & en quelqu'autres lieux du Bengale, une espe- *Meina, oyseau.* ce d'oyseau appellé Meina, qu'on estime beaucoup : Il est de la couleur du Merle, & presque aussi gros que le Corbeau ; il a le bec de même, excepté qu'il est jaune & rouge ; il a à chaque côté du col une bande jaune, qui couvre toute la joüe jusqu'au dessous de l'œil ; ses pieds sont jaunes : On luy apprend à parler comme au

Sansonnet,

Sansonnet, il a le ton & la voix de même; mais outre sa voix ordinaire, il en a une plus grosse qui semble venir de fort loin : Il contrefait parfaitement le hannissement du Cheval, & il se nourrit de poix chiches qu'il concasse. J'en ay vû quelques-uns sur la route de Masulipatan à Bagnagar.

Eaux du Gange.

Les Indiens Gentils estiment les eaux du Gange sacrées; ils ont des Pagodes auprés, qui sont les plus belles des Indes, & c'est particulierement en ce païs où l'Idolatrie triomphe : Les deux principales Pagodes sont celle de Jaganat, qui est à une des embouchures du Gange, & celle de la Ville de Banarous, qui est aussi sur le Gange. Il n'y a rien de plus magnifique que ces Pagodes, à cause de la quantité d'or & de pierreries dont elles sont ornées : Il s'y fait des Festes de plusieurs jours, & il y vient des cent mille personnes des autres païs des Indes : Ils portent en triomphe leurs Idoles, & l'on y voit de toutes sortes de superstitions : Elles sont entretenuës par les Bramens qui y sont en grand nombre, & qui y trouvent leur compte.

Pagode de Jaganat.

Pagode de Banarous

Le Grand Mogol boit des eaux du Gange.

Le Grand-Mogol boit ordinairement des eaux du Gange, à cause qu'elles sont beaucoup plus legeres que les autres; & cependant j'ay vû des gens qui asseurent qu'elles causent le flux de ventre, & que les Européens qui sont obligez d'en boire, la font boüillir pour en user. Ce fleuve aprés avoir reçû une infinité de ruisseaux & de rivieres du Septentrion, du Levant & du Couchant, se décharge par plusieurs embouchures dans le Golphe de Bengale, à la hauteur de vingt-trois degrez ou environ, & ce Golphe s'étend depuis le huitiéme degré de latitude jusques sous le vingt-deuxiéme, son ouverture ayant bien huit cens lieuës. Ses côtes à l'Orient & à l'Occident sont bordées de Villes qui appartiennent à divers Souverains, qui y souffrent le trafic des autres Nations, à cause des profits qu'ils en tirent.

Golphe de Bengale.

Costes du Golphe de Bengale.

Mon Indien fait monter le revenu annuel du Mogol en cette Province jusqu'à dix millions; mais j'ay appris d'ailleurs qu'à peine elle luy en rapporte neuf, quoyqu'elle soit bien plus riche que d'autres qui fournissent davantage. La raison que l'on en donne est, qu'elle est située à une des extremitez de l'Empire, & qu'elle est habitée par des peuples capricieux, qu'on est obligé de ménager, à cause de la proximité des Rois ennemis qui pourroient les débaucher s'ils estoient vexez. Le Mogol y envoye les criminels d'Estat qu'il a condamnez à garder la prison toute leur vie, & le Château où on les met est exactement gardé.

Revenu du Mogol au Bengale.

Criminels d'Estat.

CHAPITRE QUARANTE-UNIE'ME.

De la Province de Malva.

MAlva est à l'Occident du Bengale & du Halabas ; l'on y comprend les païs de Raja-Ranas, de Gualear & de Chitor. La Ville de Mando est un des plus beaux ornemens de la Province : Les Mahometans s'en estoient saisis sur les Indiens plus de quatre cens ans avant que les Mogols y vinssent ; & quand ils l'attaquerent, elle estoit en la puissance de Châ-Selim Roy de Dehly. Le Roy Humayon la prit le premier des Mogols, & il en fut chassé ; mais depuis il s'en rendit le maître. Cette Ville est de mediocre grandeur, & a plusieurs portes, dont on estime la structure & l'élevation. La plûpart des maisons sont de pierre, & il y a de belles Mosquées, dont la principale est fort ornée : Un Palais peu éloigné de cette Mosquée, & qui en dépend, sert de Mausolée à quatre Rois qui y sont enterrez, & qui chacun en particulier y ont leur Tombeau ; & il y a tout auprés un Bâtiment fort élevé en forme de tour, qui a des portiques & beaucoup de colonnes.

Province de Malva. *Raja-Ranas.* *Gualear, ville.* *Mando, ville.* *Châ-Selim, Roy de Dehly.*

Quoyque cette Ville qui eſt au pied d'une montagne, ſoit forte par ſa ſituation naturelle, elle a encore des murs & des tours qui la deffendent, avec un grand Château au haut de la montagne, qui eſt eſcarpée & entourée de murailles de ſix à ſept lieuës de circuit. Encore qu'elle ſoit preſentement aſſez belle, elle n'eſt que tres-peu de choſe en comparaiſon de ce qu'elle a eſté autrefois : Il paroiſt par les ruines qui ſont à l'entour qu'elle a eſté beaucoup plus grande qu'elle n'eſt, qu'elle a eu de beaux Temples, & pluſieurs magnifiques Palais ; & ſeize grands Tanquiés ou Reſervoirs que l'on y voit encore pour la conſervation des eaux, marquent qu'elle a eſté dans les premiers temps une Place de grande conſequence.

Château de Mando.

Les ruines de Mando font paroître qu'elle a eſté magnifique.

Cette Province eſt fort fertile, & produit de tout ce qu'il y a dans les autres lieux des Indes. Ratiſpor eſt la Capitale de la Province, & preſentement la Ville la plus marchande de toutes : Elle eſt auſſi ſur une montagne, & c'eſt où le Grand-Seigneur envoye ſes priſonniers d'Eſtat qu'il deſtine à la mort : Ils ſont gardez à veuë dans le Château pendant un certain temps ; & quand le jour eſt venu qu'on les doit faire mourir, on leur fait boire quantité de lait, & on les jette du haut du Château ſur le panchant de la montagne qui eſt heriſſé de pointes de roc, dont les corps de ces miſerables ſont déchirez avant

Ratipor, Capitale de Malva.

Priſonniers d'Eſtat deſtinez à mourir.

qu'ils puissent arriver au fond du precipice.

La Ville de Chitor est aussi tres-fameuse, mais elle est presque ruinée : Elle a long-temps appartenu au Raja-Ranas, qui se disoit de la race du Roy Porus. Quoyque ce Raja eût un Estat considerable & fort, à cause des montagnes dont il est presque entouré, il n'a pû éviter le malheur des autres Princes, & il est tombé comme eux en la puissance des Mogols sous le Regne d'Ecbar. Il y a presentement peu d'habitans à Chitor, les murailles en sont à bas, & il y a quantité de beaux Edifices publics dont on ne voit plus que les ruines. On y distingue pourtant encore celles de cent Temples ou Pagodes, & on y voit plusieurs statuës antiques : Il y a une Forteresse où l'on enferme les Seigneurs de la premiere qualité que l'on a fait arrester pour quelque faute legere : Enfin les restes qui s'y voyent de plusieurs anciens Edifices, marquent que ç'a esté autrefois une fort grande Ville. La situation en est fort agreable, le sommet de la montagne où elle est bâtie est extrémement fertile, & il y a encore quatre Reservoirs ou Tanquiés pour l'usage particulier des habitans. Cette Province a plusieurs autres Villes où le commerce se fait, & le Grand-Mogol en tire plus de quatorze millions.

Chitor.

Raja-Ranas de la race de Porus.

Cent Temples à Chitor.

Antiques.

Seigneurs prisonniers.

Revenu de la Province de Malva.

Il y a dans ce païs deux especes de Chauve-souris, l'une ressemble à celle que nous avons en

Chauve-souris extraordinaire.

Europe : & comme l'autre eſt forr differente ; j'ay pris plaiſir à l'examiner chez une perſonne qui en gardoit une par curioſité. Elle a huit pouces de long, & eſt couverte d'un poil jaunâtre : Elle a le corps rond & gros comme un Canard, ſa teſte & ſes yeux reſſemblent à ceux d'un Chat, & elle a le muſeau pointu comme celuy d'un gros Rat : Ses oreilles ſont pointuës & noires, & n'ont point de poil : Elle eſt ſans queuë, & a ſous les aîles deux tetins gros comme le bout du petit doigt : Elle a quatre jambes ; quelques-uns les appellent des bras, & tous quatre paroiſſent collez au dedans des aîles, qui ſont jointes au corps le long des côtes depuis l'épaule juſqu'en bas : Les aîles ont prés de deux pieds de long, & ſept à huit pouces de large, & ſont d'un cuir noir ſemblable à un parchemin moüillé : Chaque bras eſt gros comme la cuiſſe d'un Chat, & vers la jointure il a preſque la groſſeur du bras d'un homme, & les deux de devant depuis l'épaule juſqu'aux doigts, ont neuf à dix pouces de long : chacun des deux bras eſt encarné dans l'aîle perpendiculairement au corps, & eſt couvert de poil, & finit par cinq doigts qui compoſent une maniere de main : Ces doigts ſont noirs & ſans poil, ils ſont gros comme de la ficelle ordinaire, ils ont les mêmes jointures que les doits de la main de l'homme, & ces animaux s'en ſervent à tenir leurs aîles tenduës quand ils veulent voler. Chaque jambe ou bras de derriere n'est long que d'environ un demy pied, & est aussi attaché à l'aîle paralellement au corps : Il vient jusqu'au bas de l'aîle, hors de laquelle la petite main de ce bras paroist assez semblable à celle de l'homme ; sinon qu'au lieu d'ongles, il y a cinq crochets : Ces bras de derriere sont noirs & velus comme ceux de devant, & sont un peu moins gros. Ces Chauvesouris s'accrochent aux branches des arbres avec leurs ongles ou crochets ; elles volent si haut, qu'on les perd presque de veuë, & il y a des gens qui en mangent, & les trouvent bonnes.

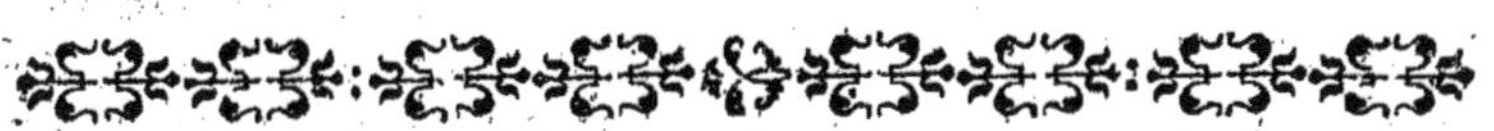

CHAPITRE QUARANTE-DEUXIE'ME.

De la Province de Candich.

LA Province de Candich est au Midy de Malva, & ceux qui ont réduit les Provinces y ont joint le Berar & ce que le Mogol possede de l'Orixa. Ces païs sont d'une grande étenduë, ils sont remplis de Villes & de Bourgs tres-peuplez, & dans tout le Mogolistan il y a peu de païs aussi riches que ceux-cy. Mon Memoire des revenus annuels porte que le Roy Mogol en tire plus de vingt-sept millions. La Ville Capitale

Province de Candich.

Berar.

Orixa.

Revenu annuel du Mogol à Candich.

Brampour, Capitale de Candich. de cette Province eſt Brampour : Elle eſt ſituée au vingt-huitiéme degré de latitude, & eſt éloignée de Sourat environ quatre-vingts lieuës. C'eſt ordinairement un Prince du Sang qui en eſt Gouverneur, ainſi que du reſte de la Province, & Auren-Zeb l'a eſté en ſon temps.

Querelle des ſieurs la Boullaye & Beber contre un Banian. Ce fut où les ſieurs de la Boullaye & Beber envoyez de la Compagnie des Indes, eurent querelle avec des Banians, à qui ils avoient eſté recommandez. Lorſqu'ils arriverent à Brampour, ces Banians vinrent au devant d'eux avec des baſſins remplis de confitures, & de roupies dans les mains. Ces Meſſieurs faute de ſçavoir la coûtume du païs, qui eſt d'offrir des preſens aux étrangers, pour qui l'on a de l'eſtime, & penſant que les vingt-cinq ou trente roupies qu'on leur preſentoit eſtoient une marque qu'on les croyoit pauvres, ſe mirent en colere, dirent des injures aux Banians, & ſe mirent en état de les battre ; ce qui fut preſt de leur cauſer de grandes affaires : S'ils avoient eſté bien informez de la coûtume du païs, ils auroient pris cet argent, & auroient enſuite fait quelque petit preſent aux Banians ; & s'ils ne vouloient pas faire de preſent, ils pouvoient aprés l'avoir pris le leur rendre : ou s'ils ne vouloient pas le prendre, le toucher au moins du bout des doigts, & les remercier honneſtement de leur civilité.

J'arrivay à Brampour par le plus mauvais temps

temps du monde, & il avoit plû si extraordinairement, que les ruës basses de cette Ville estoient pleines d'eau, & il sembloit que ce fussent autant de rivieres. Brampour est une grande Ville, dont le sol est tres-inégal ; il y a des ruës extrémement exaucées, & il y en a d'autres si basses, qu'il semble que ce soient des fossez quand on est dans les hautes ruës. Ces irregularitez de ruës sont si frequentes, qu'elles causent une extréme fatigue. Les maisons n'y sont point belles, parce qu'elles ne sont pour la plûpart bâties que de terre : Elles sont pourtant couvertes de tuiles vernissées, & les diverses couleurs des toicts jointes au verd de quantité d'arbres de differentes espéces, plantez de tous côtez, la rendent assez divertissante : Il y a deux Carvanseras, un destiné à loger les Etrangers, & l'autre à garder l'argent du Roy que les Tresoriers tirent de la Province : Celuy des Etrangers est bien plus spacieux que l'autre, & est quarré, & tous deux font face au Meidan. Cette Place est fort grande, car elle a bien cinq cens pas de long, & trois cens cinquante de large ; mais elle n'est pas agreable, parce qu'elle est remplie de méchantes hutes, où les Fruitiers étalent leurs herbages & leurs fruits.

Le Sol de Brampour.

Maisons de Brampour.

L'entrée du Château est dans ce Meidan, & la porte principale est entre deux grosses tours. Ses murailles ont six à sept toises de

Château de Brampour.

haut ; elles ont par tout des creneaux, & il y a par intervale de grosses tours rondes qui sortent beaucoup en dehors, & ont environ trente pas de diametre. Ce Château enferme le Palais du Roy, & on n'y entre point sans permission.

Palais du Roy à Brampour.

Comme le Tapty passe le long de cette Ville du côté du Levant, il y a une face entiere du Château sur le bord de cette riviere, & en cet endroit les murailles ont bien huit toises de hauteur, parce qu'il y a des galleries assez propres sur le haut, où le Roy quand il est à Brampour vient joüir de la belle veuë, & voir le combat des Elephans qui se fait pour l'ordinaire au milieu de la riviere. Il y a en ce même lieu la figure d'un Elephant de grandeur naturelle : Il est fait d'une pierre rougeâtre & luisante, il a le derriere au fond de l'eau, & panche sur le côté gauche : L'Elephant que cette figure represente mourut en cet endroit, combattant en presence de Châgehan pere d'Aurenzeb, qui voulut ériger un Monument à cette beste, parce qu'il l'aimoit ; & les Gentils le vont barboüiller de couleurs, comme ils font leurs Pagodes.

Monument d'un Elephant.

On ne boit pas ordinairement à Brampour de l'eau du Tapty, parce qu'elle est fort sale ; mais on a recours à un grand bassin quarré qui est dans le Meidan, dont l'eau vient d'une source éloignée, & passe avant que de remplir ce bassin par le Carvansera des Etrangers qu'elle fournit : Elle ſe cache enſuite ſous terre, pour ſe rendre dans le grand baſſin de la Place, qui ſouvent ſe trouve vuide le ſoir, à cauſe de la quantité d'eau que l'on y puiſe tout le jour ; mais il ſe remplit la nuit, & ainſi on n'en manque preſque jamais. Il y a encore quantité de maiſons de l'autre côté du fleuve, & on peut dire qu'elles font une ſeconde Ville.

Le grand trafic de la Province eſt de Toiles de cotton, & il s'en fait un auſſi grand negoce à Brampour, qu'en aucun lieu des Indes : On y en vend de peintes comme par tout ailleurs ; mais l'on eſtime particulierement les blanches, à cauſe du beau mélange d'or & d'argent que l'on y fait, & dont les perſonnes riches font des voiles, des écharpes, des mouchoirs & des couvertures : mais ces Toiles blanches ainſi ornées ſont cheres. Enfin je ne croy pas qu'il y ait de païs dans l'Indoſtan plus abondant en cotton que celuy-cy, qui porte auſſi quantité de ris & d'indigo. Le même trafic ſe fait à Orixa, à Berar, & autres Villes de cette Province.

Toiles blanches mêlées d'or & d'argent à Brampour.

Indigo à Brampour.

CHAPITRE QUARANTE-TROISIE'ME.

De la Province de Balagate.

Province de Balagate.

Revenu annuel du Grand-Mogol à Balagate.

BAlagate est une des riches Provinces du Grand-Mogol, car elle luy rapporte par an vingt-cinq millions : Elle est au Midy de celle de Candich. Pour aller à Aurangeabab qui en est la Capitale, il faut sortant de Sourat par la porte de Daman, marcher droit au Levant, pour reprendre bien-tôt son chemin vers le Sud-Est, & traverser ensuite quelques païs de la Province de Benganala & de celle de Telenga. Je vis une partie du Balagate, allant à Golconde. Pour faire ce voyage je loüé deux chariots, un pour moy, & l'autre pour mes hardes & mon valet : Je payay environ dix-sept écus pour chariot par mois, & je pris deux Pions à mon service, à chacun desquels je donnay deux écus par mois, & par jour deux sols six deniers pour vivre, comme c'est la coûtume. Ces gens sont toûjours à côté du chariot ou de la charette de leur maître, afin de la soûtenir dans les mauvais chemins si elle panche : Quand on arrive en quelque lieu pour se reposer, ils font toutes choses, excepté la cuisine ; mais ils ne veulent point se

Paye des Pions.

Les Pions font tout, excepté la cuisine.

hasarder à apprester des viandes dont les gens de leur Secte ne mangeroient pas : Au reste on tire d'eux tout le service que l'on veut ; ils vont acheter ce qui est necessaire, ils gardent les hardes de leur maître avec exactitude, & font sentinelle toute la nuit ; ils portent l'épée & le poignard, ils ont avec cela l'arc, le mousquet ou la lance, & sont toûjours prests à combattre contre toutes sortes d'ennemis. Il y en a de Mores & de Gentils Raspoutes : Je pris des Raspoutes, parce que je sçavois qu'ils servent mieux que les Mores qui sont superbes, & ne veulent pas qu'on se plaigne d'eux, quelque sotise ou quelque tromperie qu'ils fassent.

Armure des Pions.

Pions Gentils, valent mieux que les Mores.

Je fis ce voyage en la compagnie de Monsieur Bazou Marchand François, homme d'esprit & tres-honneste, qui avoit pris dix charettes ou chariots, & quatorze Pions pour luy, pour ses gens & pour ses marchandises : Nous étions huit Francs de compagnie, & il y avoit en tout quarante-cinq hommes. Nous partîmes de Sourat sur le soir, & allâmes camper prés le Jardin de la Reine qui est hors la porte de Daman : Si-tôt que nous y fûmes, nous fimes venir de la Ville toutes les provisions qui nous manquoient, parce qu'autrement nous eussions fait tres-mauvaise chere durant le voyage. Les Gentils qui sont les vendeurs de denrées, ne veulent fournir ny poules, ny œufs aux voyageurs, & on ne trouve au lieu

Voyage de Sourat à Aurangeabad.

de pain ordinaire, que des foucasses ou galettes peu cuites ; si bien qu'il ne faut pas manquer à se pourvoir de biscuit dans Sourat.

Arbres Wars. Manguiers. Mahova. Quiesou. Baboul.

Le païs que nous vîmes depuis Sourat jusques à Aurangeabad, est extrémement diversifié : Il y a quantité de Wars, de Manguiers, de Mahova, de Quiesou, de Baboul, & autres sortes d'arbres ; & j'y vis même du Querzeheray, dont j'ay traité en mon Livre de la Perse.

Querzeheray, second Volume.

Merous, Vaches sauvages.

On y voit quantité de Gazelles, de Lievres & de Perdrix : & il y a aussi vers les montagnes des Merous, ou Vaches sauvages. La plûpart des terres sont à labour, & le ris dont les campagnes sont couvertes, est le plus beau qu'il y ait au reste des Indes, particulierement vers Naopoura, où il a un goût odoriferent qui n'est pas dans celuy des autres païs. On y fait aussi quantité de coton : Il y a des canes de sucre en divers endroits, & les gens à qui elles appartiennent ont tous leur moulinet pour briser les canes, & un fourneau pour en cuire le suc.

Campemens dans la route de Sourat à Aurangeabad.

On trouve de temps en temps des montagnes qui font beaucoup de peine à traverser, mais il y a de belles plaines qui sont arrosées de plu-

Barnoly Bourg, à cinq lieuës de Sourat. Balor Village, à 4. l. de Barnoly. Biara Village, à 3. l. & dem. de Balor. Charca Village, à 2. l. & dem. de Biara. Naopoura Ville, à 6. l de Charca. Quanapour Village, à 6. l. de Naopoura. Pipelnar Ville, à 6. l. de Quanapour. Tarabat Village, à 4. l. de Pipelnar. Setana Bourg, à 4. l. & dem. de Tarabat. Omrana Village, à 5. l. & dem. de Setana. Enquitenqui, à 6 l. d'Omrana. Deotcham Ville, à 6. l. d'Enquitenqui. La Sour Ville, à 6. l. de Deotcham. Aurangeabad, à 8. l. de la Sour.

ſieurs rivieres & de quantité de ruiſſeaux. Il y a dans cette route quatre Villes, & trente-quatre ou trente-cinq tant Bourgs, que Villages aſſez peuplez. On rencontre pluſieurs Tchoguis ou Gardes de chemins qui exigent de l'argent des paſſans, quoyqu'il ne leur ſoit rien dû : Nous donnâmes aux uns, & refusâmes aux autres, mais le tout va à peu de choſe.

Il y a des Pagodes dans la plûpart des lieux habitez, & nous trouvions de temps en temps des charettes pleines de Gentils qui venoient d'y faire leurs devotions. La premiere Pagode que je vis eſtoit à côté d'un grand War, & il y avoit devant la porte un Bœuf de pierre, qu'un Gentil qui parloit Perſien, me dit eſtre la figure du Bœuf qui ſervoit de monture à leur Dieu Ram. Nous trouvâmes encore pluſieurs Pagodes de même ; mais nous en vîmes d'autres qui ne conſiſtoient qu'en une ſeule pierre haute d'environ ſix pieds, où la figure d'un homme eſt taillée en relief : Il y a auſſi beaucoup de Reſervoirs & de Carvanſeras ; mais nous aimions mieux camper, que d'y loger, à cauſe de leur ſaleté.

Bœuf, ſervit de monture au Dieu Ram.

Comme nous eſtions campez prés du Bourg de Setana ſous des Manguiers peu éloignez d'une petite riviere qui prend le nom même de Setana, preſqu'à my-chemin de Sourat & d'Aurangeabad, nous rencontrâmes Monſieur l'Evêque d'Heliopolis, ſi eſtimé dans les Indes pour

Setana, Bourg.

L'Evêque d'Heliopolis.

sa pieté & pour son zele : il estoit accompagné de Monsieur Champson, & d'un Pere Cordelier Espagnol, qui avoit laissé à Siam Monsieur l'Evêque de Barut, avec plusieurs Ecclesiastiques qui travailloient à la conversion des Gentils. Cét Evêque s'en alloit à Sourat pour repasser en France, d'où il esperoit amener de nouveaux Missionnaires ; & le Pere Cordelier venoit de la Chine, où il avoit demeuré quatorze ans : Nous rencontrâmes incessamment des Caravanes de Bœufs & de Chameaux dans nôtre route, & j'en vis qui venoient d'Agra où il y avoit plus de mille Bœufs chargez de toiles de coton. Enfin nous arrivâmes l'onziéme Mars à Aurangeabad, qui est éloigné de Sourat de soixante & quinze lieuës que nous fimes en quatorze jours.

L'Evêque de Barut.

Caravane de plus de mille Bœufs.

Aurangeabad, Capitale de Balagate.

Cette grande Ville qui est la Capitale de la Province, est sans murailles : Le Gouverneur qui ordinairement est un Prince, y fait sa demeure, & le Roy Auran-Zeb y a commandé aussi long-temps qu'à Candich durant le Regne de son pere. Sa premiere femme qu'il aimoit beaucoup, mourut en cette Ville : Il luy fit bâtir pour sepulture une belle Mosquée couverte d'un dôme, & accompagnée de quatre minarets ou clochers. La pierre dont elle est faite, est polie & blanche, & plusieurs gens croyent que c'est du marbre ; mais elle n'en a ny la dureté, ny l'éclat. Il y a encore en cette Ville plusieurs au-

Sepulture de la premiere femme d'Auran-Zeb.

tres

tres Mosquées assez belles, & elle ne manque pas de places publiques, de Carvanseras & de Bains : Les bâtimens sont pour la plûpart de pierre de taille, & assez élevez : Il y a dans les ruës contre les maisons quantité d'arbres ; les jardins y sont agreables & bien cultivez : On y trouve plusieurs rafraîchissemens de fruits, de raisins & d'herbages : Il y a des Moutons sans cornes qui sont si forts, qu'ils souffrent la selle & la bride, & portent des enfans de dix ans par tout où ils veulent aller. Cette Ville est marchande & bien peuplée, & les terres où elle est située sont excellentes : Quoyqu'il ne fût que le commencement du mois de Mars, nous y trouvâmes tous les bleds coupez. J'y vis des Singes dont on faisoit grand cas, & qu'un homme avoit apportez de Ceilan : On les estimoit, parce qu'ils n'estoient pas plus gros que le poing, & qu'ils sont d'une espece differente des Singes ordinaires : Ils ont le front plat, les yeux ronds & grands, jaunes & clairs comme ceux de certains Chats : Leur museau est fort pointu, & le dedans des oreilles est jaune : Ils n'ont point de queuë, & leur poil ressemble à celuy des autres Singes. Quand je les examinay, ils se tenoient sur leurs pieds de derriere, & s'embrassoient souvent, regardant fixement le monde sans s'effaroucher : Leur maître les appelloit des hommes sauvages.

Moutons qui souffrent la selle & la bride.

Singes extraordinaires.

CHAPITRE QUARANTE-QUATRIE'ME.

Des Pagodes d'Elora.

Pagodes d'Elora. ON m'avoit fait à Sourat grande eſtime des Pagodes d'Elora ; c'eſt pourquoy je les voulus voir ; & je ne fus pas plûtôt arrivé à Aurangeabad, que je fis chercher un Interprete pour m'y accompagner : mais comme il fut impoſſible d'en rencontrer, je reſolus de faire ſeul avec mes gens ce petit voyage. Et parce que mes Bœufs eſtoient las, je loüay une petite charette attelée pour m'y porter, & je pris encore deux Pions que je joignis à ceux que j'avois : Je leur donnay à tous quatre chacun trente ſols, & ayant laiſſé mon valet pour la garde de mes hardes, je partis ſur les neuf heures du ſoir. On me dit qu'il y avoit quelque danger de rencontrer des voleurs ; mais comme j'étois bien armé, & que mes gens l'étoient auſſi, cét avis ne m'étonna point, & j'aimé mieux haſarder un peu, que de manquer l'occaſion de voir ces Pagodes ſi renommées par toutes les Indes : Nous allâmes doucement, à cauſe des inégalitez de la campagne ; nous arrivâmes auprés de Doltabad ſur les deux heures aprés minuit, & nous nous y reposâmes juſqu'à cinq heures du matin.

Il fallut monter une montagne tres-rude & difficile pour les Bœufs, quoyque le chemin taillé dans le roc ſoit preſque par tout uny comme s'il eſtoit pavé de pierre de taille, & il y a ſur le bord une muraille qui eſt épaiſſe de trois pieds, & haute de quatre, pour empêcher que les charettes & les chariots ne tombent dans la campagne s'ils renverſoient. Mes Pions pouſſerent la charette de toute leur force, & ils ne ſervirent pas moins que les Bœufs pour la faire arriver au haut de la montagne. Quand j'y fus, je vis une tres-grande plaine de bonne terre bien cultivée, avec grand nombre de Villages & de Bourgs, accompagnée de jardins, de quantité d'arbres fruitiers & de bois : Nous cheminâmes au moins une heure dans les terres labourées, & j'y vis de fort beaux Tombeaux qui avoient pluſieurs étages, & eſtoient couverts de dômes faits de larges pierres griſes ; & ſur les ſept heures & demie aprés avoir paſſé prés d'un grand Tanquié, je mis pied à terre auprés d'une grande cour pavée de ces mêmes pierres. J'y entray, & l'on m'obligea à quitter mes ſouliers : J'y trouvay d'abord une petite Moſquée, où je vis le Biſmillâ des Mahometans écrit au deſſus de la porte : Cette inſcription ſignifie, au Nom de Dieu. La Moſquée n'avoit de jour que par cette

Beau chemin dans une montagne.

Beaux Tõbeaux à Elora.

Grande cour vers Elora, où il faut quitter les ſouliers.

porte ; mais elle estoit éclairée de quantité de lampes, & il y avoit plusieurs vieillards qui m'inviterent à y entrer : ce que je fis. Je n'y vis rien de singulier que deux Tombeaux couverts de tapis : J'étois extrémement mortifié de n'avoir point d'Interprete, car j'aurois sçû beaucoup de particularitez dont il fallut me priver.

A quelque espace au delà je descendis durant plus de demy heure avec mes Pions vers le Couchant par un rocher dans une autre plaine tres-profonde. J'y vis d'abord des Chapelles fort élevées, & j'entray dans un portique taillé dans le rocher qui est d'un gris noirâtre, & à chaque côté de ce portique il y a une figure d'homme gigantesque taillée du roc même, & les murailles sont toutes couvertes d'autres figures de relief taillées aussi dans le roc. Quand j'eus passé ce portique, je trouvay une cour quarrée qui a cent pas de longueur, & autant de largeur : Les quatre murailles sont le roc même qui est haut de dix toises en cét endroit, & est perpendiculaire au Plan, & taillé aussi uny que si c'étoit du plâtre où la truelle eût passé. Je voulus avant toutes choses visiter les dehors de cette cour, & je vis que ses murailles, ou plûtôt le rocher est suspendu, & qu'on l'a creusé en dessous ; en sorte que le vuide y fait une gallerie haute de prés de deux toises, & large de quatre à cinq : Elle a le rocher pour platfond, & elle

Figures gigantesques d'hômes taillées dans le roc.

Gallerie dans le roc.

n'est soûtenuë que sur un rang de colonnes taillées dans le roc, & éloignée du fond de la gallerie environ une toise, en sorte qu'il semble que ce soient deux galleries. Tout y est fort bien taillé, & certainement c'est une merveille de voir une si grande masse en l'air, qui paroist si peu appuyée, qu'on ne peut s'empêcher de fremir lorsqu'on y entre.

Colonnes taillées dans le roc.

Masse de rocher en l'air.

Au milieu de la cour il y a une Chapelle, dont les murailles sont couvertes de figures en relief dedans & dehors : Elles representent diverses sortes de bestes, comme Griffons & autres qui sont taillées dans le roc : On voit à chaque côté de la Chapelle une pyramide ou aiguille plus large par la base, que celles qui sont à Rome ; mais ces aiguilles ne sont pas pointuës, & sont prises du rocher même, & il y a quelques caracteres qui me sont inconnus. L'aiguille qui est à gauche, est accompagnée d'un Elephant de grandeur naturelle, pris du roc comme tout le reste ; mais sa trompe a esté rompuë. Quand je fus à l'extremité de la cour, je trouvay deux escaliers taillez dans le roc ; & je montay avec un petit Bramen qui paroissoit avoir beaucoup d'esprit : Estant au haut, j'apperçûs une maniere de plateforme, si toutefois on peut appeller plateforme, l'espace d'une lieuë & demie, ou de deux lieuës, remplie de superbes Tombeaux, de Chapelles & de Temples qu'on appelle

Diverses figures antiques dans une Chapelle.

Belle pyramide.

Aiguille avec un Elephant.

Pagodes d'Elora.

Pagodes, taillez dans le rocher. Le petit Bramen me mena par toutes les Pagodes que le peu de temps que j'avois me permit de voir : Il me montra avec une cane toutes les figures de ces Pagodes, il me dit leur nom, & par quelques mots Indiens que j'entendis, je conçû bien qu'il me raconta leur histoire en abregé ; mais comme il ne sçavoit point le Persien, ny moy l'Indien, je n'en pûs rien apprendre qui eût quelque suite.

Grand Temple bâty dans le roc mesme.

J'entray dans un grand Temple bâty dans le rocher ; la couverture en est plate, & ornée de figures en dedans ainsi que les murailles : Il y a dans ce Temple huit rangs de colonnes en longueur, & six rangs en largeur, qui sont éloignées l'une de l'autre de plus d'une toise.

Ce Temple est divisé en trois parties : La nef qui contient les deux tiers & demy de la longueur, est la premiere partie, & est également large par tout ; le chœur qui est plus étroit, fait la seconde partie ; & la troisiéme qui est le fond du Temple, est la plus petite, & ne paroist que comme une Chapelle, au milieu de laquelle on voit sur une base fort élevée un Idole gigantesque, qui a la teste grosse comme un de nos tambours, & le reste à proportion. Toutes les murailles de la Chapelle sont couvertes de figures gigantesques en relief, & tout autour du Temple en dehors il y a plusieurs petites Cha-

Idole gigantesque

pelles ornées aussi de figures de grandeur ordinaire en relief, representant des hommes & des femmes qui s'embrassent.

Figures d'hommes & de femmes.

Je sortis de ce lieu, & j'allay dans plusieurs autres Temples de diverses structures, bâtis aussi dans le roc, & remplis de figures, de pilastres, & de colonnes : Je vis trois Temples les uns sur les autres qui n'ont qu'une façade pour tous trois; mais elle est partagée en trois étages, soûtenus d'autant de rangs de colonnes, & il y a à chaque étage une grande porte pour le Temple : Les escaliers sont pris dans le roc. Je ne vis qu'un Temple qui fût voûté, & j'y trouvay une chambre, dont le principal ornement est un puits quarré, taillé dans le roc, & remply d'une eau vive, qui n'est qu'à deux ou trois pieds de la bouche du puits. Il y a quantité d'autres Pagodes le long du roc, & l'on ne voit autre chose durant plus de deux lieuës : Elles sont toutes dediées à quelque Saint des Gentils, & la figure du faux Saint à qui chacune est dediée, est sur une base au fond de la Pagode.

On ne voit que Pagodes durant plus de deux lieuës.

Je vis dans ces Pagodes plusieurs Santons ou Sogues sans habits, excepté aux parties du corps qu'il faut cacher : Tous estoient couverts de cendre, & on me dit qu'ils laissent venir leurs cheveux aussi longs qu'ils peuvent croître. Si j'avois pû demeurer longtemps en ces quartiers-là, j'aurois vû tout le reste des Pagodes, & j'aurois fait telle diligence, que j'aurois trouvé quelqu'un qui m'eût informé exactement de toutes choses ; mais il fallut me contenter d'apprendre sur cela la tradition des Gentils d'Aurangeabad, qui me dirent à mon retour que toutes ces Pagodes grandes & petites, avec leurs ouvrages & ornemens, ont esté faites par des Geans, & que l'on ne sçait pas en quel temps.

Temps de la cōstruction des Pagodes.

Quoyqu'il en soit, si l'on considere cette quantité de Temples spacieux, remplis de pilastres & de colonnes, & de tant de milliers de figures, & le tout taillé dans le roc vif, on peut dire avec verité que ces ouvrages surpassent la force humaine ; & qu'au moins les gens du siecle dans lequel ils ont esté faits, n'estoient pas tout-à-fait barbares, quoyque l'Architecture & la Sculpture n'y soient pas aussi delicates que chez nous. Je n'employay que deux heures à voir ce que je viens d'écrire, & on peut juger qu'il m'auroit fallu plusieurs jours pour examiner tout ce qu'il y a de rare : mais comme je n'avois pas ce temps-là, parce qu'il falloit me haster si je voulois trouver encore ma compagnie à Aurangeabad, j'interrompis ma curiosité, & j'avouë que ce fut avec regret. Je remontay pour cela dans mon chariot que je trouvay devant un Village appellé Rougequi, d'où je me rendis à Sultanpoura petite Ville, dont les Mosquées & les maisons sont bâties de pierre de taille noirâtre, & les

Milliers de figures.

Rougequi.

Sultanpoura.

les ruës en ſont auſſi pavées. A quelque eſpace de là, je rencontray cette décente ſi difficile dont j'ay parlé ; & enfin aprés avoir marché environ trois heures depuis nôtre départ d'Elora, nous nous reposâmes une heure ſous des arbres auprés des murailles de Doltabad, que je conſideray autant que je pûs.

CHAPITRE QUARANTE-CINQUIE'ME.

De la Province de Doltabad, & des Sauts perilleux.

CEtte Ville eſtoit la Capitale de Balagate avant que les Mogols l'euſſent conquiſe : Elle eſtoit alors du Decan, & il y avoit un grand commerce ; mais il eſt preſentement à Auran-geabad, où le Roy Auran-Zeb fit tous ſes efforts pour le tranſporter lorſqu'il en fut Gouverneur. La Ville eſt mediocrement grande ; elle s'étend du Levant au Couchant, elle a beaucoup plus de longueur que de largeur, & elle eſt ceinte de murailles de pierre de taille, avec des creneaux & des tours garnies de canons. Mais quoyque ſes murailles & ſes tours ſoient bonnes, ce n'eſt pas ce qui luy acquiert l'eſtime qu'elle a de la

Doltabad.

Commerce tranſporté de Doltabad à Aurangeabad.

Montagne fortifiée dans Doltabad

plus forte Place du Mogol : C'est une montagne de figure ovale que la Ville entoure de tous les côtez, qui est fortifiée par tout, & qui est même ceinte par sa base d'un mur de roc vif fort uny, & qui a à son sommet un bon Château, dans lequel est le Palais du Roy. Voilà tout ce que je pûs voir du lieu où j'étois en dehors : mais j'appris ensuite d'un François qui avoit demeuré deux ans en cette Ville, qu'outre ce Château, il y a encore trois petites Forteresses dans la Ville au pied de la montagne, dont l'une s'appelle Barcot, l'autre Marcot, & la troisiéme Calacot. Le mot *Cot* en Indien veut dire Forteresse ; & à cause de toutes ces fortifications, les Indiens croyent que cette Place est imprenable. J'employay deux heures & demie à venir de Doltabad à Aurangeabad, qui n'en est éloigné que de deux lieuës & demie. Je traversay cette derniere Ville pour la troisiéme fois, & j'arrivay une heure aprés au lieu où ma compagnie estoit campée : Elle attendoit pour partir un billet du Doüannier, qu'on ne pût avoir ce jour là, à cause qu'il estoit Vendredy, & que ce Doüannier qui est Mahometan, festoit ce jour avec une grande exactitude.

Cot. Barcot. Marcot. Calacot.

Il y a encore soixante & dix lieuës depuis Aurangeabad jusqu'à Calvar, qui est le dernier Bourg ou Village du Mogol, à la frontiere du Royaume de Golconde. Nous trouvâmes huit

Calvar.

Villes grandes ou petites avant que d'arriver à Calvar, à sçavoir Ambar, Achty, Lasana, Nander, Lisa, Dantapour, Indour, Condelvaly & Indelvay ; & ce païs est si peuplé, que nous rencontrâmes incessamment des Bourgs & des Villages à nôtre route. A une heure & demie d'Aurangeabad nous campâmes sous le plus grand arbre Var que j'aye vû dans les Indes : Il est tres-haut, il a des branches de dix toises de long, & sa circonference est de plus de trois cens trente de mes pas. Ses branches sont si chargées de Pigeons, qu'on en pourroit remplir plusieurs colombiers si on osoit en prendre ; mais il est deffendu, parce qu'ils sont des plaisirs du Prince. Il y a une Pagode sous cet arbre & plusieurs Tombeaux, & il y a tout auprés un jardin planté de Citronniers.

Lasana.

Beau Var.

Nous vîmes un magnifique Tanquié à la Ville d'Ambar. Il est quarré, & revêtu de trois côtez de pierre de taille, avec de beaux degrez : au milieu du quatriéme côté il y a un Divan, qui avance dans l'eau environ deux toises ; il est couvert de pierres, & soûtenu de seize colonnes hautes d'une toise : Il est au pied d'une belle maison, d'où l'on descend dans ce Divan pour y prendre le frais, & se divertir par deux jolis escaliers qui sont à ses côtez. Il y a auprés du Divan une petite Pagode sous-terraine, qui reçoit le jour par la porte & par un soûpiral quarré,

Amber.

& il y a ordinairement beaucoup de devots, à cause de la commodité de l'eau. Nous trouvâmes dans nôtre route quantité de Cavalerie qui alloit à Aurangeabad, où estoit le rendez-vous d'une Armée qui devoit marcher contre le Viziapour.

Nander.

Sauts perilleux extraordinaires.

A cinq lieuës de la Ville de Nander, auprés d'un Village appellé Patoda, nous eûmes le divertissement des sauts perilleux : Il y avoit un grand concours de peuple, & on nous y donna place en un lieu élevé à l'ombre d'un grand arbre, d'où il nous fut aisé de voir tous les jeux. Les sauteurs firent tout ce que font les danceurs de corde en Europe, & beaucoup davantage : Ces gens sont souples comme du linge, ils se plient tout le corps en boule, & on les roule avec la main. Les plus beaux tours se firent par une fille de treize à quatorze ans, qui joüa durant plus de deux heures. Entre les tours qu'elle fit, celuy-cy me parut extrémement difficile : Elle s'assit à terre, tenant de travers en sa bouche une longue épée trenchante ; elle prit de la main droite son pied gauche, & le fit venir devant sa poitrine, puis elle le porta à son côté gauche, & sans quitter ce pied, elle passa sa teste sous son bras droit, & conduisit en même temps son pied le long de ses reins : Elle le fit passer ensuite par dessous son seant, & par dessus la jambe droite quatre ou cinq fois de ſuite, ſans ſe repoſer, eſtant toûjours au haſard de ſe couper le bras ou la jambe avec le taillant de l'épée : & elle fit la même choſe du pied droit avec la main gauche.

Durant qu'elle faiſoit ce tour, on creuſa dans la terre une foſſe de deux pieds de profondeur, que l'on emplit d'eau. Auſſi-tôt que la fille ſe fut reposée, on jetta dans la foſſe un petit crochet fait comme un agraffe, afin qu'elle le retirât avec le nez ſans le toucher des mains : Elle mit les deux pieds ſur les bords de la foſſe, & ſe renverſa en arriere, ſe soûtenant ſur les deux mains, qu'elle poſa ſur chaque côté de la foſſe où elle avoit eu les pieds. Elle s'enfonça dans l'eau la teſte en bas, pour chercher le crochet avec le nez : Elle le manqua la premiere fois ; mais ayant fait remplir la foſſe d'eau, elle s'y renverſa une ſeconde fois, & ſe soûtenant ſeulement ſur la main gauche, elle fit le ſigne de la main droite qu'elle avoit trouvé ce qu'elle cherchoit, & elle ſe releva avec l'agraffe au nez.

Il y eut enſuite un homme qui mit cette fille ſur ſa teſte, & courut de toute ſa force par la place ſans qu'elle branlât : L'ayant miſe à bas, il prit un gros pot de terre, pareil à ceux dont les filles des Indes ſe ſervent pour puiſer de l'eau, il eſt rond ; il le mit ſur ſa teſte, l'orifice en haut. La fille monta deſſus, & il la promena par la place avec la même ſeureté qu'il avoit fait ſans pot : Ce qu'il fit encore deux fois, aprés avoir mis la bouche du pot en bas, & puis de côté. Et il fit voir la même dexterité dans un bassin, où il tourna le même pot des trois façons : Il retourna ensuite le bassin, & le renversa sur sa teste avec le pot dessus. La fille y fit les mêmes experiences. Et enfin ayant posé dans le bassin au dessus de sa teste une colonne de bois haute d'un pied, & grosse comme le bras, il fit mettre la fille toute droite dessus la colonne, & se promena comme auparavant : Elle ne s'y tenoit quelquefois que sur un pied, prenant l'autre en sa main, & d'autrefois elle se baissoit sur ses talons, & s'asseyoit, sans que la promenade cessât. Il prit fantaisie au promeneur d'ôter le bassin de dessous la colonne, & de le mettre sur le chapiteau, pour y faire voir la fille : Puis changeant de jeu, il mit dans le bassin quatre petits piliers hauts de quatre pouces, disposez en quarré, avec chacun une planchette large de deux pouces, & par dessus ces planchettes quatre autres petits piliers, avec encore quatre planchettes, le tout faisant deux étages sur le bassin, soûtenu de la grande colonne : & cette fille s'étant mise sur ce dernier étage, il la promena par la place avec la même vitesse que les autres fois, sans qu'elle marquât aucune peur de tomber, quoyqu'il fit beaucoup de vent. Ces gens firent cent autres tours de souplesse que je n'écriray point, de peur d'estre ennuyeux, & je diray seulement que les plus beaux que je vis se firent par des filles. Nous leur donnâmes en les quittant trois roupies, & ils nous souhaiterent mille biens : Nous les fismes venir sur le soir à nôtre camp ; ils nous divertirent encore beaucoup, & ils gagnerent deux autres roupies.

L'Ila, ville. *Indour, ville.*

Nous allâmes de là aux Villes de l'Ila & Dentapour, & quelques jours aprés nous arrivâmes à celle d'Indour qui appartient à un Raja, qui ne reconnoît le Mogol qu'autant qu'il luy plaît ; parce que quand il veut, il est appuyé du Roy de Golconde, & quand il y a guerre, il se met toûjours du party du plus fort. Il vouloit nous faire payer deux roupies par charette ; mais aprés avoir bien disputé, nous n'en payâmes qu'une, & nous nous en allâmes. Nous vinsmes devant un Village qu'on appelle Bisetpoury ; & comme nous apprîmes qu'il y avoit prés de là sur le haut d'une montagne une fort belle Pagode, nous descendîmes de nos voitures pour l'aller voir,

CHAPITRE QUARANTE-SIXIE'ME.

De Chitanagar.

Pagode de Chitanagar. ON appelle cette Pagode Chitanagar : Le Temple est quarré oblong ; il y a quarante-cinq pas de longueur, vingt-huit de largeur, & trois toises de hauteur : Il est bâty d'une pierre de même espece que la thebaïque. *Beau Temple de Chitanagar.* Il y a une base haute de cinq pieds qui regne tout autour ; elle est chargée de diverses bandes & cordons, & ornée de roses & de dentelures aussi delicatement travaillées, que si elles estoient faites en Europe. *Architecture du Temple de Chitanagar.* Il y a une belle façade, avec son architrave, sa corniche & son fronton : Elle est ornée de colonnes & de beaux medaillons, où il y a des figures de bestes en relief, & en quelques-uns des figures humaines. Nous visitâmes ensuite le dedans : *Disposition du Temple de Chitanagar.* La disposition de ce Temple est comme celle d'Elora ; il a sa nef, son chœur & sa Chapelle du fond. Je n'apperçûs dans la nef & le chœur que les quatre murailles ; mais l'éclat de la pierre dont elles sont bâties, en rend l'aspect fort agreable : *Il sofitto.* Le platfond est de pareille pierre, & a en son milieu une grande rose bien taillée. Ce lieu, comme les autres Pagodes,

Pagodes, ne reçoit le jour que par la porte : Dans chaque côté de la muraille du chœur, il y a un trou quarré large d'un pied, qui va obliquement comme une cannoniere, & au milieu de l'épaisseur une vis de fer, grosse comme la jambe & fort longue, qui entre perpendiculairement dans la muraille comme un barreau ; & j'appris que ces fers devoient servir à attacher des cordes, pour soûtenir ceux qui feroient les jeunes volontaires de sept jours ou de davantage. On voit dans le milieu de la Chapelle qui est au fond, un Autel de même pierre que les murailles : Il est taillé à plusieurs étages, & il est orné par tout de dentelures, de roses & autres enjolivemens d'Architecture, & en bas à chaque face il y a trois testes d'Elephans. On avoit preparé une base de même pierre que l'Autel pour poser l'Idole de la Pagode ; mais comme le bâtiment n'a point esté achevé, l'Idole n'y a point esté mis.

Lieu des penitens.

Quand je fus descendu, j'apperçûs au pied de la montagne du côté du Levant un bâtiment, duquel on ne m'avoit point parlé : J'y allay seul avec mes Pions ; mais je n'y trouvay qu'un Palais commencé, dont les murailles estoient de la même pierre que celle de la Pagode : Chaque seuil de porte est d'une piece qui a une toise & demie de long : Tout est bâty de fort grandes pierres, & j'en mesuray une qui

Beau bâtiment proche de Chitanagar.

Tres-grand Reservoir avoit plus de quatre toises en longueur. Il y a auprés de ce bâtiment un Reservoir aussi large que la Seine à Paris ; mais si long, qu'en quelque lieu élevé que je montasse pour voir sa longueur, je ne la pûs découvrir. On a fait dans ce Reservoir un autre petit Tanquié de sept à huit toises en quarré, qu'on a enfermé de murailles ; & comme ces eaux sont au bas du logis, on y descend par un grand escalier : & à cent cinquante pas en avant dans le grand Reservoir au devant de la maison, on a bâty un Divan ou Quiochque quarré, large de huit à dix toises, dont le pavé est relevé au dessus de l'eau d'environ un pied. Ce Divan est bâty & couvert de la même pierre dont est faite la maison, il est soûtenu de seize colonnes d'une toise & demie de haut, c'est à dire de quatre à chaque face.

Comme ma compagnie marchoit toûjours, je n'employay qu'une demy-heure à voir ce bâtiment, qui merite bien qu'on luy donne plusieurs heures, tant pour en examiner le dessein, la qualité des pierres, leur taille, leur poly, leur grandeur, que pour en considerer l'Architecture qui est d'un fort bon goût ; & quoyqu'on ne puisse pas dire absolument qu'elle soit d'aucun de nos ordres, elle approche fort du Dorique. Le Temple & le Palais s'appellent Chitanagar, c'est à dire la Dame Chita, à cause que la Pagode

Architecture de bon goût à Chitanagar.

Chita.

est dediée à Chita femme de Ram : J'appris que l'un & l'autre avoient esté commencez par un riche Raspoute, qui par sa mort a laissé le Temple & le Logis imparfaits. Au reste j'ay remarqué tant aux anciens bâtimens des Indes, qu'aux modernes, que les Architectes font la base, le fust & le chapiteau de leurs colonnes d'une seule piece.

Nous passâmes ensuite par la Ville d'Indelvaï, de laquelle il n'y a rien de particulier à dire, sinon qu'on y fait quantité d'épées, de poignards & de lances, qui se distribuent par toutes les Indes, & ils en tirent le fer d'une mine qui est prés de la Ville, à la montagne de Calagatch. Cette Ville estoit alors presque vuide d'habitans, parce qu'ils s'estoient retirez plus avant dans le païs, à cause du frere de Sivagi qui faisoit des courses jusques chez eux. Nous campâmes au delà d'Indelvaï, & le lendemain qui estoit le vingt-sixiéme de Mars aprés avoir cheminé quatre heures, & avoir passé par des montagnes les plus agreables du monde, à cause des arbres de diverses especes dont elles sont couvertes, nous arrivâmes à Calvar qui est le dernier Village du Mogol. Il est éloigné d'Aurangeabad d'environ quatre-vingts-trois lieuës, que nous fimes en quinze jours.

Campemens sur la route d'Aurangeabad jusqu'à Calvar.

Tchequel-Cané à une lieuë & demie d'Aurangeabad. Ambar, ville. Rovilagherd, à 6. l. de Tchequel-Cané. Dabolquera, à 5. l. de Rovilagherd. Achti ville, à 8. l. de Dabolquera. Manod, à 6. l. d'Achti. Parboni ville, à 5. l. de Manod. Pourna-Nadi riviere. Lazana ville, à 6. l. de Parboni. Nander ville, à 5. l. de Lazana. Guenga Gange, riviere. Patoda ville, à 5. l. de Nander. Condelvaï, à 9. l. de Patoda. Mandgera riviere. Lila ville. Dentapour ville. Indour ville, à 9. l. de Condelvaï. Coulan riviere. Indelvaï ville, à 4. l. d'Indour, Calvar, à 4. l. d'Indelvaï.

Je décriray le reste de la route de Golconde quand je traiteray du Royaume. Celle dont je viens de parler depuis Aurangeabad est diversifiée de plaines & de montagnes : Toutes les plaines sont de bonne terre, les unes semées de ris, & les autres remplies de cottons, & plantées de Tamarins, de Vars, de Cadjours, de Manguiers, de Quesous & autres ; & toutes ces terres sont arrosées de plusieurs rivieres qui serpentent de tous côtez, & même de Tanquiés, d'où l'on tire l'eau dans les terres par le moyen des Bœufs : & je vis un de ces Reservoirs à Dentapour, qui est large de la portée d'un mousquet, & long de sept à huit cens pas Geometriques. Nous fûmes incommodez presque dans toute la route d'éclairs, de tourbillons, de pluyes & de gresles de la grosseur d'avelines & d'œuf de poule ; & quand tout cela manquoit, on entendoit des tonnerres sourds qui duroient des journées & des nuitées entieres. Nous rencontrâmes par tout de la Cavalerie destinée contre le Viziapour, dont le Roy refusoit d'envoyer au Grand-Mogol le tribut qu'il a coûtume de luy payer.

Greslons fort gros.

Cavalerie Mogole contre le Viziapour.

Il faut remarquer pour finir cette Province que tous les rochers & les montagnes dont j'ay parlé, ne sont que des dépendances de celle que l'on appelle la montagne de Balagate, qui selon les Geographes Indiens, separe l'Inde en deux du Nord au Sud, comme celle de Guate l'en-

Montagne de Balagate.

vironne presque de tous côtez, suivant les mêmes Geographes.

CHAPITRE QUARANTE-SEPTIE'ME.

De la Province de Telenga.

LE Telenga estoit autrefois la principale Province du Decan, & elle s'étendoit jusqu'aux terres des Portugais vers Goa, & Viziapour estoit sa Ville Capitale. Mais depuis que le Mogol s'est rendu maître des Places du Nord en ce païs, & des Villes de Beder & de Calion, elle a esté partagée entre luy & le Roy de Decan, qu'on appelle seulement le Roy de Viziapour, & on la met entre les Provinces de l'Indostan qui obeïssent au Grand-Mogol. Elle confine du Levant au Royaume de Golconde, du côté de Maslipatan ; du Couchant à la Province de Baglana, & au Viziapour ; du Nord au Balagate, & du Midy au Bisnagar. La Ville Capitale de cette Province est presentement Beder, qui l'estoit du Balagate quand il y avoit des Rois, & elle l'a esté quelquefois du Decan.

Province de Telenga.

Calion.

Confins du Telenga.

Cette Ville de Beder est grande : Elle est ceinte de murailles de brique, qui ont des creneaux tout autour, & d'espace en espace des

Beder.

Gros canon. tours. Elles sont garnies de grosses pieces de canon, dont il y en a qui ont la bouche large de trois pieds. Il y a ordinairement dans cette *Garnison de Beder.* Place trois mille hommes de garnison, moitié Cavalerie, & moitié Infanterie, avec sept cens Canonniers. La garnison y est bien entretenuë, parce que la Place est d'importance contre le Decan, & qu'on en craint toûjours la surprise. Le Gouverneur loge dans un Château qui est hors de la Place : Ce Gouvernement luy vaut beaucoup, & celuy qui commandoit quand j'y passay, estoit beaufrere du Roy Chagean pere d'Auran-Zeb ; mais ayant demandé le Gouvernement de Brampour qui vaut encore mieux, il luy fut accordé, parce que dans la derniere guerre ce Gouverneur avoit fait lever le siege de devant Beder à une Armée du Roy de Viziapour.

Train du Gouverneur de Beder. Je rencontray quelque temps aprés dans la route le nouveau Gouverneur de Beder, qui estoit un Persan de bonne mine, assez avancé en âge : Il estoit en Palanquin au milieu de cinq cens Cavaliers bien montez & bien vêtus, devans lesquels il y avoit plusieurs hommes à pied, portant des Bannieres bleuës semées de flâmes d'or, & sept Elephans marchoient aprés eux. Le Palanquin de ce Gouverneur estoit suivy de plusieurs autres pleins de femmes, & couverts de serge rouge, & il y avoit deux petits enfans dans un qui estoit ouvert. Les Bambous de tous cês Palanquins estoient couverts de lames d'argent canelées : Il y avoit aprés eux plusieurs chariots remplis de femmes, & il y en avoit deux tirez par des Bœufs blancs, hauts de prés de six pieds ; & les charettes du bagage venoient aprés eux, avec plusieurs Chameaux escortez de Cavaliers. Cette Province de Telenga vaut plus de dix millions au Grand-Mogol.

Revenu du Grād-Mogol à Telenga.

Les Gentils y sont aussi superstitieux qu'en lieu du monde : Ils y ont quantité de Pagodes, avec des figures de Monstres qui ne peuvent exciter que de l'horreur, bien loin de donner de la devotion, si ce n'est à ceux qui en sont entêtez. Ces Idolâtres font des lotions perpetuelles : Hommes, femmes & enfans vont à la riviere dés qu'ils sont hors du lit, & ceux qui sont riches y envoyent puiser de l'eau, & se lavent. Dés que les femmes ont perdu leurs maris, elles y sont conduites par leurs amis qui les consolent, & celles qui ont accouché en usent de même presqu'aussi-tôt qu'elles ont mis leurs enfans au monde ; aussi n'y a-t'il point de Nation où les femmes accouchent si aisément. Quand les uns & les autres sortent de l'eau, un Bramen leur met au front d'une drogue composée de safran & de poudre de sandal blanc détrempée dans de l'eau, & ensuite ils se retirent chez eux, où ils déjeûnent legerement ; & comme ils ne doivent jamais manger qu'ils ne soient

Lotions des Gentils.

lavez, les uns retournent à midy au Tanquié ou à la riviere, & les autres font leur ablution au logis avant que de dîner.

Le Manger des Gentils.

Comme ils évitent avec grand ſoin de manger aucune choſe qui n'ait eſté preparée par un Gentil de leur Caſte, ils mangent peu ſouvent ailleurs que chez eux, & ils appreſtent ordinairement leur manger eux-mêmes, après avoir acheté de la farine, du ris, & d'autres pareilles denrées aux boutiques des Banians; car ils n'en voudroient pas acheter ailleurs.

Nourriture de quelques Caſtes.

Ces Banians auſſi-bien que les Bramens & les Courmis, ſe nourriſſent de beure, de legumes, d'herbages, de ſucre & de fruits : Ils ne mangent ny chair ny poiſſon, & ils ne boivent que de l'eau, où ils mettent du Cahué ou de Thé : Ils ne ſe ſervent point de vaiſſelle, de peur que quelque perſonne d'une autre Religion ou d'une autre Caſte, ne ſe ſoit ſervy du plat où ils mangeroient; & pour y ſuppléer, ils mettent leur manger dans de grandes feüilles d'arbres, & ils les jettent quand elles ſont vuides : Il y en a même qui mangent ſeuls, & ne veulent ſouffrir à leur table ny leurs femmes, ny leurs enfans.

Bramens mangent quelquefois du Pourceau

Cependant j'ay appris qu'en ce païs il y a un certain jour en l'année auquel les Bramens mangent de la chair de Pourceau; mais ils le font ſecrettement, de peur de ſcandale, parce qu'il qu'il leur est ainsi ordonné par les Statuts de leur Secte ; & je croy qu'il en est de même par toutes les Indes.

Il y a un autre jour de réjoüissance auquel ils font une Vache de pâte, qu'ils emplissent de miel, & puis l'égorgent, & la mettent en pieces. Ce miel qui coule de tous côtez, represente le sang de la Vache, & ils mangent la pâte au lieu de sa chair. Je n'ay pû sçavoir l'origine de cette ceremonie. Pour ce qui est des Catris ou Raspoutes, hors qu'ils ne mangent point de poules, ils usent ainsi que toutes les autres Castes inferieures, de toute sorte de viande & de poisson, si ce n'est de la Vache qui est en veneration à tous.

Vache de pâte.

Les Gentils en general sont de grands jeûneurs, & il n'y en a guere qui passent quinze jours sans se mortifier par le jeûne, & alors ils sont vingt-quatre heures sans manger : mais ce n'est là que le jeûne ordinaire, car il se trouve quantité de Gentils, & principalement des femmes, qui demeurent cinq, six ou sept jours en semblable abstinence ; & on dit qu'il y en a qui jeûnent durant un mois, sans manger dans tout le jour qu'autant de ris qu'ils en peuvent tenir dans la main, & ceux qui n'en veulent pas manger, boivent seulement de l'eau, où ils font boüillir une racine nommée Criata, qui croist vers Cambaye, & qui est bonne pour plusieurs

Jeûne des Gentils.

Criata, racine.

maladies : Elle rend l'eau amere, & elle fortifie l'estomac. Quand quelque femme est à la fin d'un de ces grands jeûnes, son Directeur Bramen va avec ses compagnons à la maison de la penitente, y bat du tambour, & luy ayant permis de manger, s'en retourne chez luy. Il y a souvent de pareils jeûnes chez les Vartias, les Sogues, & autres Religieux Gentils de cette Province, & ils les accompagnent de plusieurs autres mortifications.

Communauté Religieuse.

A propos de ces Religieux Idolâtres, je feray remarquer qu'il n'y a point dans toutes les Indes de Communauté Religieuse entre les Gentils qui appartienne particulierement à une Caste ou Tribu : Par exemple, il n'y en a point où il n'y ait que des Bramens ou que des Raspoutes. S'il y a un Convent de Sogues en un endroit, la Communauté sera composé de Bramens, de Raspoutes, de Comris, de Banians, & autres Gentils ; & c'est la même chose d'un Convent de Vartias, & d'une Compagnie de Faquirs. J'ay parlé cy-devant des uns & des autres en particulier quand j'ay trouvé l'occasion.

CHAPITRE QUARANTE-HUITIE'ME.

De la Province de Baglana, & des Mariages des Gentils.

LA Province de Baglana n'est ny si étenduë, ny d'un aussi grand revenu que les dix-neuf autres ; car elle ne rapporte au Grand-Mogol par année que sept cens cinquante mille livres. Elle confine au païs de Telenga, de Guzerat, de Balagate, & aux montagnes de Sevagi. On appelle sa Ville Capitale Mouler. Avant les Mogols cette Province estoit aussi du Decan, & presentement elle est du Mogolistan : C'est par elle que les Portugais confinent au Mogol, & leurs terres commencent au païs de Daman.

Revenu annuel du Baglana.

Mouler.

Portugais confinent au Mogol.

Daman.

La Ville de Daman qui leur appartient, est à vingt-une lieuës de Sourat, qu'on fait ordinairement en trois jours. Elle est de mediocre grandeur, fermée de bonnes murailles, & d'une excellente Citadelle : Les ruës en sont belles & larges, & les Eglises & maisons sont bâties d'une pierre blanche qui rend cette Ville agreable. Il y a plusieurs Convents de Religieux Chrêtiens. Elle dépend comme les autres Villes Portugaises de Goa, particulierement pour le spirituel, & l'Evêque y tient un Vicaire General. Elle est située à l'entrée du Golphe de Cambaye : Les Portugais y ont des esclaves de l'un & de l'autre sexe, qui ne travaillent & n'engendrent que pour leurs maîtres, à qui les enfans appartiennent pour en faire ce qui leur plaira. De Daman à Baçaim il y a dix-huit lieuës : Cette derniere Ville est environ au dix-neuviéme degré & demy d'élevation : Elle est sur la Mer, fermée de murailles, & presque de la grandeur de Daman : Elle a ses Eglises, & un College de Jesuites comme Daman.

Esclaves des Portugais.

Baçaim.

De Baçaim à Bombaïm il y a six lieuës : Cette derniere Ville a un bon Port, & c'est celle que les Portugais ont cedée aux Anglois, en faisant le mariage de l'Infante de Portugal avec le Roy d'Angleterre en l'année 1662. Il y a six autres lieuës de Bombaïm à Chaoul. Le Port de Chaoul est de difficile entrée, mais tres-seur, & à l'abry de toute sorte de gros temps. La Ville est bonne, & est deffenduë par une forte Citadelle qui est sur la cime d'une montagne, appellée par les Européens, *Il morro di Ciaul.* Elle fut prise en mille cinq cens sept par les Portugais.

Bombaïm cedé aux Anglois.

Chaoul.

Il morro di Ciaul.

De Chaoul à Dabul il y bien dix-huit lieuës. Dabul est une ancienne Ville, à dix-sept degrez & demy d'élevation : L'eau luy vient d'une

Dabul.

montagne qui est auprés, & les maisons en sont basses. Comme elle est peu fortifiée, on m'a dit que Sevagi s'en est emparé, nonobstant son Château, ainsi que de Rajapour, Vingourla, Rasigar, & quelqu'autres lieux sur cette côte de Decan. Il y a prés de cinquante lieuës de Dabul à Goa qui est dans le Viziapour.

Rajapour, ville. Vingourla, ville. Rasigar, ville.

Comme tous les gens de cette côte s'appliquent beaucoup à la Marine, les Gentils y offrent souvent des Sacrifices à la Mer, particulierement quand quelques-uns de leurs parens ou de leurs amis sont en voyage. J'ay vû une fois cette sorte de sacrifice. Une femme portoit en ses mains un vaisseau fait de paille, long d'environ deux pieds ; il estoit couvert d'un voile : Trois hommes joüant de la flute & du tambour l'accompagnoient, & deux autres avoient chacun sur leur teste un panier plein de viandes & de fruits : Estant arrivez à la Marine, ils jetterent en mer le vaisseau de paille, aprés quelques prieres, & laisserent sur le rivage les viandes qu'ils avoient portées, afin que les pauvres & autres gens les vinssent manger. J'ay vû faire ce même Sacrifice par les Mahometans.

Sacrifice à la Mer.

Les Gentils en font encore un autre à cét Element à la fin du mois de Septembre, & c'est ce qu'ils appellent ouvrir la Mer, à cause que personne ne peut naviger sur leurs Mers depuis May jusqu'à ce temps-là : Mais ce Sacrifice ne

Ouverture de la Mer.

se fait pas avec de grandes ceremonies; on jette seulement des cocos dans la Mer, & chacun y jette le sien. Ce qu'il y a de divertissant en cette action, est de voir tous les jeunes garçons qui se lancent dans l'eau pour avoir les cocos; & comme chacun tâche de les prendre, & de les deffendre, ils font cent tours & cent souplesses pour les avoir.

Mariage des enfãs.

Dans cette Province, ainsi que dans le reste du Decan, les Indiens marient leurs enfans fort jeunes, & les font habiter ensemble bien plûtôt qu'on ne fait en plusieurs lieux des Indes: Ils en font le mariage dés l'âge de quatre, cinq & six ans, & leur permettent de coucher en même lit dés que le mary a dix ans, & la femme huit; & il s'en est vû qui ont eu des enfans à cét âge: Mais les femmes qui ont des enfans de si bonne heure, cessent bien-tôt d'en avoir, & pour l'ordinaire elles ne conçoivent plus aprés l'âge de trente ans, & deviennent extrémement ridées: Aussi y a-t'il dans les Indes des lieux où l'on ne permet point que ces jeunes mariez couchent ensemble avant que l'homme aye quatorze ans. Au reste un Gentil se marie à toute âge, & ne peut avoir plusieurs femmes à la fois comme les Mahometans: Quand sa femme est morte, il en peut prendre une autre, & ainsi successivement, pourveu que celle qu'il prendra soit fille, & qu'elle soit de sa Caste.

Vn Indien Gentil ne peut avoir plusieurs femmes à la fois.

On voit toûjours beaucoup de ceremonies de mariages dans l'Indostan, parce que les Gentils y sont en grand nombre : Il y a des temps que dans les grandes Villes il s'en celebre cinq à six cens par jour, & on ne voit que des clôtures dans les ruës. Ces clôtures de nopces ne sont grandes qu'autant que la maison du marié a de face sur la ruë : Elles se font de perches & de cannes : On les tapisse en dedans, & on les couvre de tapis ou de toiles, pour garantir les conviez de l'ardeur du Soleil ; & c'est là qu'on leur donne à manger, & qu'ils se réjoüissent.

Grand nombre de mariages dans l'Indostan.

Clôtures de nopces.

Mais avant ce regale il faut faire la cavalcade ordinaire par la Ville : Les gens de qualité la font de la maniere que je l'ay décrite au Chapitre de Sourat, & les Bourgeois avec beaucoup moins de pompe. Voicy comme ils en usent. On voit premierement paroître plusieurs gens qui joüent des instrumens, les uns de flutes, les autres de timbales, d'autres ont des manieres de tambours en long comme des barils étroits qu'ils pendent à leur col ; & il y en a outre cela qui tiennent des tasses de cuivre, qu'ils frappent l'une contre l'autre : ce qui compose une tres-mauvaise harmonie, quoyque ces instrumens fassent grand bruit. Plusieurs petits garçons de cinq, six ou sept ans viennent ensuite à cheval, & ceux qui n'ont que deux ou trois ans sont

Cavalcade de mariage.

Crotala.

dans de petits chariots, hauts seulement d'un pied, ou un peu plus, qui sont traînez par des Chevres ou des Veaux, & le mary paroist aprés eux sur le plus beau Cheval qu'il peut avoir, avec un cocos à la main. Il est vêtu de ses plus beaux habits, il a la teste couverte d'une coëffure de fleurs, ou d'un bonnet en mitre, orné d'oripeau, avec de la frange qui descend jusqu'au bas du visage; & il a à l'entour de luy plusieurs Banians à pied, qui ont leur coëffure & leur caba barboüillez de safran, & qui sont meslez parmy des porteurs de parasols & de bannieres, qui font grande parade de celles qu'ils tiennent. Aprés que celuy qu'on doit marier a fait en cét équipage plusieurs tours par la Ville, il va à la maison de la fille qu'il doit épouser, & la ceremonie s'y fait.

Ceremonies des Epousailles. Un Bramen aprés avoir dit quelques prieres sur l'un & sur l'autre, met une toile entre le mary & la femme, & ordonne au mary de toucher d'un pied nud celuy de sa femme qui est de même; & cette circonstance acheve le mariage, dont on fait differer la consommation jusqu'à un âge competant si les mariez sont trop jeunes. On meine aprés cela la mariée le visage découvert au logis du marié : Son trousseau qui consiste en plusieurs pieces d'étoffes de diverses couleurs, est porté par des hommes, & entre quelques pieces de ménage qu'on fait paroître, on on voit un berceau pour l'enfant qui doit naître de ce mariage ; le tout est precedé par des tambours & des trompettes. Les riches font leurs cavalcades la nuit aux flambeaux pour plus de magnificence, & sont mieux accompagnez. Quand on est chez le mary les regales commencent, & parce que les maris sont obligez à traiter la plûpart des gens de leur Caste, les réjoüissances y durent sept à huit jours.

Les femmes sont fecondes par toutes les Indes, parce qu'elles y vivent aussi-bien que leurs maris avec beaucoup de frugalité, & elles mettent si aisément leurs enfans au monde, qu'il y en a qui sortent dés le même jour qu'elles sont accouchées, pour s'aller laver à la riviere. Leurs enfans s'élevent avec la même facilité : Ils sont nuds jusqu'à sept ans, & on souffre dés le deux ou troisiéme mois aprés leur naissance, qu'ils se traînent par terre, jusqu'à ce qu'ils puissent marcher : Quand ils sont sales, on les lave, & peu à peu ils marchent aussi droit que les nôtres, sans avoir esté gênez de bandes & de langes.

Femmes fecondes aux Indes

Les femmes accouchent aisément.

CHAPITRE QUARANTE-NEUVIE'ME.

Des Mortuaires.

Veuvage des femmes.

LEs femmes ont aux Indes un sort bien different de celuy de leurs maris, car elles ne peuvent se pourvoir comme eux, quand ils sont morts, elles n'osent se remarier, elles se font raser les cheveux pour toûjours ; & quoyqu'elles n'ayent que cinq à six ans, elles sont obligées si elles ne se brûlent pas, à garder un perpetuel veuvage : ce qui arrive fort souvent. Mais alors elles vivent miserables, parce qu'elles acquierent le mépris de leur famille & de leur Caste par la peur qu'elles ont eu de la mort ; quelque vertu qu'elles fassent paroître, elles ne peuvent recouvrer aucune estime parmy les leurs, & il est rare, quoyque jeunes & belles, qu'elles trouvent un second mary. Ce n'est pas qu'il n'y en ait quelques-unes qui transgressent la loy du veuvage, mais on les chasse de la Caste quand on le reconnoît, & celles qui absolument veulent se remarier, ont recours aux Chrêtiens ou aux Mahometans, & alors elles abandonnent la Gentilité. Enfin les Gentils font consister la gloire des veuves à se brûler aves les corps de leurs maris. Quand on leur en demande la cause, ils alleguent la coûtume : Ils pretendent que de tout temps on en a usé de même aux Indes, & ainsi ils mettent leur cruauté jalouse à couvert sous le voile de l'antiquité. Quand une femme Gentile, & même un Gentil, ont fait quelque peché qui les a fait exclure de la Caste : comme si une femme avoit couché avec un Mahometan, elle doit (si elle veut retourner à la Caste) ne vivre d'autre chose pendant un certain temps, que du grain qui se trouve parmy la fiente de Vache.

La gloire des veuves cõsiste à se brûler avec leurs maris.

Penitence d'une Gentile qui a peché.

La maniere la plus ordinaire dont on traite aux Indes les corps des hommes aprés leur mort, est de les laver dans l'eau d'un fleuve ou d'un Reservoir, auprés desquels il y ait une Pagode ; de les brûler ensuite, & d'en jetter les cendres dans la même eau. On les laisse en quelques païs sur les bords du fleuve ; mais la ceremonie des funerailles est diverse, selon les lieux. En des endroits on porte au son du tambour le corps découvert assis dans une chaire, vêtu de beaux habits, accompagné de ses parens & amis ; & aprés la lotion ordinaire, on l'entoure de bois : & sa femme qui l'a suivy en cortege, y a son siege preparé, où elle se met en chantant, aprés avoir fait paroître beaucoup d'impatience de mourir : Un Bramen l'attache au

Traitement des corps morts.

Funerailles sont diverses selon les lieux.

Maniere de brûler le mort & sa femme.

poteau qui est au milieu du bucher, il y met le feu; les amis y jettent des huiles odoriferentes, & les deux corps sont consommez en peu de temps.

En d'autres lieux les corps sont portez au bord de la riviere dans un brancard couvert, & aprés qu'on les a lavez, on les met dans une hute remplie de bois odoriferents, si ceux qui sont morts ont laissé assez de bien pour en faire la dépense. Aprés que la femme qui se veut brûler a dit adieu à ses parens, & qu'elle a fait toutes les galanteries qui peuvent marquer à l'assemblée, qui est souvent de toute sa Caste, qu'elle n'a point peur de mourir; elle prend sa place dans la hute sous la teste de son mary qu'elle soûtient sur ses genoux, & en même temps se recommandant aux prieres du Bramen, le presse de mettre le feu au bucher: ce qu'il ne manque pas de faire.

Femme qui tâche à faire paroître son intrepidité avant que d'estre brûlée.

On fait ailleurs de larges & profondes fosses, qu'on emplit de toutes sortes de matieres combustibles: On y jette le corps du deffunt, & les Bramens y poussent ensuite la femme, aprés les chansons & les dances où elle a eu part pour témoigner sa fermeté. Et il se rencontre quelquefois des filles esclaves qui se jettent aprés leurs maîtresses dans la même fosse, pour montrer l'amitié qu'elles luy portoient; & les cendres des brûlez sont ensuite dispersées dans la riviere.

Fosses pour brûler le corps du mary & sa femme.

En d'autres endroits on enterre les corps des deffunts les jambes croisées : On met leurs femmes toutes vivantes dans la même fosse, & si-tôt qu'elles ont de la terre jusqu'au col, elles sont étranglées par les Bramens.

Enterremens des corps.

On fait encore des funerailles aux Indes parmy les Gentils en plusieurs autres manieres ; mais celles des femmes qui ont la manie d'estre brûlées avec leurs maris, font toûjours horreur, & on me dispensera d'en écrire davantage.

Au reste, les autres femmes sont heureuses que les Mahometans soient devenus les maîtres dans les Indes, pour les tirer de la tyrannie des Bramens, qui souhaitent toûjours leur mort ; parce que comme ces Dames ne se brûlent pas sans estre parées de leurs ornemens d'or ou d'argent, & qu'il n'y a qu'eux qui puissent toucher à leurs cendres, ils ne manquent pas de recüeillir ce qu'ils y trouvent de precieux. Cependant le Grand-Mogol & les autres Princes Mahometans ayant donné ordre à leurs Gouverneurs d'employer leurs soins pour empêcher ces abus autant qu'ils pourroient, il faut presentement de grandes sollicitations & des presens bien considerables pour obtenir la permission de se brûler : Et ainsi les difficultez qu'on y trouve, mettent quantité de femmes à couvert de l'infamie qu'elles en-

Le Mahometisme aux Indes est un bonheur pour les femmes.

Les Gouverneurs Maures tâchent d'empescher les brûlemẽs des femmes Indiennes.

coureroient dans leur Caste, si elles n'estoient pas contraintes à vivre par une force majeure.

Fin du Mogolistan.

SUITE DE LA TROISIE'ME PARTIE DES VOYAGES DE M. DE THEVENOT.

LIVRE SECOND.

DES INDES.

CHAPITRE PREMIER.

Du Decan & du Malabar.

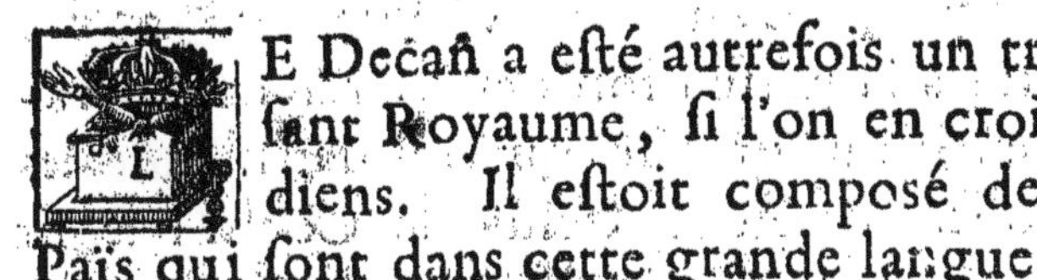

LE Decan a esté autrefois un tres-puissant Royaume, si l'on en croit les Indiens. Il estoit composé de tous les Païs qui sont dans cette grande langue de terre *Decan a esté un grand Royaume*

qui est entre les Golphes de Cambaye & de Bengale : Tous obeïssoient à un même Roy, & les Provinces même de Balagate, de Telenga & de Baglana qui sont vers le Nord, y estoient comprises ; en sorte que l'on peut dire qu'il n'y avoit point alors aux Indes de Roy plus puissant que celuy de Decan. Mais ce Royaume a esté souvent partagé dans la suite des temps, & au commencement du siecle passé que les Portugais y firent des conquestes, il estoit déja divisé en beaucoup de Provinces ; car ils y trouverent les Rois de Calecut, de Cochin, de Cananor & de Coulam sur la côte des Malabars. Un autre Roy regnoit à Narsingue : Il y avoit aussi quelques Republiques, & les Estats de celuy qu'on nommoit le Roy de Decan, n'alloient plus déja que depuis les limites du Royaume de Cambaye ou Guzerat, jusqu'aux Confins de la Principauté de Goa, qui ne luy appartenoit même pas.

Arrivée des Portugais aux Indes.

Calecut.

Calecut fut le premier lieu dans les Indes que les Portugais découvrirent en l'an mille quatre cens quatre-vingt-dix-huit, sous la conduite de Vasco de Gama. Le Roy de Calecut qui les reçût d'abord avec amitié, voulut à la fin les faire perir, à la persuasion des Marchands Arabes, & leurs plus grandes guerres dans les Indes furent contre ce Roy. Celuy de Cochin se fit leur amy, & ceux de Cananor & de Coulam les inviterent

inviterent à venir faire le commerce chez eux.

Le Malabar qui est le païs de tous ces Rois, commence à Cananor, & finit au Cap de Comory : Le plus puissant de ces Princes estoit celuy de Calecut, qui prenoit la qualité de Samorin ou Empereur. Le Port de Calecut qui est situé à onze degrez vingt-deux minutes de latitude, est un peu éloigné de la Ville : Avant l'arrivée des Portugais il estoit le plus considerable de tous les Ports des Indes pour le commerce, & les Vaisseaux y abordoient de toutes parts. Cette Ville n'a point de murailles, parce que l'on n'y peut affermir de fondemens, à cause que l'eau paroît aussi-tôt que l'on creuse la terre. Il n'y a à Calecut que le Palais du Roy, & quelques Pagodes qui soient bien bâties : Les maisons ne s'entretouchent pas, elles ont de beaux jardins, & on trouve abondamment dans cette Ville de tout ce qui est de besoin à la vie.

Malabar

Samorin, ou Empereur.

La Ville de Calecut.

Le Roy de Cochin fut tres-fidele amy aux Portugais : Il fut privé de son Royaume par le Roy de Calecut pour l'amour d'eux ; mais ils le rétablirent, & ils sçûrent si bien le gagner, qu'il leur donna permission de faire bâtir une Forteresse en la partie de la Ville qu'on appelle Cochin la basse, qui est sur le bord de la Mer, pour la distinguer de Cochin la haute où le Roy reside, & d'où elle est éloignée d'un quart de

Cochin.

Roy de Cochin.

Forteresse de Cochin enlevée aux Portugais par les Hollandois.

lieuë. Les Portugais ont tenu longtemps cette Forteresse, mais elle leur a esté enlevée par les Hollandois depuis trois à quatre ans.

Port de Cochin.

Le Port de Cochin est fort bon ; il y a six brasses d'eau tout proche de terre, & on y descend aisément des Vaisseaux avec une planche. La Ville de Cochin est éloignée environ de trente-six lieuës de Calecut : Elle est arrosée d'une riviere, & il y a abondance de poivre dans son territoire, qui n'est pas fertile en autres choses.

Abondance de poivre à Cochin.

Homme avec une jambe d'Elephant.

Succession au Malabar.

Il y a en ce païs des gens qui ont les jambes comme celle de l'Elephant, & j'ay vû un homme de Cochin avec une semblable jambe : Le fils n'y herite point de son pere, à cause que la coûtume permet à une femme d'habiter avec plusieurs hommes ; & ainsi on ne peut sçavoir de quel pere est l'enfant qu'elle met au monde, & on est obligé pour les successions de s'en tenir à l'enfant de la sœur, parce qu'on ne peut douter qu'il ne soit de la lignée. Ces sœurs, & même celles des Rois, ont la liberté de choisir tels Naïres ou Gentilshommes qu'elles veulent pour coucher avec elles ; & quand un Naïre est dans la chambre d'une Dame, il laisse son bâton ou son épée à la porte, afin de faire connoître aux autres qui y voudroient venir que la place est occupée. Alors personne n'y entre, & la même coûtume est établie par tout le Malabar.

Les femmes ont la liberté de choisir des galants.

On couronnoit cy-devant le Roy de Cochin à la Côte, quoyqu'elle fût occupée par les Portugais ; mais celuy qui doit estre Roy n'a point voulu s'y faire couronner, parce qu'elle est en la puissance des Hollandois : & il leur a répondu lorsqu'ils l'ont invité à suivre la coûtume, qu'il ne vouloit point avoir affaire à eux, & que quand les Portugais se seroient remis en possession de cette Côte, il s'y feroit couronner. Cependant les Hollandois ont couronné un autre Prince qui est parent du Roy, & ils luy ont donné la qualité de Samorin ou Empereur, que le Roy de Calecut pretend.

Couronnement du Roy de Cochin.

Le veritable Roy de Cochin s'est retiré à Tanor, qui est la premiere Principauté de sa Maison, chez le Prince de Tanor son oncle, à huit lieuës de Cochin. On navige de l'une à l'autre Ville dans de petites Barques sur un fleuve qui est assez divertissant.

Tanor.

Ces Naïres ou Gentilshommes dont nous venons de parler, ont une grande opinion de leur noblesse, parce qu'ils se croyent descendus du Soleil : Ils ne cedent le pas à personne qu'aux Portugais, & il a fallu répandre du sang pour obtenir cette préseance. Le General des Portugais pour appaiser les debats qui arrivoient souvent entr'eux, convint avec le Roy de Cochin qu'on y regleroit un combat d'homme à homme pour cela, & que si le Naïre demeuroit

Les Naïres.

Combat ordonné d'un Portugais & d'un Naïre, pour le pas.

vainqueur, les Portugais cederoient le pas aux Naïres ; ou si le contraire arrivoit, les Naïres souffriroient que les Portugais eussent l'avantage, pour lequel ils combattoient ; & comme le Naïre fut vaincu, les Portugais precedent les Naïres.

Vêtemens des Naïres. Ils vont tout nuds de la ceinture en haut, & n'ont autre vêtement de la ceinture aux genoux qu'une toile : Leur teste est couverte d'un Turban, & ils portent toûjours l'épée nuë, & la rondache. Les femmes Naïres sont vêtuës comme les hommes, & la Reine même n'a point d'autre habillement. Les Naïres ont entr'eux plusieurs degrez de noblesse, & les moins nobles ne font aucune difficulté de ceder le pas à ceux qui le sont plus qu'eux.

Poleas. Ils ont une grande aversion pour une Caste de Gentils qu'on appelle Poleas. Si un Naïre avoit approché d'un Poleas d'aussi prés qu'il pût sentir son haleine, il se croiroit polu, & il seroit obligé de le tuer ; parce que s'il ne le tuoit pas, & que le Roy le sçût, il feroit mourir le Naïre ; ou s'il luy faisoit grace de la vie, il le feroit vendre comme esclave : Mais outre cela, il faudroit qu'il fist des ablutions en public, avec de grandes ceremonies.

Popo. Pour éviter le malheur qui en pourroit arriver, les Poleas crient incessamment dans la campagne *Popo*, pour avertir les Naïres qui y pourroient estre de ne pas approcher. Si un Naïre entend prononcer ce *Popo*, il répond en criant *Coucouya*, & alors le Poleas connoissant qu'il y a un Naïre peu éloigné de luy, il se détourne du chemin, de peur de le rencontrer. Comme ces Poleas ne peuvent entrer dans les Villes, si quelqu'un d'entr'eux a besoin de quelque chose, il est obligé à le demander dehors la Ville, en criant à pleine teste, & à mettre de l'argent pour la payer au lieu qui est destiné à cette sorte de commerce. Quand il l'a mis, & qu'il s'est fait entendre, il doit s'en éloigner, & un Marchand ne manque point d'apporter ce qu'il demande : Il prend au juste ce qui luy est dû pour sa marchandise, & aussi-tôt qu'il s'est retiré, le Poleas la vient prendre, & s'en va.

Coucouya

Les Poleas ne peuvent entrer dans les Villes.

On ne se sert point à Cochin non plus que dans le reste du Malabar, de Cavalerie pour la guerre : Ceux qui doivent combattre autrement qu'à pied, sont montez sur des Elephans, dont il y a quantité dans les montagnes, & ces Elephans de montagne sont les plus grands des Indes. Les Idolâtres font un faux conte à Cochin, dont ils voudroient bien qu'on ne doutât point, à cause du respect extraordinaire qu'ils ont pour un certain Reservoir qui est au milieu d'une de leurs Pagodes. Cette Pagode qui est grande, est au bord d'une riviere appellée par les Portugais *Rio Largo*, qui va de Cochin à Cranganor ; Elle porte le nom de Pagode de Jurement ; &

Point de Cavalerie à Cochin.

Elephans de montagnes.

Rio Largo.

Pagode de Jurement.

ils disent que ce Reservoir ou Tanquié qui est dans ce Temple, a communication par dessous terre avec la riviere, & que quand il estoit question de faire serment en Justice pour quelque affaire importante, celuy qui devoit jurer estoit amené au Tanquié, où l'on appelloit un Crocodile qui s'y retiroit ordinairement : Que l'homme se mettoit sur le dos de l'animal pour jurer ; s'il disoit la verité, que le Crocodile le portoit d'un bout à l'autre du Reservoir, & le rapportoit sain & sauve où il l'avoit pris ; & s'il faisoit un mensonge, que l'animal aprés l'avoir porté à un côté du Tanquié, le rapportoit au milieu, où il se plongeoit avec l'homme : Et quoyqu'il n'y ait presentement aucun Crocodile dans ce Reservoir, ils ne laissent pas d'affirmer que le conte est veritable.

Coulam. Coulam qui est la Ville Capitale du petit Royaume de ce nom, est à vingt-quatre lieuës de Cochin vers le Midy ; mais le Roy n'y tient pas ordinairement sa Cour. Avant que Calecut fût en reputation, tout le trafic de ces païs-là se faisoit à Coulam, & alors cette Ville estoit florissante ; mais elle a fort diminué, & d'habitans & de richesses. Le Havre en est seur, & la Marée entre fort avant dans la riviere. Il y a à Coulam aussi-bien qu'à Cochin, quantité de Chrêtiens de saint Thomas : Ils pretendent avoir conservé dans sa pureté la foy que cét Apôtre a

Chrêtiens de saint Thomas.

enſeignée à leurs Ayeuls, & il y en a auſſi beaucoup dans les montagnes qui vont de Cochin à ſaint Thomé par Madure : Ils ſe ſervent pour l'Office divin de la Langue Syriaque, & la plûpart ſont Sujets du Roy de Cochin, auſſi-bien que beaucoup de familles Juifves qui ſont dans ces païs. On m'a auſſi parlé d'un petit Royaume nommé Carghelan qui eſt en ces quartiers-là, où il y a encore quelqu'autre petit Prince : & ainſi ces petits Royaumes finiſſent le Malabar au Midy, comme le Cananor le commence du côté du Nord.

Langue Syriaque.

Carghelan.

Il y a un bon Port à la Ville de Cananor qui eſt grande : Son petit Roy qu'on appelle Roy de Cananor, n'y reſide pas ; il tient ſa Cour vers un détroit plus éloigné de la Mer : Il y a dans ſon païs de toutes choſes qui ſont neceſſaires à la vie : Les Portugais ont toûjours eſté de ſes amis, & il y en a beaucoup d'habituez dans ſon païs.

Cananor.

Ce ſont particulierement les Malabars de Bergare, Cougnales & Montongue auprés de Cananor, qui ſont les Corſaires de la Mer des Indes ; & il y a auſſi grand nombre de ces voleurs dans le païs, quoyque les Magiſtrats faſſent ce qu'ils peuvent pour les exterminer. En effet, pour une ſeule feüille de Betlé dérobée, ils font mourir un homme : Ils luy lient les mains, & aprés qu'ils l'ont étendu ſur le ventre, ils le per-

Corſaires des Indes

Bergare. Cougnales. Montongue.

Châtiment des voleurs Malabars.

cent avec une javeline d'Areca ; ils le retournent ensuite sur le dos, & comme la javeline a traversé le corps, ils la fichent en terre, & ils y attachent si bien le coupable, qu'il ne peut remuer, & enfin qu'il expire en cette posture.

Feüille de Palmier où l'on écrit.

Tous les Malabars écrivent comme nous de gauche à droit sur les feüilles des Palmeras-Bravas, & ils se servent pour marquer leur caracteres d'un stylet qui est long au moins d'un pied : Les lettres qu'ils écrivent à leurs amis sur ces feüilles se plient en rond, comme des rouleaux de ruban. Ils font leurs Livres de plusieurs de ces feüilles qu'ils enfilent d'un cordon, & les enferment entre deux tablettes de bois de même largeur. Ils ont plusieurs Livres anciens, & presque tous sont en Poësie, dont ils sont fort amateurs. Je croy que le Lecteur sera bien aise de voir leurs Caracteres, & en voicy l'Alphabeth. Les Bramens sont encore plus honorez parmy eux, qu'ailleurs : Quelque guerre qu'il y ait entre les Princes du Malabar, on ne leur fait aucun mal chez les ennemis ; & cependant il y a quantité d'hypocrites entr'eux qui sont de grands scelerats. Il y a de certaines Festes dans le Malabar où les jeunes gens se battent à outrance, & souvent s'entretuent ; & on leur persuade que ceux qui meurent dans de tels combats, ne manquent point d'estre sauvez.

Bramens fort estimez au Malabar.

Banguel. Olala.

Les Rois de Banguel & d'Olala sont au Nord de

ALPHABETH MALABAR.

Les Voyelles.

FIGURES.	NOMS.	PUISSANCES.	
அ	Aana	*a*	breve
ஆ	Auena	*a*	longum
இ	Iinà	*i*	breve
ஈ	Iena	*i*	longum
உ	Ououna	*ou*	Gallicum breve
ஊ	Ouuena	*ou*	Gallicum longum
எ	Eena	*e*	breve
ஏ	Eena	*e*	longum
ஐ	Ayena	*ay*	Gallicum
ஒ	Oona	*o*	breve
ஓ	Ouena	*o*	longum
ஔ	Auuena	*aou*	Gallicum.
ஃ	Akena	*Non est vocalis, sed solummodò est signum quietis, sicut quando pronuntiamus* per, *littera* r *est quiescens, quia pronuntiatur cum vocali præcedente, & non habet vocalem sequentem ; signum hujus quietis est punctum superpositum litteræ.*	

CHIFRES MALABARS.

௧	௨	௩	௪	௫	௬	௭	௮	௯	௰
1	2	3	4	5	6	7	8	9	10
௰௧	௰௨	௰௩	௰௪	௰௫	௰௬	௰௭	௰௮	௰௯	௨௰
11	12	13	14	15	16	17	18	19	20

21	௨௰௧	௭௰	௱ 100
30	௩௰	௭௰௧	
31	௩௰௧	௮௰	௲ 1000
40	௪௰	௮௰௧	
41	௪௰௧	௯௰	
50	௫௰	௯௰௧	
51	௫௰௧		
60	௬௰	௧௱	
61	௬௰௧	௨௱	

de ce païs, & Mangalor qui est situé à dix degrez & quelques minutes de la ligne, appartient au Roy de Banguel. Cette Ville est petite & mal bâtie : Elle est à douze lieuës de Barcelor, & Barcelor à douze lieuës d'Onor ; & on appelle le païs où ces Villes sont situées, le Canara. Tout le reste de la coste jusqu'à Goa est fort peu de chose, excepté la Ville d'Onor qui est éloignée de Goa environ de dix-huit lieuës : Son port est grand & seur, & est formé par deux rivieres qui entrent dans la mer par une même embouchcure, au dessous de la Forteresse qui est sur un rocher assez élevé. La Ville vaut beaucoup moins que la Forteresse ; ce qu'il y a de gens considerables y demeurent avec le Gouverneur, & il y a plusieurs Portugais habituez : Sa situation est au 14. degré de latitude. Le reste du Decan vers le Nord jusqu'auprés de Sourat, appartient au Roy de Visiapour ou aux Portugais : Les Anglois y tiennent Bombaym, ainsi qu'il a esté dit ; & le Raja Sivagy quelqu'autres Places. Chacun des Roys de cette coste à peine a-t-il autant de revenu qu'un de nos Gouverneurs de Province, & cependant ils subsistent toûjours, nonobstant les changemens qui sont arrivez dans les autres pays du Decan.

Mangalor.

Barcelor.

Onor.

CHAPITRE SECOND.

Des Revolutions du Decan.

CEluy que l'on peut appeller le dernier Roy du Decan, ou au moins le penultiéme a esté un Raja des montagnes de Bengale, appellé *Tcher-Can.* Tcher-Can qui se rendit si puissant qu'il fit trembler tous les Roys des Indes, aprés avoir *Chahâlem* pris le titre superbe de Chahâlem qui signifie le Roy du monde. Ce Capitaine ayant excité une grande revolte dans le Royaume de Bengale, en fit mourir le Roy, & non seulement il en usurpa le Royaume & tout le Patan, mais encore tous les Etats voisins. Il chassa mesme de Dely le premier Roy Mogol-Humayoun qui s'en estoit em- *Humayoun Selim.* paré sur un Roy Indien nommé Selim; & tout ce qu'on appelle presentement les Royaumes de Viziapour, de Bisnagar ou Carnates, & celuy de Golconde, tomberent en sa puissance sous le titre de Royaume de Decan: Mais ce qu'il y a de plus surprenant, est que dans le temps qu'on le redoutoit davantage dans toutes les Indes, il s'ennuya de la Royauté, & donna ses Etats à un sien Cousin germain nommé (ce me semble) *Daquem.* Daquem, qu'il fit Roy, & il se retira ensuite dans le Bengale pour vivre en paix.

Cependant comme il s'estoit servy dans ses conquêtes de certains Capitaines Mahometans dont il estimoit beaucoup la valeur, il stipula avec son successeur qu'il leur laisseroit les Gouvernemens des païs où il les avoit établis : En effet, non seulement ce nouveau Roy les leur laissa, mais pour plaire davantage à Chahâlem, il augmenta leurs Gouvernemens, & les honora de sa confidence particuliere. Ces Capitaines soûtinrent avec éclat la puissance de leur Maître autant de temps que Chahâlem vécut; mais lors qu'il fut mort (ce qui arriva en l'an mille cinq cens cinquante) son successeur ayant esté batu par le Mogol-Humayoun qui revint dans les Indes avec le secours que Chah-Tahmas, Roy de Perse, luy donna à la sollicitation de sa Sœur : Ces traîtres, au lieu de reconnoître leur bienfaiteur comme ils devoient par leur fidelité, conjurerent contre luy, & tüerent tous ceux qui luy estoient fideles : Ils l'enleverent luy-mesme, & l'ayant enfermé dans le Château de Beder, ils le firent étroitement garder jusqu'à sa mort par un des Conjurez : Ils envahirent ensuite ses païs; ils partagerent ses Provinces, & en formerent des Roïaumes. Les trois principaux Conjurateurs furent Nizam-Châ, Cotb-Châ & Adil-Châ : Ces trois usurpateurs se firent Rois, & établirent les Roïaumes de Viziapour, de Bisnagar ou Carnates, & de Golconde.

Grande trahison.

Usurpateurs du Decan.

Etablissement de trois Royaumes.

Viziapour tomba en partage à Nizam-Châ, qu'on disoit estre Indien & de race Royale : Bisnagar à Adil-Châ, & Golconde à Cotb-Châ ; & chacun des successeurs de ces trois Rois a continüé de prendre le nom de son autheur.

Comme plusieurs autres Capitaines eurent part à la conjuration, il se fit d'autres dynasties dans le Decan ; mais la plûpart tomberent encore en leur puissance ou en celle de leurs successeurs. Ces trois Princes joüirent sans trouble de leurs Royaumes durant tout le temps qu'ils furent en bonne intelligence, & ils défirent mesme l'Armée du Mogol en une celebre Bataille : Mais ils se broüillerent sur la fin de leur regne, & leurs enfans heriterent de leur mesintelligence ainsi que de leurs Etats ; à quoy les Mogols contribuërent beaucoup par leur adresse. Ceux-cy leur ont enlevé peu à peu les Provinces de Balagate, de Telinga & de Baglana, au moins la plus grande partie, & Oranzeb mesme se saisit de beaucoup de bonnes Villes du Viziapour, lorsqu'il n'estoit encore que simple Gouverneur de Province ; ce qui ne seroit pas arrivé si le Roy de Bisnagar avoit secouru son voisin, comme il devoit. Le manque de secours de la part de ce Roy, piqua si vivement le Roy de Viziapour, qu'il n'eut pas plûtôt fait la paix avec le Mogol en l'année mille six cens cinquante, qu'il se ligua contre celuy de Bisna-

Oranzeb.

gar avec le Roy de Golconde, & luy fit la guerre : Ils le maltraiterent si fort qu'à la fin ils luy enleverent ses Etats. Le Roy de Golconde se saisit de ceux de la coste de Coromandel qui l'accommodoient ; & le Roy de Viziapour, aprés avoir pris ce qui estoit dans son voisinage, poussa sa conquête jusqu'au Cap de Negapatan : Ensorte qu'Adil-Châ se trouva sans Royaume, & fut contraint de se retirer dans les montagnes où il vit encore à present dépoüillé de ses Etats. Sa Capitale estoit Velour à cinq journées de Saint-Thomé ; mais cette Ville est presentement au Roy de Viziapour, aussi bien que Gengi & plusieurs autres de la Carnate. *Velour.* *Gengi.*

Ce Royaume de Carnate ou de Bisnagar, qu'on a autrefois appellé Narsingue, commençoit à trois journées de Golconde, vers le Midy. Il avoit plusieurs Villes ; ses Provinces traversoient de la coste de Coromandel à celle des Malabares, & sa domination alloit bien avant vers le Cap de Comory. Il avoit le Viziapour & la mer de Cambaye du côté du Couchant, & au Levant la mer de Bengale : Ce qui en appartient au Roy de Viziapour est à present gouverné par un Eunuque âgé de soixante-dix ans, appellé Raja-Couli, qui le conquit avec une promptitude extraordinaire. Ce Raja à qui le Roy donna le surnom de Niecnam-can, qui veut dire Seigneur de bonne renommée, est le *Carnate. Bisnagar.* *Raja-Couli.*

plus riche particulier des Indes.

Durant que j'estois en Carnate, le Roy de Viziapour & celuy de Golconde attaquerent un certain Raja qui avoit une Forteresse où il se retiroit entre les deux Royaumes: Il y faisoit une infinité de vols, & dans la derniere guerre que le Grand-Mogol fit au Viziapour, ce Raja à la persuasion du Mogol fit des courses considerables dans les pays des deux Roys; ce qui fut cause qu'ils le pousserent à bout: Ils prirent sa Forteresse, le firent prisonnier, & se saisirent de toutes ses richesses.

Le Viziapour.

Le Royaume de Viziapour est borné du côté du Levant par la Carnate & la montagne de Balagare; du Couchant par les Terres des Portugais; du Nord par le Guzerat & la Province de Balagate; & du Midy par le pays du Naïque de Madure, dont l'Etat s'étend jusqu'au Cap de Comory. Ce Naïque est tributaire du Roy de Viziapour, aussi bien que le Naïque de Tanjahor à qui appartenoient les Villes de Negapatan, Trangabar & quelques autres vers la coste de Coromandel, quand le Roy de Viziapour les prit. Negapatan est tombé depuis en la puissance des Portugais; mais les Hollandois le leur ont enlevé, & ils en sont presentement les maîtres. Les Danois se sont aussi saisis d'un lieu où ils ont bâty une Forteresse vers Trangabar, qui est éloigné de Saint-Thomé de cinq journées d'un

Courier à pied, qu'on appelle Patamar.

Pagode de Trapety. A l'égard de la celebre Pagode de Trapety qui n'est pas éloignée du Cap de Comory, elle dépend du Naïque de Madure : Elle est composée d'un grand Temple & de quantité de petites Pagodes à l'entour ; & il y a tant de logemens pour les Bramans & les serviteurs du Temple, qu'il semble que ce soit une Ville. Il y a beaucoup de richesses en cette Pagode.

Le Roy de Visiapour Le Roy de Viziapour est le plus puissant de tous ceux du Decan, c'est pourquoy on l'appelle souvent le Roy du Decan. Sa Ville capitale est Viziapour, qui a donné le nom au Royaume, & il a plusieurs autres Villes considerables dans ses Provinces, avec trois ou quatre Ports, à sçavoir Carapatan, Dabul, Rajapour & Vingourla ; mais j'ay appris que le Raja Sevagy en a occupé quelqu'un depuis peu. *la ville de Visiapour* La Ville de Visiapour a plus de quatre ou cinq lieuës de circuit : Elle est ceinte d'une double muraille qui est garnie de quantité de canons, & d'un fossé à fond de cuve. Le Palais du Roy est au milieu de la Ville, & il est aussi entouré d'un fossé plein d'eau, où il y a quelques Crocodilles. Cette Ville a plusieurs grands Fauxbourgs remplis de boutiques d'Orfévres & de Joalliers ; & au reste il y a peu de negoce & peu d'autres choses à remarquer.

Le Roy qui regne presentement au Visia-

Orphelin adopté & fait Roy de Visiapour. pour, estoit un Orphelin que le feu Roy & la Reine sa femme, adopterent pour fils, & aprés la mort du Roy, la Reine l'établit sur le Trône par son credit ; & comme il estoit encore fort jeune, cette Reine fut declarée Regente du Royaume : mais il y a eu beaucoup de foiblesse durant son Gouvernement, & le Raja Sivagy en a profité pour son élevation.

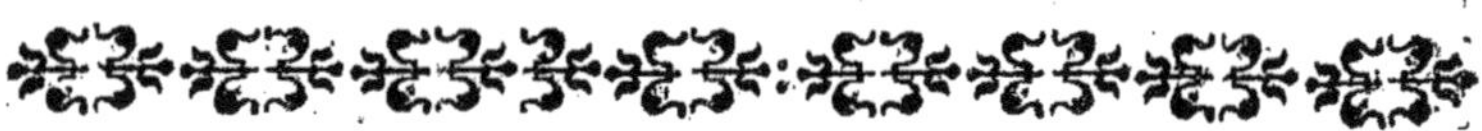

CHAPITRE TROISIE'ME.

De Goa.

Goa. LA Ville de Goa avec son Isle de même nom, qu'on appelle encore Tilsoare, est directement aux confins du Viziapour, vers le Midy : Elle est située au quinziéme degré & environ quarante minutes de latitude, sur la riviere de Mandoüa, qui se descharge dans la mer à deux lieuës de Goa, & luy fait un des beaux Ports du monde. Quelques uns veulent que ce Pays soit du Viziapour, mais il n'en est pas, & quand les Portugais y arriverent, il appartenoit à un Prince nommé Zabaïm, qui leur donna bien de la peine : Neantmoins Albukerque s'en rendit le maître en Février mil cinq cens dix, par la timidité des Habitans, qui le mirent en possession

Zabaim, Prince de Goa.

possession de la Ville & de la Forteresse, & prêterent serment de fidelité au Roy de Portugal.

Cette Ville a de bonnes murailles avec des Tours & des canons, & l'Isle mesme est entourée de murs avec des portes du côté de terre pour empescher que les esclaves ne s'enfuyent ; ce que l'on ne craint pas du côté de la mer, parce que toutes les petites Isles & peninsules qui y sont, appartiennent aux Portugais, & sont remplies de leurs Sujets. Cette Isle est fertile en grains, en bestail & en fruits, & a beaucoup de bonnes eaux : La Ville de Goa est capitale de toutes celles dont les Portugais sont les maîtres dans les Indes : L'Archevesque, le Viceroy & l'Inquisiteur general y font leur demeure, & tous les Gouverneurs & Officiers Ecclesiastiques & seculiers des autres pays sujets à la nation Portugaise dans les Indes en dépendent. Albukerque y fut inhumé en mille cinq cens seize, & S. François de Xavier en mille cinq cens cinquante-deux. La riviere de Mendoüa n'y est pas moins en veneration aux Bramans & aux autres Idolâtres que celle du Gange l'est ailleurs, & en certains temps & certaines festes ils y viennent en foule de fort loin pour faire leurs purifications. La Ville est grande & remplie de belles Eglises, de beaux Convents & de Palais bien ornez : Il y a de diverses sortes de Religieux & de Religieuses, & les Jesuîtes seuls y ont cinq Maisons pu-

Mort d'Albukerque.
Mort de S. François Xavier.

bliques : Il y avoit dans le monde peu de nations aussi riches que celle des Portugais dans les Indes, avant que leur commerce eut esté ruiné par les Hollandois ; mais leur vanité est cause de leur perte, & s'ils eussent craint les Hollandois davantage qu'ils ne faisoient, ils seroient encore presentement en état de leur y donner la Loy, dequoy ils sont bien éloignez.

Maniere des Banias a apprêter le manger.

Il y a quantité de Gentils à l'entour de Goa ; il y en a qui adorent les Singes, & j'ay marqué ailleurs qu'en quelques endroits on a bâty des Pagodes à ces animaux. La plûpart des chefs de famille, Gentils du Viziapour, font eux-mêmes leur manger : Celuy qui le fait, aprés avoir balayé la place où il le veut apprêter, trace un cercle, & s'y enferme avec tout ce qu'il a à employer ; s'il a besoin de quelque autre chose on la luy donne de loin, parceque personne ne doit entrer dans ce cercle, & s'il arrivoit que quelqu'un y entrast, tout seroit profané, & le cuisinier jetteroit ce qu'il auroit apprêté, & seroit obligé à recommencer. Lorsque le manger est prest on le partage en trois ; la premiere part est pour les pauvres, la seconde est pour la vache de la maison, & la troisiéme portion est pour les gens du logis, & de cette troisiéme on fait autant de petites parts qu'il y a de personnes ; & comme ils ne croiroient pas qu'il fut honnête de donner leurs restes aux pauvres, ils le donnent encore à la vache.

CHAPITRE QUATRIE'ME.

Du Royaume de Golconde.

De Bagnagar.

LE plus puissant des Rois du Decan, aprés celuy de Viziapour, est le Roy de Golconde. Son Royaume confine du côté du Levant à la mer de Bengale; du Nord aux montagnes du pays d'Orixa; du Midy à plusieurs pays du Bisnagar ou ancien Narsingue, qui appartiennent au Roy de Viziapour; & d'Occident à l'Empire du Grand-Mogol par la Province de Balagate, où est le Village de Calvar qui est le dernier lieu du Mogolistan de ce côté-là. Il y a à Calvar des Exacteurs de peages qui sont trés-insolens, & quand on ne leur donne pas ce qu'ils veulent, ils crient à pleine teste leur *Li, Li, Li*, en frappant du plat de la main sur leur bouche, & à cette maniere de tocsin qui s'entend de fort loin, on voit accourir de toutes parts des gens nuds, armez de bâtons, de lances, d'épées, d'arcs, de fléches, & quelques uns de mousquets, qui font donner par force ce qu'ils ont demandé, & aprés qu'on les a payez, *Golconde. Calvar. Li, li, li.*

on a encore beaucoup de peine à se délivrer de leurs mains.

Bornes du Mogolistã

Mahoua.

Les bornes du Mogolistan & de Golconde sont plantées à environ une lieuë & demie de Calvar : Ce sont des arbres que l'on appelle Mahoüa ; ils marquent la derniere Terre du Mogol, & immediatement aprés on voit en deçà d'un ruisseau les Cadjours ou Palmiers sauvages qui ne sont plantez en ce lieu-là que pour faire connoistre le commencement du Royaume de Golconde, dans lequel l'insolence des Exacteurs est encore infiniment plus grande qu'aux confins du Mogolistan. Comme l'on n'y fait pas payer les droits au nom du Roy, mais au nom des Seigneurs particuliers à qui les Villages ont esté donnez, les Receveurs font payer aux Voyageurs ce qui leur plaist. Nous trouvâmes certains Bureaux où l'on nous fit donner jusques à cinquante roupies au lieu de vingt que l'on y devoit, & pour montrer que c'estoit une tyrannie des Exacteurs, ils refuserent de nous fournir aucun billet d'aquit de ce qu'ils reçûrent,

16. Bureaux en 23 lieues

& dans l'espace de vingt-trois lieuës qu'il y a de Calvar à Bagnagar, il fallut payer à seize Bureaux avec une rigueur extrême : Ce sont des Bramans qui en sont les Receveurs, & ces gens-là sont encore beaucoup plus durs que les Banians.

Nous ne trouvâmes en nôtre route de Calvar à Bagnagar que la Ville de Buquenour, mais il y en a d'autres à gauche & à droit : Nous passâmes par dix-huit Villages : Le Nabab ou Gouverneur de la Province demeure au Bourg de Marcel, & nous fîmes ce chemin en six jours de caravane : Au reste il n'y a gueres de pays qui réjoüissent davantage les Voyageurs de leur verdure que les campagnes de ce Royaume, à cause des ris & des bleds que l'on y void de toutes parts, & des beaux & frequens reservoirs que l'on y trouve.

Route de Calvar à Bagnagar. Calvar. Malaredpet à 3. ou 4. l. de Calvar. Buquenour Ville. Mellinar à 6 l. de Malaredpet. Dgelpeli à 6 l. de Melivar Marcel à 3 l. de Dgelpeli. Bagnagar à 4 l. de Marcel

La Ville capitale de ce Royaume se nomme Bagnagar ; les Persans l'appellent Aider-abad : Elle est à quatorze ou quinze journées de Viziapour, située à dix-sept degrez dix minutes d'élevation dans une plaine fort longue & bornée par de petites montagnes éloignées de la Ville de quelques cosses, & cela fait que l'air de cette Ville est trés-sain, outre que le pays de Golconde est fort haut. Les maisons du Fauxbourg où nous arrivâmes, ne sont bâties que de terre, & sont couvertes de chaume : Elles sont si basses & si malfaites qu'elles ne peuvent passer que pour des huttes. Nous allâmes d'un bout à l'autre de ce Fauxbourg qui est trés-long, & nous nous arrétâmes auprés du pont qui est à son extremité. Nous y attendîmes le billet du Cotoual pour entrer dans la Ville, à cause des marchandises de la Caravane qui devoient estre portées chez

Bagnagar Aiderabad.

ce Cotoual, afin d'y estre visitées ; mais un Persan nommé Ak-Nazer, Favory du Roy, qui connoissoit le Chef de la Caravane, en ayant appris l'arrivée, envoya aussi-tôt un homme avec un ordre pour nous laisser entrer avec toutes les marchandises, & ainsi nous passâmes le Pont qui n'a pas plus de longueur que les trois arches qui le soûtiennent en peuvent fournir. Sa largeur est environ de trois toises, & il est pavé de larges pierres fort plates : C'est la riviere de Nerva qui coule sous le pont, & qui ne parroissoit alors qu'un ruisseau, quoyqu'au temps des pluyes elle soit aussi large que la Seine à Paris devant le Louvre. Nous trouvâmes au bout du pont les portes de la Ville qui ne sont que des barrieres : Estant entrez, nous cheminâmes pendant un quart d'heure par une grande ruë qui a des maisons des deux côtez, mais qui sont aussi basses que celles des Faux-bourgs, & bâties de mesme matiere, quoyqu'elles ayent de trés-beaux jardins.

Nerva.

Nous nous arrêtâmes dans un Kervanseray, qui est surnommé Nimet-ullâ, dont l'entrée est dans cette mesme ruë : Chacun y prit son logement, & j'y loüay deux petites chambres à deux roupies par mois. La Ville fait une maniere de croix, dont la longueur surpasse beaucoup la largeur, & elle s'étend en droiture depuis le pont jusques aux quatre tours ; mais au de-là de ces tours la ruë cesse d'estre droite, & lorsqu'en me promenant je mesuray la longueur de cette Ville, estant arrivé aux quatre tours je fus obligé de tourner à main gauche, & j'entray dans un Meidan où il y a une autre ruë qui me conduisit à la porte de la Ville que je cherchois. Ayant évalué mes mesures je trouvay que Bagnagar a cinq mille six cens cinquante pas de longueur, à sçavoir deux mille quatre cens cinquante pas du pont jusqu'aux tours, & de-là par le Meidan jusqu'à la porte par où l'on va à Masulipatan, trois mille deux cens pas. Il y a encore au de-là de cette porte un Fauxbourg qui a onze cens pas de long.

Meidan de Bagnagar.

Il y a plusieurs Meidans ou Places publiques dans cette Ville, mais la plus belle est celle qui est devant le Palais du Roy: Elle a au Levant & au Couchant deux grands Divans fort enfoncez, dont le toict de charpente est élevé de cinq toises sur quatre colonnes de bois: Ce toict est en terrasse, & a un balustre de pierre percé en arcade, & il y a des tourelles aux coins. Ces deux Divans servent de Tribunaux au Cotoual, dont les prisons sont au fond de ces Divans, qui ont devant eux chacun un bassin plein d'eau. Il y a de pareilles balustrades autour des terrasses de la Place: Le Palais Royal y est au Nord, & il y a un portique vis-à-vis, sur lequel les Musiciens viennent plusieurs fois le jour faire entendre leurs instrumens, lorsque le Roy est en cette Ville.

On a bâty au milieu de cette Place, en veuë du Palais Royal, un mur épais de trois pieds, & haut & long de six toises pour les combats des Elephans, & ils ont ce mur entr'eux lorsqu'on les excite à combatre; mais aussi-tôt qu'ils sont en colere ils font bien-tôt tomber le mur. Les maisons ordinaires n'y ont pas plus de deux toises de haut; on ne les éleve pas davantage, afin d'avoir plus de fraîcheur pendant les chaleurs, & la plûpart ne sont que de terre, mais celles qui appartiennent aux gens de qualité sont assez belles.

Combats des Elephans.

Le Palais qui a trois cens quatre-vingts pas de longueur, occupe non seulement une des faces de la Place, mais il a esté continüé jusques aux quatre tours où il finit par un pavillon fort exaucé. Ses murailles qui sont bâties de grosses pierres, ont d'espace en espace des demy-tours, & il y a plusieurs fenestres sur la Place, avec une gallerie ouverte pour voir les spectacles. On dit que le dedans est fort agreable, & qu'il y a des eaux jusqu'aux plus hauts appartemens: Le reservoir de ces eaux qui viennent de fort loin, est au sommet des quatre tours, & de-là elles sont conduites dans la maison par des canaux. On n'entre point dans ce Palais sans une permission expresse du Roy, qui ne

Palais de Bagnagar

ne l'accorde que rarement : Perſonne meſme n'en approche ordinairement, & on a planté dans la place, des pieux qui marquent un circuit par lequel il eſt deffendu de paſſer. Il y a dans cette Ville un autre Meïdan qui eſt quarré, où l'on void pluſieurs maiſons de grands Seigneurs aſſez bien bâties. Les Kervanſeras y ſont preſque tous beaux : Le plus eſtimé eſt celuy de Nimet-Ullâ, qui eſt dans la grande ruë vis-à-vis du Jardin du Roy : Il eſt ſpacieux & quarré, & ſa Cour eſt ornée de pluſieurs arbres de differentes eſpeces, & d'un grand baſſin où les Mahometans font leurs ablutions.

Les quatre Tours.

Ce qu'on appelle les quatre Tours, eſt un bâtiment quarré dont chaque face a dix toiſes de large, & environ ſept de haut : Il eſt percé aux quatre faces par quatre arcades hautes de quatre à cinq toiſes, & larges de quatre ; & chacune de ces arcades fait face à une ruë qui eſt de la largeur de l'arcade. On y void deux galleries l'une au deſſus de l'autre, & ſur le tout une terraſſe qui ſert de toict, & qui eſt bordée d'un balcon de pierre ; & à chaque coin de ce bâtiment, une tour decagone haute d'environ dix toiſes, & chaque tour a quatre galleries percées en petites arcades par dehors ; & tout le bâtimens a pluſieurs ornemens de roſes & de feſtons aſſez bien taillez. Le deſſous eſt voûté & paroiſt un dôme qui a tout autour en dedans une balustrade de pierre percée comme les galleries du dehors, & il y a dans la muraille plusieurs portes par où l'on y entre. Il y a sous ce dôme une grande table posée sur un Divan élevé de terre de sept à huit pieds, & où l'on monte par des degrez. Toutes les galleries de ce bâtiment, servent à faire monter les eaux, afin qu'ensuite estant conduites au Palais du Roy, elles puissent aller jusqu'aux plus hauts appartemens. Il n'y a rien dans la Ville, qui paroisse si beau que l'exterieur de ce bâtiment, & cependant il est entouré de méchantes boutiques faites de bouë, couvertes de chaume, où l'on vend des fruits, & qui en gâtent la veuë.

Jardins prés de Golconde.

Il y a plusieurs beaux Jardins dans cette Ville. Leur beauté consiste à avoir de longues allées bien nettoyées, & de beaux arbres fruitiers; mais on n'y voit ny parterres, ny fontaines jalissantes, & chacun se contente de plusieurs bassins pleins d'eau. Les Jardins qui sont au dehors de la Ville, sont les plus beaux, & j'en décriray seulement un qui passe pour le plus agreable du Royaume. On entre d'abord dans un grand lieu qu'on appelle le premier Jardin; Il est planté de palmiers & d'arbres d'Areca, tous si prés l'un de l'autre, qu'à peine le Soleil les peut percer. Les allées en sont droites & nettes, & leurs bordures sont de fleurs blanches qu'on nomme *Ghoul Daoudi*, Fleurs de David, semblables à celles de Camomille. Il y a aussi des Oeillets d'Inde, avec quelques autres fleurs. La Maison est au bout de ce Jardin, & son corps du milieu est accompagné de deux grandes aîles : Elle a deux étages, dont le premier consiste en trois salles, la plus grande desquelles est au corps de logis du milieu, & il y en a une à chaque aîle, & toutes trois sont percées de portes & de fenestres ; mais il y a deux portes à la grande salle, plus élevées que les autres, qui donnent passage pour aller à un grand Kioch ou Divan, qui est soûtenu de huit grosses colonnes en deux rangs. Ayant traversé & la salle & le Divan, on descend par un escalier, & on se trouve dans un autre Divan de semblable forme, mais plus long, & qui a ainsi que le premier, de chaque côté une chambre percée de portes & de fenestres. Le second étage du bâtiment, est semblable au premier, excepté qu'il n'a qu'un Divan ; mais il a un balcon qui regne tout le long de cette face. Ce logis a un toict en terrasse si étendu, qu'il couvre mesme le dernier Divan du premier étage, & il est soûtenu par six colonnes de bois octogones hautes de six à sept toises, & grosses à proportion.

Du Divan d'en bas, on passe sur une terrasse longue de deux cens pas, & large de cinquante, qui est revêtuë de pierre, & qui regne tout le long de la face du logis, & de deux petits bois qui sont à chaque côté de la maison. Cette terrasse qui est à la teste du second jardin qui est beaucoup plus grand que le premier, est élevée d'une toise & demie au dessus, & a des escaliers fort propres pour y descendre : On y voit d'abord en face un grand Reservoir ou Tanquié quarré, dont chaque côté a plus de deux cens pas ; il y paroist quantité de tuyaux qui sortent un demy pied hors de l'eau : Il y a un pont élevé environ d'un pied au dessus de l'eau, qui est large de plus d'une toise, avec un garde-fous de bois. Ce pont a quatre-vingts pas de longueur, & est fait pour passer à une plateforme octogone qui est au milieu du Reservoir, où il y a des degrez pour descendre dans l'eau, que cette plateforme ne surpasse aussi qu'environ d'un pied : Il y a des tuyaux dans les huit angles, & mesme dans les pilliers du garde-fous, d'où l'eau rejallit de tous côtez, ce qui fait un fort bel effet. On a bâty au milieu de la plateforme un petit logement à deux estages, aussi de figure octogone ; chaque estage a une petite chambre percée de huit portes, & il y a un balcon à l'entour du second estage pour se promener : Le toict de ce bâtiment qui est en terrasse, est bordé d'un balustre, & couvre aussi toute la plateforme : Ce toict est soûtenu de seize colonnes de bois, grosses comme le corps d'un homme, & hautes environ de trois toises, y comprenant leurs chapiteaux, & il y en a deux à chaque angle, dont l'une est appuyée contre la muraille du logement, & l'autre est prés du garde-fous.

Le Jardin où est ce Reservoir, est planté d'arbres à fleurs & à fruits : Tous sont en fort bon ordre, & ce Jardin, aussi bien que celuy de l'entrée, a de belles allées bien sablées & bordées de diverses fleurs, & au milieu de la grande allée il coule un canal large de quatre pieds, qui conduit ailleurs ce qu'il reçoit de plusieurs nappes d'eau qui sont aussi dans le milieu de cette allée d'espace en espace : Enfin ce Jardin est fort grand, & est terminé par une muraille qui a une grande porte en son milieu, qui donne entrée dans un clos de grande étenduë, planté d'arbres fruitiers, & aussi proprement entretenu que les Jardins.

CHAPITRE CINQUIE'ME.

Des Habitans de Bagnagar.

IL y a beaucoup d'Officiers & de gens de Loy à Bagnagar, mais le plus considerable est le Cotoüäl : Il est non seulement le Gouverneur *Habitans de Bagnagar.*

de la Ville, mais encore il eſt le grand Doüanier du Royaume. Il eſt outre cela le Maître de la Monnoye, & le ſuprême Juge de la Ville, tant pour le civil, que pour le criminel ; & il tient du Roy toutes ces Charges en party, dont il donne beaucoup d'argent. Il y a en cette Ville beaucoup de riches Marchands Banquiers & Joalliers, & quantité de gens de mêtier qui ſont fort adroits. Il faut compter entre les Habitans de Bagnagar, les quarante mille Cavaliers Perſans, Mogols ou Tartares, que le Roy entretient pour n'y eſtre plus ſurpris comme il a eſté autrefois par ſes Ennemis.

Outre les Marchands Indiens qui ſont à Bagnagar, il y en a beaucoup de Perſans & d'Armeniens ; mais la foibleſſe du Gouvernement, fait que les Omras leur font quelquefois des Avanies ; & pendant que j'y eſtois un Omra retint chez luy un Banquier Gentil qu'il avoit fait venir, & il luy fit donner cinq mille ſequins : Sur l'avis de cette extorſion, les Banquiers fermerent leurs Bureaux, mais le Roy fit tout rendre au Gentil ; & l'affaire finit.

Avanies.

Les Artiſans de la Ville, ainſi que les gens qui travaillent à la terre, ſont du pays. Il y a auſſi beaucoup de Francs dans le Royaume, mais la plûpart ſont Portugais, qui s'y ſont refugiez pour quelques crimes commis : Cependant les Anglois & Hollandois s'y ſont habituez depuis peu, & les derniers y gagnent beaucoup. Ils y ont estably un Comptoir, depuis trois ans, où ils acheptent pour la Compagnie, quantité de chites & autres toiles qu'ils font debiter ailleurs dans les Indes. Ils font venir de Masulipatan, sur des bœufs toutes les marchandises qu'ils sçavent estre de plus grand debit à Bagnagar & autres Villes du Royaume, ainsi que sont, le gerofle, le poivre, la canelle, l'argent, le cuivre, l'étain & le plomb : Ils gagnent beaucoup là-dessus ; on dit que pour un ils tirent vingt-cinq de profit, & l'on m'a asseuré que ce gain va par année à onze ou douze cens mille livres. Ils sont bien venus dans ce pays, parce qu'ils y font beaucoup de presens, & leur Commandant commença peu de jours avant que je partisse de Bagnagar, à avoir des Trompettes & des Tymbales, & à faire porter un Etendart devant luy par ordre de ses superieurs.

Femmes publiques.

Les femmes publiques sont permises dans le Royaume, & personne ne trouve étrange qu'un homme aille chez elles, & elles sont souvent sur leurs portes bien parées, pour attirer les passans ; mais on dit que la plûpart sont gâtées. Les gens de basse condition donnent grande liberté à leurs femmes : Quand un homme est prest à se marier, le pere & la mere de la fiancée stipulent avec luy qu'il ne se fâchera point que sa femme aille se promener par la Ville, ou chez ses voi-

Liberté des fẽmes de Golconde.

fins, & mesme qu'elle boive du Tary, boisson dont les Indiens de Golconde sont extrêmement friands.

Lorsqu'il se fait quelque vol à Bagnagar ou ailleurs, on punit le voleur en luy coupant les deux mains; ce qui se fait aussi dans la plûpart des pays des Indes.

Monoyes de Golconde. Les Monnoyes qui ont le plus de cours dans ce Royaume, sont les pagodes, les roupies du Mogol, les demy roupies, les quarts de roupies & les pechas. Les pagodes sont des pieces d'or, dont il y a de vieilles & de neuves; lors que j'estois à Bagnagar, les vieilles valloient cinq roupies & demy, c'est-à-dire environ huit livres, parcequ'elles y estoient rares, & les neuves ne valloient que quatre roupies, c'est-à-dire environ six livres; mais les unes & les autres haussent & baissent selon le besoin qu'on en a: & les roupies qui ne vallent au Mogolistan qu'environ trente sols, passent à Golconde pour cinquante-cinq pechas, qui vallent quarante-six ou quarante-sept sols. *Pechas.* On bat de cette Monnoye de pechas à Bagnagar; mais comme ce sont presentement les Hollandois qui en fournissent le cuivre, ces pechas sont pour eux, & ils les changent ensuite par le moyen de leur commerce pour des pagodes & des roupies.

Prix & Poids des Diamans. Comme l'on peut dire que le Royaume de Golconde est le pays des Diamans, il est bon de connoistre

connoiſtre le prix qu'on en donne ordinairement à proportion de leur poids. Le poids principal des Diamans, eſt le mangelin ; il peſe cinq grains & trois cinquiêmes, & le carat ne peſe que quatre grains, & ſept mangelins font ſept carats. Les Diamans qui ne peſent qu'un ou deux mangelins, ſe vendent ordinairement quinze ou ſeize écus le mangelin ; ceux qui ſont du poids de trois mangelins, ſe vendent juſqu'à trente écus le mangelin, & on aura pour cinq écus trois Diamans, ſi les trois ne peſent qu'un mangelin : Cependant le prix n'en eſt jamais bien fixé, car j'ay vû payer un jour cinquante-cinq écus par mangelin d'un Diamant du poids de dix mangelins, & le lendemain on n'en paya que quarante-quatre d'un autre Diamant qui peſoit quinze mangelins : Peu de temps aprés je me trouvay au Château avec un Hollandois qui acheta un gros Diamant du poids de cinquante mangelins ou ſoixante-dix carats, on luy en demanda dix-ſept mille écus ; il le marchanda longtemps, mais à la fin il tira le Marchand à part pour conclure le marché, & je ne pûs obtenir de luy qu'il me diſt combien il en donna. Cette pierre a un grain au milieu, & il la faut couper en deux. Il en acheta une autre à Bagnagar, qui peſoit trente-cinq mangelins ou quarante-neuf carats, & il eut le carat pour cinq cens cinquante-cinq livres, monnoye d'Hollande.

Mangelin, poids. Carat.

CHAPITRE SIXIE'ME.

Du Château de Golconde.

Golconde, Château.

LE Château où le Roy tient ordinairement sa Cour, est à deux lieuës de Bagnagar ; on l'appelle Golconde, & le Royaume en porte le nom. Ce fut Cotup-Châ premier qui le nomma ainsi, parceque cherchant aprés son usurpation un lieu où il pût bâtir une place forte, celuy où est ce Château, luy fut enseigné par un Berger qui le conduisit par un bois à la montagne où est presentement le Palais ; & comme ce lieu luy parut fort propre pour son dessein, il y bâtit ce Château, & le nomma Golconde, du mot Golcar, qui en Langue Telengui veut dire un Berger : Toute la campagne de Golconde n'estoit alors qu'une forest dont on a defriché la terre peu à peu, aprés avoir brûlé les bois. Cette Place est au Couchant de Bagnagar ; la plaine qui y conduit, en sortant du Fauxbourg, fournit une trés-belle veuë, à laquelle l'aspect de la montagne qui s'éleve en pain de sucre au milieu de ce Château, qui a tout autour sur son penchant le Palais Royal, contribuë beaucoup par sa perspective naturelle. Cette Forteresse a un grand circuit, & on peut l'appeller une Ville : Ses murailles sont bâties de pierres longues de trois pieds, & larges d'autant, & elles sont entourées de fossez profonds, partagez en Tanquiez, qui ont de belles & bonnes eaux.

Mais au reste il n'y a aucune piece de fortification que cinq Tours rondes qui ont aussi bien que les murailes de la Place, beaucoup de canon pour leur deffense : Quoyqu'il y ait plusieurs portes à ce Château, on n'en tient que deux ouvertes, & pour y entrer nous passâmes par-dessus un pont qui est bâty sur un grand Tanquié, & ensuite par un lieu fort étroit entre deux Tours, qui conduit en tournoyant à une grande porte gardée par des Indiens assis sur des relais de pierre, avec leurs épées auprés d'eux. Ils n'y laissent entrer aucun Etranger, s'il n'a une permission du Gouverneur, ou si quelque Officier du Roy ne le connoist. Il n'y a dans ce Château, outre le Palais du Roy, que les logis de quelques Officiers, qui soient bien bâtis ; mais ce Palais est grand & bien situé pour le bon air & la belle vûë, & un Chirurgien Flamand, qui est au service du Roy, m'a dit que la chambre où il voyoit le Roy, a un Kiock d'où l'on découvre non seulement tout le Château & la campagne, mais encore tout Bagnagar, & que l'on passe par douze portes avant que d'estre à l'appartement de ce Prince. La plûpart des Officiers logent dans ce Château, qui a plusieurs bons Bazars où l'on trouve tout ce qu'on a besoin, particulierement pour la vie, & tous les Omras & autres grands Seigneurs y ont des Hôtels, outre ceux qu'ils ont à Bagnagar.

Le Roy veut que les bons Ouvriers y demeurent, & pour cela il leur fait donner des logemens, dont ils ne payent rien: Il fait mesme loger des Joalliers dans son Palais, & c'est seulement à ceux-cy qu'il confie les pierres de consequence, aprés leur avoir precisément deffendu de dire à personne quel travail ils font, de peur que lorsqu'il fait mettre en œuvre des pierres de grand prix, Orang-zeb ne le sçache, & ne les luy fasse demander: Les Ouvriers du Château sont occupez aux pierreries communes du Roy, qui en a une si grande quantité que ces gens-là ne peuvent presque travailler pour aucune autre personne.

Taille de Saphirs. Ils taillent les Saphirs avec un archet de fil d'archal: Pendant qu'un Ouvrier fait agir cét archet, un autre verse contiüellement sur la pierre, de la poudre d'Emery blanc détrempée avec beaucoup d'eau, & reduite en bouë fort liquide; & de cette maniere ils font leur travail sans peine. *Emery blanc.* Cét Emery blanc se trouve par pierres dans un lieu particulier du Royaume, & s'appelle Corind en Langue Telenguy: On le vend un écu ou deux roupies la livre, & lors qu'on s'en veut servir, on le met en poudre.

Oster la tare d'un diamant.

Quand ils veulent couper un Diamant pour en ôter quelque grain de sable, ou autre tare qui s'y rencontre, ils le scient un peu au lieu où il le faut couper, & l'ayant ensuite posé sur un trou qui est à un morceau de bois, ils appliquent un petit coin de fer sur l'endroit qui est scié, & pour peu qu'on frape ce coin, il coupe le Diamant jusqu'au bas.

Bezoars.

Le Roy a grande provision d'excellens Bezoars : Les montagnes où paissent les Chevres qui les portent, sont au Nord-Est du Château, à sept ou huit journées de Bagnagar : Ils se vendent ordinairement quarante écus la livre. Les longs sont les meilleurs : On en trouve dans quelques Vaches, qui sont beaucoup plus gros que ceux des Chevres, mais on n'en fait pas tant de cas ; & ceux qui sont les plus estimez de tous, se tirent d'une espece de Singes qui sont un peu rares, & ces Bezoars sont petits & longs.

Sepultures des Rois & Princes de Golconde

La Sepulture du Roy qui a bâty Golconde, & celles des cinq Princes qui ont regné aprés luy, sont environ à deux portées de mousquet du Château : Elles ont une grande étenduë, à cause que chacun est dans un grand Jardin : On sort par la porte qui regarde le Couchant pour y aller, & c'est par où l'on fait sortir, non seulement les corps des Roys & des Princes, mais aussi de tous ceux qui meurent dans le Château ; & on ne peut obtenir de les transporter par une autre porte, quelque faveur que l'on aye. Les Tombeaux des six Roys sont accompagnez de ceux de leurs parens, de leurs femmes & de leurs principaux Eunuques. Chacun est au milieu d'un Jardin, & quand on les visite, on monte d'abord par cinq ou six marches sur un perron qui est bâty de ces pierres, qui sont semblables à la thebaïque. La Chapelle qui enferme le Tombeau est entourée d'une gallerie percée en arcades : Elle est quarrée & élevée de six à sept toises : Elle a plusieurs ornemens d'architecture, & elle est couverte d'un dôme qui a à chacun des quatre coings une tourelle : On n'y laisse entrer que peu de personnes, parceque l'on fait passer ces lieux pour sacrez : Il y a des Santons qui en gardent l'entrée, & je n'aurois pû y entrer, si je n'avois fait connoistre que j'estois Etranger. Le pavé est couvert de tapis, & il y a sur le Tombeau une couverture de satin qui traisne jusqu'à terre, & est parsemée de fleurs blanches. Il y a un Dais de mesme étoffe à la hauteur d'une toise, & le tout est éclairé de plusieurs lampes. Les Tombeaux des Fils & Filles du Roy sont d'un côté, & on voit de l'autre tous les Livres de ce Roy sur des sieges plians, & ce sont pour la plûpart des Alcorans avec leurs Commentaires, & quelques autres de la Religion Mahometane.

Les Tombeaux des autres Roys sont de mesme que celuy-cy, sinon que la Chapelle des uns est quarrée en dedans comme en dehors, & celle des autres est en croix : Les unes sont revêtuës de cette belle pierre dont j'ay parlé, les autres le sont de pierre noire; & quelques unes de pierre blanche avec un verny luisant qui les fait paroître de marbre fin, & il y en a qui sont revêtuës de carreaux de pourcelaine. Le Tombeau du Roy dernier mort, est le plus beau de tous : Son dôme est vernissé de couleur verte. Les Tombeaux des Princes leurs freres, & de leurs autres parens, & mesme ceux de leurs femmes, ont une mesme forme que les leurs ; mais on les distingue aisément, parceque leurs dômes n'ont pas le croissant qui est sur les dômes de ceux des Roys. Les Sepultures des principaux Eunuques sont basses & couvertes en terrasse sans aucun dôme ; mais elles ont chacune leur Jardin : Toutes ces Sepultures servent d'azile, & quelque criminel que soit un homme, s'il peut y entrer, il est en seureté. On y sonne le Gary aussi bien qu'au Château, & toutes choses y sont reglées entre les Officiers avec la derniere exactitude. Ce Gary est assez agreable, quoyqu'on ne le sonne qu'avec un bâton, dont on touche un grand plat de cuivre que l'on tient en l'air ; mais le Sonneur le touche avec art, & il y a de l'harmonie. : Ce Gary sert à marquer le temps,

Aux Indes le jour naturel se partage en deux ; une partie commence au point du jour, & l'autre à l'entrée de la nuit, & chacune de ces parties est divisée en quatre quarts, & chaque quart en huit parts qu'ils appellent Gary.

CHAPITRE SEPTIE'ME.

Du Roy de Golconde regnant.

LE Roy regnant est Chiaï de Religion, c'est-à-dire de la secte des Persans: Il est le septiéme depuis l'usurpation faite sur le successeur de Chââlem Roy du Decan, & il se nomme Abdullâ Cotup-Châ. J'ay déja marqué que Cotup-Châ est le nom de tous les Rois de Golconde, comme Edel-Châ est celuy des Rois de Viziapour. Ce Roy icy est Fils d'une Bramane, qui a eu encore d'autres Princes du feu Roy son mary, & qui a eu beaucoup d'esprit. Il n'avoit que quinze ans quand son pere, qui avoit laissé la Couronne à son Fils aîné, mourut ; mais cét aîné estant moins aimé de la Reine, qu'Abdoulla son cadet, il fut mis en prison, & Abdoulla sur le Trône. Il demeura dans sa prison jusqu'en l'an mil six cens cinquante-huit, qu'Aurenzeb venant dans le Royaume, avec une Armée, le Prince

Prince prisonnier eut la hardiesse de faire dire au Roy, que s'il luy plaisoit de le mettre à la teste de ses Troupes, il iroit au devant du Mogol, & le combatroit. Cette hardie proposition épouvanta le Roy, & bien loin de luy accorder ce qu'il demandoit, il le fit empoisonner.

Nombre des gens de guerre.

Le Roy de Golconde paye plus de cinq cens mille Hommes de guerre; & c'est ce qui fait la richesse des Omras, parce que celuy qui est payé pour entretenir mille Hommes, n'en a que cinq cens, & ainsi des autres à proportion. Il donne pour un Cavalier qui doit estre ou Mogol, ou Persan, dix sequins par mois, & moyennant cette paye il doit avoir deux Chevaux & quatre ou cinq Vallets. Un Pieton de ces Nations, a cinq sequins, & doit entretenir deux Vallets, & son arme doit estre le mousquet. Il ne donne aux Indiens ses Sujets, que deux ou trois roupies par mois; & ceux-cy ne portent que la lance & l'épée. Comme le feu Roy donnoit beaucoup davantage de paye aux gens de guerre, il estoit bien mieux servy que celuy-cy : Il avoit toûjours une forte Armée entretenuë, dont le nombre des Soldats qu'il payoit, estoit effectif. Par ce moyen il empêchoit aisément le Grand-Mogol d'entreprendre aucune chose contre luy, & il ne luy estoit pas tributaire ainsi qu'est son Fils.

Le Roy alloit autrefois de temps en temps

à son Palais de Bagnagar, mais il n'y est point entré depuis huit ans, qu'Aurang-zeb n'estant encore que Gouverneur de Province, l'y surprit aprés avoir fait faire telle diligence à ses Troupes, qu'elles furent aux portes de Bagnagar, avant que le Roy eut eu nouvelle qu'elles estoient parties d'Aurangeabad ; en sorte qu'il se rendit aisément le maître de la Ville : Neantmois le Roy s'estant déguisé, se sauva par une porte secrette, & se retira à la Forteresse de Golconde. Le Mogol pilla la Ville & le Palais, dont il enleva toutes les richesses, & jusques aux plaques d'or dont les planchers de l'appartement du Roy estoient revêtus. La Reine-Mere eut enfin l'adresse d'appaiser le vainqueur : Elle traita avec luy au nom du Roy, & elle luy accorda une de ses Filles en mariage pour son Fils, avec promesse qu'il luy laisseroit le Royaume aprés sa mort, s'il n'avoit point d'enfans mâles, & il n'en a point. Sans cét accommodement il estoit sur le point de perdre son Royaume, & peut-estre la vie. Il craint tout depuis ce temps-là, & il ne se confie aprés la Reine sa mere, qu'à Sidy Mezafer son Favory, & aux Bramans, parceque cette Reine est de Caste Bramane, & toûjours entourée de ces sortes de gens. Le Roy n'entend les choses que par eux, & il y en a de certains qui sont ordonnez pour écoûter ce que le Vizir même & les autres Officiers ont à dire au Roy :

Mais sa crainte est bien augmentée depuis que le Grand-Mogol est en guerre avec le Roy de Viziapour, qu'il assista au commencement d'une Armée de deux cens mille Hommes, commandée par un Eunuque, & qui fut presque aussi-tôt rappellée sur les plaintes que l'Ambassadeur du Mogol en fit à Golconde. Le Roy dit pour s'excuser, qu'on avoit envoyé cette Armée sans sa participation ; & il craint bien fort encore d'avoir les Mogols sur les bras, s'ils viennent à bout du Roy de Viziapour, qui s'est deffendu jusques icy fort genereusement. On voit par là la foiblesse de l'esprit de ce Roy ; il n'oseroit faire mourir ses Omras, quand même ils seroient dignes de mort, & s'il les trouve atteints de quelque crime, il se contente de les condamner à une amende dont il retire l'argent. Les Hollandois même commencent à le gourmander ; & il n'y a pas longtemps qu'ils l'obligerent à leur abandonner un Vaisseau Anglois dont ils s'estoient saisis à la rade de Masulipatan, quoyqu'il en eût entrepris la deffense.

Il y a aussi à sa Cour un Prince qui commence à l'inquieter beaucoup ; c'est celuy qu'on appelle le petit Gendre du Roy, qui a épousé la troisiéme des Princesses ses Filles, parcequ'il est du Sang Royal : Il pretend à la Couronne, quelque promesse que l'on ait fait au Grand-Mogol ; & il se fait servir comme le Roy, dont jusqu'icy il a esté beaucoup aimé : Mais il a presentement ce Gendre en bute comme les autres, & croit qu'il le veut perdre pour regner, quoyqu'il passe pour un trés-honneste Homme. Il y avoit à Bagnagar prés du Kervanseray de Nimet-ulla, un Santon More qui estoit en grande veneration parmy les Mahometans ; il logeoit dans une maison qu'un grand Omra luy avoit fait bâtir, mais il en tenoit durant tout le jour les fenestres fermées, & il ne les ouvroit que vers le vespre pour donner des benedictions à quantité de gens qui luy en demandoient en criant, aprés avoir baisé la terre en sa presence. La plûpart des Omras visitoient tous les soirs ce fourbe ; & lorsqu'il sortoit, ce qui arrivoit rarement, il alloit en palanquin où il se faisoit voir tout nud à l'Indienne, & le peuple le reveroit comme un Saint. Les grands Seigneurs luy faisoient des presens, & il avoit dans le parvis de sa maison un Elephant enchaîné qui luy avoit esté donné par un grand Omra. Pendant que j'estois à mon voyage de Carnate, le petit gendre du Roy donna à ce Santon beaucoup de joyaux qui appartenoient à la Princesse sa femme, Fille du Roy ; & comme l'on ne sçavoit point le motif de ce grand present, que peut-estre quelque superstitieuse devotion avoit fait faire, on ne manqua pas de dire que c'estoit pour lever des Troupes contre le Roy, afin d'envahir la Couronne

Santon More.

de concert avec le Santon. Que ce bruit fût faux ou veritable, il est certain que le Roy envoya chez le Santon enlever les pierreries de sa Fille, qu'on emmena l'Elephant, & qu'il eut ordre de sortir du Royaume. La Fille aînée du Roy estoit femme d'un parent d'un Cheik de la Mecque; la seconde Fille avoit épousé Mahmoud fils aîné d'Auranzeb, pour les raisons que j'ay déja marquées, & la troisiéme est femme du petit gendre Mirza Abdul-cossin, qui en a des enfans mâles, & on dit que la quatriéme est destinée au Roy de Viziapour.

Le Roy de Golconde a de grands revenus; il est proprietaire de toutes les Terres de son Royaume, qu'il donne à ferme à qui luy offre le plus, excepté celles dont il gratifie ses amis particuliers, à qui il en laisse l'usufruit pour un temps: Les Doüannes des Marchandises qui passent sur ses Terres, & celles des Ports de Masulipatan & de Madrespatan, luy rapportent beaucoup, & il n'y a presque point de danrées dans son Royaume, dont il ne tire des droits considerables. *Doüanes.*

Les mines des Diamans luy font encore un grand revenu, & tous ceux à qui il permet de creuser à celles qui sont vers Masulipatan, luy donnent une pagode par heure pendant le temps qu'ils y foüillent, soit qu'ils trouvent des Diamans, ou qu'ils n'en trouvent pas. Ses princi- *Mines de Diamans.*

pales mines sont dans la Carnate en divers endroits vers le Viziapour, & il y fait continüellement travailler par six mille hommes qui en tirent tous les jours prés de trois livres, & personne n'y creuse que pour le Roy.

Riche Ioyau du Roy de Golconde.

Ce Prince porte sur le haut de sa teste, un Joyau de prés d'un pied de long, qu'on dit estre d'un prix inestimable. C'est une rose de gros Diamans qui a trois à quatre pouces de diamettre : Il y a au haut de cette rose, une petite couronne d'où il sort une branche en façon de palme, mais qui est ronde ; & cette palme qui est courbée par le haut, a de diamettre un bon pouce, & est longue environ de demy pied, elle est composée de plusieurs verges qui en font comme les feüilles, & dont chacune a au bout une belle perle en poire : au pied de ce bouquet il y a deux bandes d'or en façon de brasselets en table, où sont enchassez de gros diamans qui sont entourez de rubis, qui avec les grosses perles qui pendent de tous costez, font un effet admirable : & ces bandes ont des crochets de diamans pour attacher ce joyau à la teste : Enfin ce Roy a plusieurs autres pieces considerables & de grand prix dans son tresor, & il n'y a point de doute qu'il ne surpasse tous les Rois des Indes en pierreries, & que s'il se trouvoit des acheppteurs qui luy en donnassent ce qu'ils valent, il n'eût des sommes immenses.

CHAPITRE HUITIE'ME.

Des Omras ou Omres de Golconde.

LEs Omras sont les grands Seigneurs du Royaume, qui sont pour la plûpart Persans ou fils de Persans : Ils sont tous riches ; non seulement ils tirent par an de grosses payes du Roy pour leurs Charges, mais ils profitent extrêmement sur les gens de guerre, dont à peine ils payent la moitié du nombre qu'ils sont obligez d'entretenir : Outre cela ils ont des gratifications que le Roy leur fait des Terres & des Villages, dont il leur donne l'usufruit, où ils font faire des exactions extraordinaires par les Bramans qui sont leurs Fermiers.

Tous ces Omras ont fort beau train : Lors qu'ils vont par la Ville, ils sont precedez par un ou deux Elephans sur lesquels il y a trois Hommes qui portent des banieres. Cinquante ou soixante Cavaliers bien vêtus & bien montez sur des Chevaux de Perse ou de Tartarie, avec des arcs & des fleches, l'épée au côté & le bouclier sur le dos, les suivent à quelque distance ; & ceux-cy sont suivis par d'autres gens à cheval qui jouënt des trompettes & des fifres.

L'Omra vient aprés eux à cheval, entouré de trente ou quarante Valets à pied, dont les uns font faire place, les autres portent des lances, & les autres chassent les mouches avec des serviettes fines. Il y en a un qui tient un parasol sur la teste de son Maître, un autre porte la pipe à tabac, & d'autres les pots pleins d'eau qui sont dans des cages de canes suspenduës. Le Palanquin porté par quatre hommes, est aprés, avec deux autres porteurs de rechange; & cette pompe finit par un chameau ou deux, montez par des gens qui batent des timbales.

Lorsqu'il plaist à l'Omra, il se met dans son Palanquin, & alors son cheval est mené en lesse. Le Palanquin est quelquefois revêtu d'argent, & a ses bambous ou canes, garnis d'argent aux deux bouts; & le Seigneur paroist couché tenant en sa main des fleurs, ou fumant du tabac, ou mâchant le Betlé & l'Aréca, avec une posture effeminée qui marque la derniere molesse. Tous ceux qui ont une paye un peu considerable, tant Mores que Gentils, imitent les Omras, & se font porter par la Ville en Palanquin bien accompagnez; & l'Interprete Holandois à Bagnagar, qui est Gentil, va presentement avec un pareil équipage, si ce n'est qu'au lieu de chameaux, il fait rouler un chariot; mais au moins il n'y a point de Cavalier qui n'ait son porteur de parasol, ses deux chasseurs

de

de mouches, & son Echanson.

Le Betlé que ces Messieurs mâchent en Palanquin, est une feüille qui ressemble assez à celle de l'oranger, encore qu'elle soit moins large ; & comme sa tige est foible, on plante ordinairement le Betlé auprés de l'arbre d'Areca, où il s'attache : Aussi bien les Indiens ne prennent point de Betlé sans une noix d'Aréca, & on les vend ensemble. L'Aréca est fort haut, & ressemble assez au palmier ordinaire : Il porte par grapes ses noix, qui sont grosses comme des dates ; & ce fruit est insipide. Ce Betlé & cét Aréca, font la contenance de tous les Indiens, & ils en usent dans la ruë & par tout. Ils pretendent que cette drogue est excellente pour l'estomac & pour la douceur de l'haleine.

Tous ceux que l'on appelle Omras a Golconde, ne sont pas de la force de ceux dont je viens de marquer le train ; il y en a de moins riches qui proportionnent leur train à leurs facultez : Outre que la qualité d'Omra est devenuë si commune, & on a tant de liberté de la prendre, que ces Indiens qui gardent le Château & les dehors du Palais du Roy, au nombre de mille, se font aussi appeller Omras, quoy qu'ils n'ayent qu'environ un écu de paye par mois : Mais enfin entre les grands Omras il y en a d'extrêmement riches. On y a vû l'Omra ou plûtôt l'Emir Gemla, fils d'un vendeur

Emir Gemla, ou Mir-Gemla.

d'huîle d'Iſpahan, avec des richeſſes de Prince. Il quitta le ſervice du Roy de Golconde, pour prendre celuy du Mogol, & il eſt mort Gouverneur de Bengale. On ſçait qu'il avoit deſſein de ſe faire declarer Roy de Bengale, où il eſtoit trés-puiſſant, & qu'il n'attendoit pour cela que quelque occaſion favorable pour retirer ſon Fils de la Cour du Grand-Mogol, où il eſtoit détenu comme en ôtage. Il avoit vingt Mans peſant de Diamans, c'eſt le poids de quatre cens huit livres de Hollande; & toutes ſes richeſſes luy eſtoient venuës du pillage qu'il avoit fait autrefois dans la Carnate, lorſqu'il eſtoit à la teſte de l'Armée du Roy de Golconde, lorſque ce Roy joint avec celuy de Viziapour, fit la guerre contre le Roy de Biſnagar. Ce General y prit beaucoup de Places en peu de temps; mais celle de Guendicot qui eſt une Forteresſe ſituée ſur la cime d'un rocher inacceſſible, arrêta entierement ſes conquêtes. La Ville eſt ſur le penchant de la montagne; il faut preſque grimper pour y aller, & il n'y a qu'un chemin étroit qui y donne entrée. Mir-Gemla n'en pouvant venir à bout par la force, ſe ſervit de ſon adreſſe & de ſon argent, & il negocia ſi bien avec ceux que le Naïque envoya pour traiter de la paix, qu'il fit ſortir ce Gouverneur ſous pretexte de ſe liguer avec luy pour de grands deſſeins; mais il ne fut pas plûtôt au rendez-vous, que l'Omra se saisit de sa personne contre la parole qu'il avoit donnée, & il ne le laissa point sortir de chez luy, avant qu'il l'eut mis en possession de Guendicot. Cette Place est à dix journées de Saint-Thomé dans les Terres.

Il y avoit deux mois que j'estois dans le Royaume, quand l'hyver se fit sentir : Il commença en Juin par quantité de pluyes & de tonnerres, mais ces tonnerres ne durerent que quatre jours, & la pluye y continüa par d'impetueuses guillées avec de grandes bourasques de vents jusqu'à la my-Juillet, quoyque de temps en temps il y eut quelque beau jour : Le reste de ce mois fut assez beau ; en Aoust, en Septembre & en Octobre il tomba de grandes pluyes, mais sans tonnerre : Les Rivieres déborderent tellement qu'on ne pouvoit passer sur les Ponts, pas même avec le secours des Elephans. La Riviere de Bagnagar abbatit prés de deux mille maisons, dans lesquelles il perit quantité de gens. L'air estoit un peu froid durant la nuit & au matin, pendant le jour il y avoit quelque chaleur, mais elle estoit aussi moderée qu'elle est en France au mois de May, & l'air demeura ainsi temperé jusqu'au mois de Février de l'année suivante, que les grandes chaleurs commencerent.

Hiver à Golconde.

Ces pluyes fertilisent merveilleusement les Terres de ce Royaume, qui rapportent de toutes choses en abondance, & principalement de fruits : Il y a beaucoup de vignes, & les raisins en sont meurs dés le mois de Janvier, quoyqu'il y en ait qu'on ne cueïlle qu'en Février, Mars ou Avril, suivant que les vignes sont exposées : On en fait du vin blanc : quand on a cueïlly le raisin, on taille les vignes, & elles rapportent du verjus à la Saint Jean : Le ris & beaucoup d'autres choses se moissonnent aussi deux fois l'an dans ce Royaume.

CHAPITRE NEUFIE'ME.

Départ de Bagnagar pour Masulipatan.

Ayant esté assez longtemps à Bagnagar, je fis dessein de voir quelques pays de la coste de Coromandel, & nonobstant l'hyver je resolus de prendre la route de Masulipatan : Comme on ne pouvoit y aller en chariot ny en carrosse, à cause des mauvais chemins & des frequens débordemens des rivieres & des ruisseaux, je loüay un Cheval pour moy, & deux Bœufs pour mon Valet & mes hardes, & je partis avec quelques Marchands. Nous nous rendîmes à un Bourg appellé Elmas-kepentch, à huit lieuës de Bagnagar : Ceux qui veulent aller aux mines de

Diamans de Gany, vont par Tenara, où il y a un magnifique Palais du Roy, composé de quatre grands corps de logis à deux étages bâtis de belles pierres, & ornez de portiques, salons & galleries ; & il y a devant le Palais une grande Place fort reguliere : Outre les appartemens Royaux, il y a des habitations pour les Voyageurs, & il y a des fonds inalienables pour donner à manger aux pauvres & à tous les passans qui s'y veulent arrêter.

mines de Gany Tenara Palais magnifique.

N'ayans point affaire à ces mines de Diamans qui sont à six ou sept journées de Golconde, nous allâmes par l'autre chemin : Nous ne trouvâmes dans tout le voyage que trois petites Villes, qui sont Panguel, Sarchel & Penguetchepoul ; mais nous rencontrâmes plusieurs Rivieres, dont les plus importantes sont celles de Kachkna & de Moucy : Nous passâmes dedans seize ou dix-sept Villages qui ont des campagnes toûjours verdoyantes & agreables à la vûë, quoy qu'il y ait un fort mauvais chemin. J'y vis de toutes les sortes d'arbres qui sont aux Indes, & même des arbres de Casse, quoyqu'ils soient assez rares aux autres païs des Indes : Enfin nous arrivâmes en dix jours à Masulipatan ; tout ce chemin contient environ 53 lieuës de France, & on le fait en sept jours durant le beau temps.

Route de Bagnagar à Masulipatan

Elmas Quipentche à huit lieuës de Bagnagar.

Tchellapeli à 6 l. d'Elmas.

Panguel Ville.

Amanguel à 6 l. & demye de Tchellapeli.

Sarchel Quipentche Ville à demye lieuë d'Amen.

Mousi riviere.

Gongelou à 3 l. de Sarchel.

Anendeguir à 4 l. de Gongelou.

Penguetchpoul Ville à 5 lieuës d'Anende.

Masulipatan est à la coste de Coromandel, à seize degrez & demy de latitude vers le Nord.

Pantela à 5 l. & demie de Penguetch.

Matcher à 4 l. de Pantela.

Quachgna ri.

Ovir à 4 l. de Matcher.

Milmol à 4 l d'Ovir.

Goroupet à 2 l. de Milmol.

Masulipatan à demie lieue de Goroupet.

Cette Ville est située sur le Golphe de Bengale à l'Est-Sudest de Bagnagar : Encore que la Ville soit petite elle est fort peuplée : Les ruës en sont étroites, & il y fait une chaleur insupportable depuis Mars jusqu'en Juillet. Toutes les maisons sont separées les unes des autres, & les eaux en sont salées à cause de la marée qui y monte : On y fait un grand trafic de Schites, parcequ'outre celles qui s'y font, on y en apporte quantité de Saint-Thomé, qui sont beaucoup plus fines & mieux colorées que celles du reste des Indes.

Comme la plage est excellente, il y vient des Vaisseaux de toutes Nations, & il en part pour tout païs. J'y vis des Cochinchinois, des gens de Siam, de Pegu & de plusieurs autres Roïaumes d'Orient.

Idolâtres.

Figures de Monstres.

Le païs de Masulipatan, ainsi que le reste de la coste, est si remply d'Idolâtres, & les Pagodes si pleines de figures impudiques de monstres, qu'on ne sçauroit y entrer sans horreur. Il est extrêmement fertile, & tous les vivres y sont à bon marché : Les gens de nôtre Caravane avoient des moutons pour douze sols, des perdrix pour deux liards, & une volaille pour moins de deux sols : Il en est presque de même par toute la coste de Coromandel, dans laquelle on ne comprend ordinairement que ce qui est depuis le Cap de Negapatan jusqu'à celuy de Masulipatan : Mais il y a des Autheurs qui la poussent plus avant, &

Etenduë de la Côte de Coromandel.

qui veulent l'étendre depuis le Cap de Comory jusques à l'embouchèure Occidentale du Gange, quoyque les autres la finissent au Cap que les Portugais appellent *Das-Palmas*.

Le Cap Das-Palmas.

Cette coste a plusieurs Villes, dont il y en a de bonnes, & entr'autres Negapatan qui est à douze degrez de latitude ; Trangabar qui est presque au mesme degré ; Meliapour ou Saint-Thomé qui est à treize degrez & demy d'élevation, & que les Mores à l'aide des Hollandois, reprirent sur les Portugais, l'an mille six cens soixante-deux. Le Royaume de Golconde ne s'étend pas plus de deux lieuës au de-là de Saint-Thomé. On dit que Saint Thomas a esté martirisé en cette Ville qui porte son nom. On fait à Saint-Thomé de la chaux avec des coquilles semblables à celles que l'on apporte de Saint Michel en Normandie, & pour cela on les brûle avec de la fiante de pourceau.

Negapatan.

Trangabar.

Meliapour ou S. Thomé.

Il y a toûjours beaucoup de petite verole dans ce païs ; mais une autre maladie plus violente, y fait ordinairement bien plus de desordre : On l'appelle *AKeron* ; elle n'attaque que les enfans : C'est une inflammation de langue & de bouche qui leur vient d'une trop grande chaleur : Leurs parens ont soin de les rafraichir de temps en temps avec des herbes qui sont propres à ce mal ; car autrement elle attaque les boyaux, va jusqu'au fondement, & l'enfant en

Asqueron maladie.

Naïques Souverains. meurt. Il y a plusieurs Naïques au Sud de Saint-Thomé, qui sont Souverains : Le Naique de Madure en est un : Celuy de Tangiour est presentement Vassal du Roy de Viziapour. Naïque veut dire proprement Capitaine : Ils estoient autrefois Gouverneurs de Places, & Officiers du Roy ; mais s'estant rebellez, ils se sont faits Souverains.

Polyacate Poliacate est au Nord de Saint-Thomé ; & le Comptoir que les Hollandois y ont étably, est un des meilleurs qu'ils ayent aux Indes, à cause des Toilles de cotton dont ils ont là un fort grand Magazin. C'est à Poliacate où ils rafinent le salpestre qu'ils apportent de Bengale, & où ils *Salpestre.* font la poudre à canon, dont ils fournissent leurs autres Comptoirs : Ils rafinent à Batavie le salpestre qu'ils envoyent en Europe. Le Gouver-*Gueldria.* neur de Gueldria, qui est la Forteresse de Poliacate, a tous les mois cinquante écus de gage des Hollandois, avec cinquante écus pour sa table, sa provision de vin & d'huîle, & ses habillemens qu'il peut prendre quand il luy plaist, dans les Magazins de la Compagnie. Les Monnoyes qui ont cours à Paliacate, sont les roupies, & les pagodes qui y valent quatre roupies, c'est-à-dire *Fanons, Monnoye.* prés de six livres : Il y a aussi des fanons qui sont de petites pieces moitié or & moitié argent : Elles sont marquées comme les pagodes : Elles ne sont pas plus grandes que des paillettes : Il en en faut six & demy, & demy quart pour la roupie, & vingt-six & demy pour la pagode : On a aussi des Gazers qui sont de petites pieces de cuivre, de même grandeur que le fanon, dont quarante vallent le fanon ; & ce sont presentement les Hollandois qui battent toutes ces Monnoyes.

Gazer. Monnoye.

Leur Compagnie a encore un Comptoir à Palicole, à deux journées de Masulipatan vers le Nord, & un autre à Dacheron en la même coste. Bimilipatan est éloigné de quatre journées de Masulipatan, vers le Nord. Le commerce de ces quartiers là se fait de ris, de toiles fines, de fer, de cire & de lacre, qui y est aussi bonne qu'au Pegu ; & on y apporte de dehors le cuivre, l'étain, le plomb & le poivre : De Bimilipatan à Cicacola il y a quinze heures de chemin par terre, & c'est la derniere Ville du Royaume de Golconde du côté de Bengale. Les Gouverneurs de ce païs là sont grands tyrans ; & quand on les menace d'avertir le Roy de leurs exactions, ils s'en mocquent, & disent qu'il est Roy de Golconde, & eux de leurs Gouvernemens. De Cicacola à Bengale il y a un mois de chemin par terre.

Palicote. Dacheron. Bimilipatan. Cicacola.

Il y a plusieurs lieux dans le Royaume de Golconde, où l'on est fort incommodé des serpens ; mais lorsque quelqu'un en est piqué, il en guerit, pourvû qu'il ne neglige pas la playe, &

qu'il tienne un charbon de feu fort prés de la piqueure. On ſent que le venin en ſort peu à peu, & l'ardeur du feu ne l'incommode aucunement : On ſe ſert auſſi de la pierre de Cobra dont il a eſté cy-deſſus parlé.

Retour de Maſulipatan.

Lorſque je crûs eſtre aſſez informé des lieux de la coſte de Coromandel, je retournay de Maſulipatan à Bagnagar, & j'y demeuray encore trois ſemaines, parce que je n'en voulus point partir qu'en la compagnie de Monſieur Bazou, à qui il reſtoit quelques affaires à terminer : Ainſi j'eus tout le loiſir dont j'eus beſoin pour y voir celebrer la Feſte de Huſſein, Fils d'Aly, qui arrivoit en ce temps là. Les Mores de Golconde la celebrent avec encore beaucoup plus de folies qu'en Perſe : On y fait une infinité de maſcarades durant dix jours ; ils élevent des Chapelles par toutes les ruës, avec des tentes qu'ils empliſſent de lampes, & qu'ils ornent de tapis de pied : Les ruës ſont pleines de monde, & preſque tous ont le viſage couvert de cendres ſaſſées : Ceux qui ſont nuds, s'en couvrent tout le corps, & ceux qui ſont vêtus, en ont ſur leurs habits ; mais les habits qu'ils prennent ces jours là, ſont preſque tous extravagans, & les coëffures encore davantage : Ils portent tous des armes ; la plûpart ont leurs épées nuës, & les pauvres en ont de bois : Pluſieurs traînent par les ruës de longues chaînes groſſes comme le bras,

Feſte de Huſſein en Golcõde

qui ſont attachées à leur ceinture ; & comme ces gens ſouffrent en les traînant, ils excitent la pitié des devots qui les touchent, & aprés avoir baiſé leurs doigts, les portent à leurs yeux, comme ſi ces chaînes eſtoient de ſaintes Reliques. Il ſe fait des proceſſions où pluſieurs gens portent des banieres, & d'autres ont des perches où il y a une plaque d'argent qui repreſente la main de Huſſein ; d'autres qui ont des maiſonnettes de bois leger ſur leurs teſtes, ſautent & tournent à certaines cadances de chant ; d'autres font des dances en rond, tenant des épées nuës la pointe en haut, qu'ils touchent les unes contre les autres, en criant de toute leur force *Huſſein :* Les Filles publiques même participent à cette Feſte par leurs dances, leurs habillemens & leurs coëffures extravagantes.

Les Gentils Idolâtres celebrent auſſi cette Feſte pour ſe divertir, & ils le font avec des folies qui ſurpaſſent beaucoup celles des Mores : Ils boivent, ils mangent, ils rient & dancent de tous côtez, & ils diſent des chanſons qui ne ſont nullement d'une pompe lugubre, telle que les Mores pretendent repreſenter. On obſerve ſeulement de ne ſe point faire razer pendant les dix jours ; mais quoyqu'il ſoit deffendu de vendre autre choſe que du pain & des fruits, il y a abondance de toutes choſes dans les maiſons particulieres.

Cette Feste ne se celebre presque jamais sans répandre de sang ; car comme il y a plusieurs Sonnis qui se moquent des autres, & que les Chyaïs ne le peuvent souffrir, il se fait divers combats qui sont trés propres à representer la Feste, & en ce temps on ne fait aucune recherche des meurtres, parceque les Mores croyent que pendant ces dix jours les portes du Paradis sont ouvertes pour recevoir ceux qui meurent pour la Foy Musulmane. Je vis à Bagnagar une de ces querelles émuë par un Tartare qui prononça quelques paroles contre Hussein : Des Chyaïs en estant scandalisez, vinrent sur luy pour s'en vanger, mais il en tua trois de son épée, & il y eut plusieurs coups de mousquet tirez ; & un homme de qualité qui les voulut separer, reçût un coup dans l'estomach, dont il pensa mourir, ainsi que sept personnes qui furent tuez : Il y avoit même des domestiques du Grand-Vizir, de la partie ; & ce premier Ministre passant en ce lieu là dans son palanquin, en descendit à la hâte pour monter à cheval, & s'éloigner d'eux. Le lendemain de la Feste ils font d'autres processions, ils y chantent des airs lamentables, & ils y portent des cercueïls couverts de diverses étoffes, avec un turban sur chaque cercueïl pour representer l'enterrement de Hussein & des siens qui furent tuez à la Bataille de Kerbela par les gens du Calife Yezid.

CHAPITRE DIXIE'ME.

Du Départ de Bagnagar pour Sourat. Et du Mordechin.

CEtte Feste ne fut pas pas plûtôt finie, que Monsieur Bazou m'avertit de me preparer pour retourner à Sourat; ce que je fis: Ensorte que le treiziéme Novembre, nous partîmes de Bagnagar avec un Passeport du Roy, qu'il avoit obtenu pour ne point payer de droits par tout le Royaume; mais nous allâmes par un autre chemin que nous n'estions venus. Lorsque nous fûmes à Danec, on nous demanda des droits pour trois Villages, mais avec tant d'empressement qu'il sembloit que nous fussions coupables de ne tenir pas l'argent à la main pour les payer: Cependant lorsque l'homme que Sidy-Muzafer avoit donné à Monsieur Bazou pour faire valoir le Passeport, l'eut montré aux Exacteurs, ils s'en contenterent, & demanderent seulement une courtoisie pour acheter du Betlé; & il en fut de même dans tous les lieux de peages. Nous continuâmes nôtre voyage par les plus méchans chemins du monde; & aprés sept jours de marche, nous arrivâmes à la Ville de Beder, dont il

Campemens ou logemens de Bagnagar à Beder.
De Bagnagar à Danec, cinq cosses.
Nera riviere
A Tchelcour, 7 cosses.
Penna riviere
à Squequerdeh six cosses.
A Yacout-Kepentch 3 cosses
A Yenquetala six cosses.
Moumin ville
Pendgioul v.
A Couir, 8 co.
Senjavourd.
A Didiqui 6 c.
A Beder 4 co.
Les cosses reduites font 22 l. & demye.

a esté parlé cy-devant, & qui n'est éloignée de Bagnagar que de vingt-deux lieuës. Nous trouvâmes en cette route les Rivieres de Nerva, de Penna & de Mousi; deux petites Villes nõmées Moumin & Pendgioul, & quantité de Villages. Le Royaume de Golconde finit de ce côté icy entre les Bourgs de Couir & de Senjavourd.

Logemens depuis Beder jusqu'à Patry.
A Etour 12 c.
Manjera riv.
A Morg 8 coss.
A Oudeguir 6 cosses.
A Helly 6 co.
A Rajoura 6 c
A Saourgaon 6 cosses.
Carec riv.
Ganga riv
A Caly 8 c.
A Raampouri 6 cosses.
A Patry 8 c.
Le tout 33 li.

Nous partîmes de Beder le vingtiême Novembre, & je cheminay encore avec Monsieur Bazou durant trente-trois lieuës; mais parce qu'il avoit affaire à Aurangeabad, & moy à Brampour, nous nous separâmes à la Ville de Patry le trentiéme Novembre, aprés avoir passé les rivieres de Manjera, Carec & Ganga. Nous avions trouvé à nôtre chemin les Villes d'Oudeguir, Rajoura & Patry, où les Gouverneurs avoient grand soin de se garder des partis des Troupes du Roy de Viziapour, contre qui le Mogol estoit en guerre. Pour moy aprés m'estre encore fourny d'un Valet, je pris ma route par les Villes de Patou, Ner, Chendequer, Zafravad, Ronquera & Melcapour, qui toutes six ne valent pas une de nos mediocres Villes; & j'arrivay le Jeudy neufiéme Decembre, à Brampour, dont la description est cy-devant. Je trouvay dans ma route de Patry à Brampour, les rivieres de Doudna, Nervar, Pourna & Tapty, & j'employay vingt-neuf jours à ce voyage, quoyqu'on le fasse en vingt dans une autre saison.

Route de Patry à Brampour.
A Gabelgaon 9 cosses.
Doudna riv.
Patou ville, 6 cosses.
Ner ville, 6 c
Seouny 8 coss.
Chendequer v. 2 cosses.
Ourna rivi.
Zafranad v. 10 cosses.
Piply 10 cosses
Deoulgan 6 c.
Ronquera v. 6 cosses,
Melcapour v. 2 cosses.
Nervar riv.
Pourne riv,
Iapour 12 coss.
Tapty riv.
Brampour v. 2 cosses
Le tout 39 l. & demie.

Je partis de Brampour, Capitale de la Province de Candiche, pour retourner à Sourat par la voye ordinaire ; & comme j'eus quelque colique en ce voyage, j'appris à m'en guérir. Les Portugais appellent Mordechin les quatre sortes de coliques qu'on souffre dans les Indes, où elles sont frequentes. La premiere est une simple colique, mais qui cause de grandes douleurs : La seconde est celle qui outre la douleur, cause le cours de ventre. Ceux qui sont affligez de la troisiéme, ont de grands vomissemens avec les douleurs : Et ceux qui ont la quatriéme, souffrent les trois maux ensemble, à sçavoir le vomissement, le flux de ventre & les extrêmes douleurs ; & je croy que cette derniere est le Colera Morbus. Ces maladies viennent le plus souvent d'indigestion, & se font sentir quelquefois avec des douleurs si pressantes, qu'elles tuent un Homme en vingt-quatre heures. Le remede que l'on a aux Indes pour s'en délivrer, est de faire rougir une brochette de fer grosse comme la moitié du doigt, l'appliquer sur la plante du talon du malade, & l'y tenir jusqu'à ce qu'il ne la puisse plus souffrir, en sorte que la marque du fer y reste : Il faut faire la mesme chose à l'autre talon avec le même fer rougy, & ce remede est pour l'ordinaire si efficace que les douleurs cessent en même temps. Si on saignoit le malade avant cette ustion, il seroit en peril évident de

Mordechin.

Remede à la colique.

la vie ; & pluſieurs gens m'ont dit que lorſqu'on ſaigne avant que de brûler le talon, le malade meurt infailliblement, autant de jours aprés la ſaignée qu'il y avoit de jours qu'il eſtoit malade, lorſqu'on l'a ſaigné ; mais la ſaignée n'eſt pas dangereuſe deux jours aprés l'operation : Il y en a qui ſe ſervent de ligatures pour ce mal, & ſerrent ſi fort la teſte du malade avec une ſangle de lit, qu'il ſemble qu'ils en veulent faire ſortir la cervelle : Ils font la même choſe au dos, aux reins, aux cuiſſes, & aux jambes, & quand le malade ne ſent pas la force de cette ligature, on juge qu'il ne peut guerir.

Cours de ventre.

Le cours de ventre ſeul eſt auſſi une maladie fort ordinaire aux Indes, & trés-dangereuſe, car elle fait mourir pluſieurs gens, & pour peu que l'on s'échauffe, on en devient aiſément incommodé.

Remede au cours de ventre.

Le remede eſt de prendre deux drachmes de rhubarbe torrefiée, & une drachme de cumin : Il faut mettre le tout en poudre, & le prendre dans de l'eau de limon, & ſi on n'en a pas, il faut ſe ſervir d'eau-roſe. Le commun des Indiens ne ſe ſert pour guerir cette maladie, que de ris cuit dans de l'eau, en ſorte qu'il ſoit ſec, quand il a achevé de cuire : Ils le mangent avec du lait aigre, & ils ne quittent point cette ſorte de nourriture pendant que le mal dure : Ils en uſent de même pour la diſſenterie.

Je fis ce voyage de Brampour à Sourat avec un

un Banian & un Moula qui venoit de la Cour. Ce dernier ayant representé sa pauvreté au Roy, avoit obtenu une pension de cinq cens roupies qui valent environ sept cens cinquante livres, qui luy estoient assignez sur un Village. Il y a soixante-quinze lieuës de Brampour à Sourat, & nous employâmes quatorze jours à les faire : Nous trouvâmes plusieurs Villes à nôtre route, & beaucoup de Châteaux : Il ne se passa point d'heure sans que nous vissions quelque Bourg ou Village ; & comme il y a souvent des Lions sur ce chemin, il y avoit des cabanes sur des arbres, où des Indiens se retiroient la nuit : Nous traversâmes aussi quelques montagnes & huit Rivieres : Je ne vis rien au reste que de trés-commun. L'on nous faisoit apprehender les Coureurs du Raja de Badur, qui se retirent dans les montagnes de Candich, & qui courent par tout, quoyque presentement leur Maître rende obeïssance au Grand-Mogol ; mais nous n'en rencontrâmes point, & nous arrivâmes heureusement à Sourat.

CHAPITRE ONZIE'ME.

Memoires curieux de choses détachées.

Pesche des Perles.

Isle Manar.

LA pesche des Perles se fait à l'Isle Manar, qui est prés de Ceïlan, & appartient aux Hollandois qui l'ont prise sur les Portugais. Ceux qui y peschent, payent tribut aux Hollandois, qui outre cela font acheter par un Braman presque toutes les Perles que ces Pescheurs peuvent prendre, & ils les ont ordinairement à bon marché ; ce qui fait que ces gens ont peu de profit de leur travail, & que les Hollandois gagnent beaucoup : La même chose se fait à Tutucorim, qui est vis-à-vis l'Isle de Manar : Les Perles de ces pesches sont plus belles que celles qui se prennent dans la Mer de Perse prés de Bahrein ; mais elles ne sont pas si grosses. On a quelquefois gâté ces deux pesches des Indes, en jettant au fond de la Mer une drogue qui chassoit les meres Perles, & les empêchoit pendant plusieurs années d'y revenir ; & les gens qui le faisoient, sçachant où elles se retiroient, les alloient pescher, & devenoient riches avant qu'on sçût que la pesche fût bonne en ce lieu là. La pesche d'Ormus a esté gâtée autrefois de la même maniere, & c'est celle-qui presentement est à Bahrein.

Le Roy de Candis dans l'Isle de Ceïlan, est toûjours ennemy des Hollandois : Cette inimitié vient de ce que ce Prince leur ayant aidé à chasser les Portugais des lieux qu'ils occupoient à Ceïlan, ils le traiterent en ennemy, aprés qu'ils eurent pris Colombo ; ce qui luy fit dire qu'il avoit chassé les chiens pour faire venir les lions : Ils défirent ses Troupes, & il n'y eut que la fuite qui luy sauva la vie. Ce Roy est sçavant, il sçait plusieurs Langues, & est trés-liberal : On dit dans le pays qu'il est trés-riche, mais qu'il n'y a que luy qui sçache où est son tresor, parceque quand il trouve bon d'y aller pour mettre ou ôter quelque chose, il ne se fait accompagner que par un More qu'il tuë au retour, de peur qu'il ne revele à quelqu'un le lieu où sont ses richesses. *Le Roy de Candis.*

C'est cette Isle de Ceïlan qui produit la meilleure canelle : L'arbre d'où l'on tire cette écorce, est droit & ressemble assez à l'Olivier : Sa fleur est blanche & d'excellente odeur, & son fruit est rond. On en enleve l'écorce durant l'Eté. Quand on la coupe, l'odeur en est si forte que les Soldats qui la gardent, en deviennent presque tous malades. Il y a vers Cochin de la canelle sauvage ; mais comme elle a peu de force, elle est peu estimée. *Canelle.* *Canelle sauvage.*

Isles de Banda. *Muscades.* Les meilleures noix muscades se prennent dans l'Isle de Banda, qui est au Midy des Moluques: L'arbre qui les produit, n'est pas plus haut qu'un de nos abricotiers ordinaires qui sont en plein vent: Lorsque son brou tombe, son macis paroît comme un beau vermillon ; mais pour peu qu'il soit exposé à l'air, sa couleur se change en gris musc ainsi que nous l'avons. Voicy comme cét arbre se produit : Il y a dans l'Isle une espece d'Oiseaux qui en avalent les noix aprés en avoir dépecé l'écorce verte : quand ils les ont gardées quelque temps dans l'estomach, ils les rendent par le conduit ordinaire, & elles ne manquent point de prendre racine au lieu où elles tombent, & de produire un arbre avec le temps. Cét Oiseau est fait comme un Coucou, & les Hollandois deffendent sur peine de la vie à tous leurs sujets, d'en tuer aucun.

Clouds de girofle. Les clouds de girofle viennent d'un arbrisseau : Ses feüilles sont longues & étroites : Ses fleurs qui d'abord sont blanches, changent quatre ou cinq fois de couleur, & c'est à l'extrêmité de ses branches qu'il produit les clouds, avec une odeur bien plus excellente que celle qu'ils conservent en Europe. *Le poivre à Java.* La grande Isle de Java fournit le bon poivre : On en seme l'arbre, & quand il est en estat, il produit des gousses qui contiennent quarante ou cinquante grains tels qu'on les apporte à nôtre païs.

Un de mes amis me donna à Sourat une petite relation des affaires des Hollandois au Japon, que je croy assez curieuse pour trouver place icy. Elle porte, qu'aprés l'horrible persecution des Chrêtiens dans ce Royaume là, les Portugais ayant esté privez par l'artifice des Hollandois, du commerce qu'ils y faisoient, l'Empereur de ce pays permit aux derniers venus de prendre la place des Portugais ; mais que comme il craignit, s'il leur donnoit trop de liberté, qu'ils n'en abusassent, il ordonna qu'ils logeroient dans une petite Peninsule appellée Disima, qui est au fond d'une manche proche la Ville de Nansaque, qui dans quelques relations des Peres Jesuïtes est nommée Mangasaquy. Cette Peninsule a environ deux mille pas de circuit : On y va de la Ville par une langue de terre, & il y a un pont d'un autre côté. Les Hollandois y ont bâty des logemens avec des pierres qu'ils ont fait apporter de Batavie ; mais il leur a esté deffendu de les lier avec aucun mortier ou ciment, & ils n'ont obtenu que de les arranger les unes sur les autres, pour empêcher seulement qu'on ne voye ce qu'ils font chez eux ; mais ils les taillent si adroitement, que leurs murailles seches valent celles où l'on employe du mortier. Ils ont fait deux ruës & trois Portes publiques, mais ils ne font rien que le Gouverneur de la Ville ne le

Du Japon

sçache, soit par des espions, soit par les Gardes qu'il met aux portes, & qu'il oblige de luy faire rapport tous les soirs de ce qui s'est passé durant le jour; & ces Gardes sont tous les jours changez.

Il n'y a pas un des Hollandois qui ose sortir de la Peninsule sans permission du Gouverneur, sous peine d'estre coupé; ils n'osent pas même avoir de la chandelle allumée pendant la nuit, ny faire le moindre bruit; & si les Gardes en entendent, ils sonnent du Cor, & en même temps le Gouverneur envoye un Commissaire pour sçavoir ce qu'il y a de nouveau: Ce Commissaire va dans les ruës, fait sa perquisition, & il ne sort point de la Peninsule sans sçavoir qui a fait le bruit, & pourquoy on l'a fait, & il a ordre de reprimander non seulement ceux qui l'ont fait, mais aussi ceux qui sont commis pour maintenir l'ordre & le repos. Voila la contrainte dans laquelle les Hollandois qui habitent la Peninsule, vivent durant huit mois de l'année.

Lorsque la monson ou saison de naviger sur ces Mers est venuë, le Gouverneur fait poser des sentinelles sur les montagnes pour découvrir la Flote Hollandoise. Dés le moment qu'elle paroît, ils luy en donnent avis, & il envoye en diligence vers la Flote, autant de bâteaux & de Gardes qu'on a vû de Vaisseaux: Aussi-tôt qu'ils l'ont conduite au Port, le Gouverneur en donne avis à l'Empereur par des Couriers (car ils ont des Postes réglées) & les Hollandois ne sçauroient disposer de rien avant le retour de ces Couriers : Cependant on fait inventaire de ce qu'il y a sur les Vaisseaux; chaque Garde la fait dans celuy où il est attaché, & le Capitaine Hollandois est obligé de faire écrire le nom, l'âge, la taille & la fonction de tous les gens qui sont dans son bâtiment, & d'en donner le memoire au Garde, afin qu'il l'envoye traduire en la Langue du pays : Lorsqu'un des Couriers est arrivé de la Cour, les Hollandois vont à terre les uns aprés les autres, selon l'ordre & le rang des Vaisseaux où ils servent : Les gens du premier Vaisseau descendent les premiers, & ensuite ceux des autres : Tous passent en revûë devant des Commissaires, & l'Ecrivain Hollandois qui en tient le memoire, & le Secretaire ou Greffier Japonnois qui en a la traduction, les nomment à haute voix, à mesure qu'ils passent, & disent leur qualité, leur âge, leur taille & leur fonction.

Aprés qu'on les a ainsi examinez à terre, on les remene dans leurs Vaisseaux : On met bas les antenes, & on porte les voîles à terre, ainsi que les armes & la poudre du Vaisseau : On ferme les portaux, & on y applique le sceau sur un morceau de papier lié avec de la paille, où l'on fait un certain nœud que les Japonnois seuls sçavent faire, & le Menuisier du Vaisseau couvre ces ſceaux avec des boëtes de bois, de peur qu'on ne les rompe en lavant le Vaiſſeau, ou faiſant quelqu'autre ſervice; mais tout l'équipage eſt ſi contraint, que ſi quelqu'un a beſoin d'un morceau de viande ou d'autre danrée qui ſoit au fond du bâtiment, il ne la peut avoir ſans une permiſſion particuliere du Gouverneur même, qui envoye un homme exprés pour ouvrir le porteau, & aller en bas avec les Hollandois; aprés quoy il le renferme & le ſcelle.

Il n'eſt point permis de tenir de chandelle allumée, ny de faire du bruit dans le Vaiſſeau, non plus que dans la Peninſule, & on ne ſouffre aucune communication d'un bâtiment à l'autre: Perſonne n'oſe ſortir du Vaiſſeau pour aller à terre, les Officiers même ne le ſçauroient faire; en ſorte que ce leur eſt une grande joye lors qu'ils ſont députez pour porter à l'Empereur qui reſide à la Ville d'Yonde, que des Relations appellent *Yando*, le preſent que les Etats luy font tous les ans; mais ils ſont conduits ſous bonne garde, & quand ils ont fait leur preſent, & que l'Empereur leur en fait un autre pour Meſſieurs les Etats, on les ramene à leur Vaiſſeau, & ils employent trois mois & demy à faire ce voyage.

Palais de l'Empereur du Japon.

Je ſçay d'un Commandant Hollandois, qui a accompagné ce preſent, que le Palais de l'Empereur eſt auſſi grand qu'une petite Ville; que les Hollandois ſaluënt cét Empereur à genoux,

&

ont les mains jointes, & qu'ils rendent les mêmes soûmissions aux Gouverneurs & autres grands Seigneurs du Japon. Les Japonnois n'ont pas plus de liberté à l'égard de la Flote, que les Hollandois : Aucun ne peut entrer dans un Vaisseau pour vendre ou acheter, avant que le temps en soit réglé, & s'il le faisoit, il seroit coupé : On souffre seulement à quelques uns d'y porter des provisions, mais ils ne peuvent en recevoir l'argent ; ils en tiennent seulement un compte, & on les paye lorsque la permission du trafic est venuë de la Cour.

Temps du trafic au Japon.

Cette permission ne se donne que trois mois & demy aprés l'arrivée des Vaisseaux ; mais alors les Marchands peuvent acheter, & ils menent des Barques à bord des Vaisseaux Hollandois, pour prendre toutes les marchandises, & les porter à Disima. Les Japonnois permettent, ou plûtôt veulent que six hommes de chaque Vaisseau viennent à terre vendre & acheter pour leur compte, & qu'ils demeurent quatre jours dans la Peninsule ou dans la Ville, à leur choix : Aprés les quatre jours on les remene à leurs Vaisseaux : On en envoye en même temps six autres, & on fait la même chose tous les quatre jours, durant les six semaines que l'on a la liberté de trafiquer ; mais il faut que ces six personnes soient d'entre les Mariniers & les Moussis, ou autres gens de cette nature, car on ne souffriroit pas de Marchands, & cette permission se donne en quelque façon malgré la Compagnie d'Hollande. Les Japonnois se font un point d'honneur d'élever des Marchands; ils disent en leur Langue, qu'aprés avoir esté petit, il faut qu'on devienne grand, & on dit qu'ils en ont fait un article dans leur Traité. Ces nouveaux Marchands loüent une petite boutique, pour laquelle ils payent environ une piastre pour les quatre jours, & celuy qui leur loüe la boutique, leur sert de Valet & de Couratier pour leur amener autant de chalans qu'il peut.

Pour ce qui concerne les marchandises de la Compagnie, les Hollandois y mettent le prix, & en écrivent une liste où ce prix est à la marge: Lorsque cette liste est traduite en Japonnois, on attache les deux listes à la Porte de la Ville qui conduit à la Peninsule, afin que chacun les lise, & quand ils se sont accommodez, ils payent en argent: Mais comme ils n'ont point de monnoye qui soit marquée, ils donnent de l'argent en masse de differens poids: Il y a des morceaux d'argent de dix écus, de cinq écus, d'un écu, & encore de plus bas prix: Leur petite monnoye est de cuivre, de la grandeur de nos doubles.

Les Hollandois portent au Japon pour marchandise, des clouds de girofle, mais en petite quantité, & ils en usent ainsi, afin que les Japonnois ne s'en rebutent point, & qu'eux en puissent toûjours tirer le prix que d'abord ils y ont mis, & qui est de dix écus pour livre : Ils y portent aussi de la canelle, du sucre & des draps. Les marchandises qu'ils achetent, sont de l'argent, de la porcelaine & de l'or ; mais ils n'achetent l'or qu'en secret, parcequ'il est deffendu d'en enlever : Ils emportent le cuivre dans de petits coffres qui pesent ordinairement cent trente livres, & ils payent douze écus pour chacun. Aprés que les six semaines, durant lesquelles on a permis le trafic, sont passées, il cesse entierement, & il n'est plus permis aux Japonnois d'aller à la Peninsule, ny aux Hollandois de sortir de leurs Vaisseaux ; en sorte que n'y ayant plus rien à faire en ce pays là pour eux, la Flote s'en retourne, & les Hollandois de Disima restent seuls jusqu'à la monson de l'année suivante.

Marchādises des Hollādois au Iapon.

Le seul divertissement qu'ils ayent, est avec les Courtisanes Japonnoises, parcequ'il leur est aisé d'en avoir : Comme le commerce n'en est point honteux dans le Japon, il y a des gens qui en negocient, & qui tiennent plusieurs Filles chez eux pour les loüer, & on nomme ces gens là Boyos, c'est-à-dire Seigneurs ; & c'est à eux que les Hollandois s'adressent pour en avoir.

Courtisanes au Iapon.

Mœurs des Japonnois.

Les Japonnois ſont Idolâtres : Ils ſont blancs comme les Européens : Ils ſe raſent la barbe, & n'en gardent que deux mouſtaches : Ils ſont de belle taille, gros de corps & robuſtes, & ils ont la voix fort groſſe : Leurs habits ſont une chemiſe & une longue veſte avec de larges manches pendantes ; ils la ceignent à my-corps comme les Turcs, & vont la teſte, les jambes & les pieds nuds : Quoy qu'ils portent les cheveux courts, ils laiſſent venir de longues cadenettes qu'ils lient pour l'ordinaire derriere la teſte, & ils ne les délient point que lorſqu'ils ont à paroître devant quelque perſonne de reſpect. Leurs armes ſont l'arc, la fléche & l'épée : Leurs épées ſont ſi peſantes & de ſi bonne trempe, qu'elles coupent aiſément un homme par la moitié, & ils ne s'en ſervent qu'à deux mains : Ils aiment extrêmement le ſucre, & en mêlent avec tout ce qu'ils mangent : Leur boiſſon ordinaire eſt une maniere de biere qu'ils appellent *Saqué*, qu'ils font avec du ris, ils y mêlent du ſucre, & cette boiſſon enyvre. Eſtant dans le Vaiſſeau ſur lequel je paſſay de Poliacate à Maſulipatan, un Hollandois m'en fit boire par curioſité, & je la trouvay aſſez bonne : Ils ont encore des boiſſons vertes, rouges & jaunes. Leurs Villes ſont bâties de bois : Le quartier où les Hollandois trafiquent, eſt plein de jardinages bien cultivez : Il y vient de toutes ſortes de fruits comme en

Europe. Ils ont dans le Royaume plusieurs mines d'or, d'argent & de cuivre. Ils tâchent par tous moyens d'exterminer le Christianisme du Japon, & ils n'épargnent ny promesses ny menaces, ny supplices pour faire idolâtrer les Chrêtiens, quand ils en rencontrent.

Le Roy de Pegu traite les Hollandois avec autant de défiance que l'Empereur du Japon. Aussi-tôt que leurs Vaisseaux sont arrivez, il fait porter à terre tous les voiles & les canons, & il les fait exactement observer durant tout le temps qu'ils demeurent dans son Royaume : Ils en emportent de la lacre, de l'or, de l'argent & des rubis pour leur girofle, leur canelle & autres marchandises. Les Habitans du Pegu sont Idolâtres : Leurs maisons sont bâties de terre, & couvertes de chaume. On y parle trois Langues entierement differentes de celles qui se parlent dans l'Inde, de de-ça le Gange. Il y a trois journées de chemin du Port où l'on arrive pour aller à la Ville de Pegu, où le Roy reside, & ce chemin est fort dangereux à cause des Voleurs & des Tygres. *Du Pegu.*

CHAPITRE DOUZIE'ME.

Du Départ de Sourat pour la Perse.

Départ de Sourat pour la Perse.

APrés m'estre reposé quelque temps à Sourat & avoir fait faire mes provisions, & le marché de mon embarquement par un Banian, je partis de cette Ville en Février mil six cens soixante-sept, pour ne perdre pas le temps de la monson, & j'aborday à Bender-Abassi qui est un des Ports du Royaume de Perse, d'où je me rendis à Chyras. J'y fus malheureusement blessé à la cuisse d'un de mes pistolets que l'on n'avoit point débandé lorsque j'avois mis pied à terre : Je me fis penser en cette Ville, & j'y demeuray quelque temps; mais comme il n'y avoit point de Chirurgien qui fût habile, je me fis porter à Ispahan où je trouvay beaucoup plus de secours: Ma playe estant guerie, aprés m'estre reposé quatre ou cinq mois, je partis de cette Capitale de Perse le vingt-cinquiéme Octobre.

Second Volume.

Je ne marqueray rien icy de ce que je vis dans la Perse à mon retour, depuis Bender-Abassi jusqu'à Ispahan, parceque j'en ay amplement écrit dans mon second Volume: Je diray seulement qu'aprés avoir fait marché avec un Muletier qui alloit à Tauris, nous sortîmes d'Ispahan par la Porte de Tokchi ; que je trouvay la campagne fort belle de ce côté là, bien cultivée de cotons, & remplie de Villages & de beaux Colombiers, & qu'à quatre lieuës d'Ispahan les Muletiers nous firent demeurer six jours dans un Kervanseray, à un Village nommé Sin, où les Armeniens les obligerent d'attendre le reste de la Caravane ; ce qui m'incommoda beaucoup, parcequ'on y estoit mal, & j'y eus le frisson & la fiévre. Nous en sortîmes le dernier jour d'Octobre : Il y avoit bien deux cens Mules dans la Caravane, & il y avoit aussi quelques Chameaux : Aprés quatre jours de marche nous nous rendîmes à Cachan par de grandes plaines steriles ; ce qui fit que depuis Sin nous n'eûmes aucun plaisir dans nôtre route, que lorsque nous fûmes arrivez à un Bourg appellé Gourabad, où nous nous reposâmes dans des Jardins remplis de fruits, & où il y a de fort belles eaux.

Sortie d'Ispahan.

Sin.

La Ville de Cachan est entourée d'un fossé & de deux murailles qui commencent à se ruiner : Son circuit est de deux heures de chemin : Les Bazars de la Ville sont voutez & éclairez par des fenêtres rondes qui sont dans les voutes de toise en toise ; & comme ces Bazars sont fort larges, je m'y promenay longtemps à cheval : Cette Ville est trés-marchande, & les Boutiques ne sont gueres moins bien garnies qu'à Ispahan :

Cachan.

On y fait des ouvrages d'or & de ſoye, & ces belles ceintures de fleurs qu'on porte à Iſpahan, ſont travaillées en cette Ville, où il ſe fait auſſi de parfaitement belle fayance qu'on tranſporte dans le reſte de la Perſe & dans les Indes.

Les Kervanſeras y ſont aſſez bien bâtis, mais les maiſons particulieres ſont ſi vilaines, qu'excepté celle du Roy, il n'y en a point à eſtimer: Il y a un Meïdan comme aux autres Villes: On me dit qu'il y avoit des Scorpions longs comme le doigt, dont la piqueure eſtoit mortelle; mais les gens du pays aſſeurent qu'ils ne font point de mal aux Eſtrangers, ce que je croy une fable, & je n'y en vis aucun: Nous y demeurâmes trois jours, & la troiſiéme journée aprés que nous en fûmes partis, nous arrivâmes à la Ville de Com.

Com.

Cette Ville a un foſſé & des murailles de terre qui reſſemblent à des murs de Village, & ſont ruinées en divers endroits: On en peut faire le tour en moins de deux heures: Les ruës ſont larges & droites, & les Bazars étroits: Le Meïdan eſt quarré & aſſez beau: Le Palais du Roy & ceux des grands Seigneurs ſont dans les Faux-bourgs: Le Roy Châ-Abas ſecond y eſt mort, & y a eſté enterré.

Sepultures de Maſoumé. Sefi I. Abas II. Imam Riſa

Les Sepultures de Maſoumé, Sœur d'Imam-Riza, & celles des Roys Sefi premier & Abas ſecond, y ſont dans une ſeule Moſquée: On entre par trois portes: Dans ſon veſtibule qui eſt

eſt vouté, le pavé eſt couvert de tapis, & les murailles ſont verniſſées de diverſes couleurs : Du veſtibule on entre ſous un dôme qui n'a de jour que par deux portes, dont les mouvantes hautes de ſept à huit pieds, & larges de prés d'une toiſe, ſont d'argent, & le ſeuïl eſt de même matiere : Le dôme eſt vouté, & il eſt orné de niches, de feuïllages & de fleurs peintes : Le Tombeau de Maſoumé, qui eſt de marbre gris, eſt au milieu, & a bien ſept pieds de haut : Il eſt quarré, & a environ trois toiſes à chaque face : Il eſt enfermé dans une grille d'argent, & il n'y a pas plus de trois doigts de diſtance de la grille au Tombeau : Il y a des Alcorans aux côtez, avec deux tableaux attachez à la grille, où il y a des prieres de l'Alcoran pour ceux qui y vont en devotion : Il y a auſſi des lampes, mais elles ne ſont pas allumées.

Cette Moſquée a une nef qui tourne tout autour de la Chapelle de Maſoumé : Le pavé de cette nef eſt couvert de tapis : Lorſqu'on eſt arrivé vers le fond du Temple, on trouve au côté droit la Chapelle de Châ-Sefi, qui eſt voutée, & on y entre par deux portes d'argent, dont le ſeuïl eſt de même matiere : Son Tombeau eſt couvert de brocat, & j'y trouvay un Moula qui y recitoit l'Alcoran : Il y a au derriere du Tombeau une grille d'argent haute d'une toiſe, & large de trois : Lorſque l'on eſt ſorty de cette

Chapelle de Châ-Sefi.

Chapelle, on voit celle de Châ-Abas second, qui est directement vis-à-vis de celle-cy: Elle a aussi ses portes & son seuil d'argent avec un dôme assez élevé qui est peint. Le Tombeau est de marbre gris: Il est haut de sept pieds, & large de deux toises, mais il n'est pas achevé: Il y a encore d'autres portes d'argent dans cette Mosquée.

Maladie de l'Autheur. *Sava.* Monsieur de Thevenot partit de Com le huitiéme jour de Novembre, à deux heures aprés minuit, mais il se portoit déja mal; c'est pourquoy il n'a rien écrit de l'ancienne Ville de Sava qu'il trouva dans son chemin, & où il a marqué luy-même que son esprit de curiosité l'abandonna. Quoyque malade il continüa d'écrire sa route jusqu'au Bourg de Farsank, où il logea le seiziéme de Novembre; mais la douleur qu'il y sentit, l'obligea d'y finir ses Memoires: Neantmoins il voyagea encore trente lieuës au de là, car il vint jusques à la petite Ville de Miana, où Dieu l'appella à son Eternité bien-heureuse. *Miana. Mort de l'Autheur*

Eloge de l'Autheur La reputation que son honnêteté, sa probité & sa doctrine luy ont acquise & dans l'Europe & dans l'Asie, est un assez grand éloge à son merite, sans qu'on se mette en peine de luy en faire d'autres; mais je ne puis m'empêcher, en finissant son Ouvrage, de dire avec verité qu'il n'y a jamais eu de plus honnête Homme dans le monde.

FIN.

TABLE
DES MATIERES
contenuës en ce Livre.

A

Aacla. page 73
Abas second. 336
Abassi. 3. 53
Accacia. 73
Acelines. 175
Achi, arbre. 178
Adam. 193
Aden. 62. 93
Adoration des Idoles. 188
Agathes. 35
Agra. 95. 96. 97. 116
Revenu d'Agra. 118
Palais du Roy à Agra. 97. 98
Air d'Agra. 100
Dissertation sur Agra. 101
Cause de l'abandonnement d'Agra. 117
Chrétiens d'Agra. 102
Chemises d'Agra. 104
Aider-Abad. 277
Aiguille accompagnée d'un Elephant en figure. 221
Albukerque. 273
Allée de cent cinquante lieuës. 119
Alliances des Gentils. 187
Amadie. 37
Amanguel. 309
Ambar. 227. 235
Le Pere Ambroise Capucin. 59 60. 61. 88. 89
Amed-Abad, Capitale de Guzerat. 20. 21. 22. 23. 24
Ananas. 200
Anende. 309
Anendeguir. 309
Anglois à Sourat. 44
Anglois à Agra. 102
Animal de Musc. 149
Animal rare. 32
Animaux à Dehly. 129
Antiques. 205
Antropofages. 18
Arbre de racines. 73
Arbre sacré. 74
Arcaluk. 165

Architecte du Temple de Chitanagar. 232
Architecture de bon gouſt à Chitanagar. 234
Armée qui ſuit la Cour. 125
Armée des Mogols. 126
Armes deffenſives 128
Aſqueron maladie. 311
Atoc. 171
Avanies. 286
Auguſtins à Daca. 199
Aurangeabad. 213. 214. 216
Campemens de Sourat à Aurangeabad. 214
Aurang-Zeb. 12
Aurang-Zeb ſurprit le Roy de Golconde. 298
Aurang-Zeb loüe Sivagy. 85
Aurang-Zeb declaré Roy. 191
Aurang-Zeb ménager. 140
Sepulture de la premiere femme d'Aurangzeb. 216
Ayoud. 181
Revenu d'Ayoud. 182
De la Province & Ville d'Azmer. 141
Animaux à Azmer. 149
Revenu annuel d'Azmer. 154

B

Baboul. 214
Bacchus. 95
Baçaim. 244
Baden. 53
Raja de Badur. 22
Baftas. 17
Baglana Province. 243
Revenu de Baglana. 243
Bagnagar. 275. 277
Habitans de Bagnagar. 285
Palais de Bagnagar. 280
Bains d'Agra. 98
Balagate, Province. 212
Balance où l'on peſe le Roy. 138
Balor. 214
Bamber. 174
Bambous. 44
Banarous. 201
Iſles de Banda. 324
Banguel. 264
Banians. 161. 162
Bataguy. 186
Barcelor. 265
Barcot. 226
Baredgia, Ville. 24
Bargant. 117
Barnoly, Bourg. 214
Baroche. 17. 19
Barre de Sourat. 1. 76. 3
L'Evêque de Barut. 214
Baſſaim. 191
Bâteaux du Tapty. 16
Temps de bâtir aux Indes. 46
Mr Beber, Envoyé de France. 105. 208
Le Becar. 183
Beder. 317

Garnison de Beder. 238
Beghum. 146
Beghum-Saheb, Sœur d'Auranzeb. 101
Behat ou Behar. 176
Bender-Sandren. 142
Bengale. 192. 202
Habitans de Bengale, voluptueux. 198
Villes du Bengale. 199
Bengiara. 185
Berar. 207
Bergare. 263
Mr Bernier. 124
Beruz-Abad. 117
Bets, Livres de Religion. 188
Beufs des Indes. 151
On ferre & on selle les beufs aux Indes. 151
On se sert de beufs aux carrosses. 152
Beufs blancs. 152
Manger du beuf aux Indes. 152
Un beuf servit de monture au Dieu Ram. 215
Beuveur Hollandois. 68
Beuveur de vin. 155
Bezoars. 263
Biara, Village. 214
Bijoux que le Grand-Mogol donne à ses Courtisans. 140
Bimilipatan. 313
Bisnagar. 269
Boëmes. 194
Bœufs, *voyez* Beufs.
Bombaim cedé aux Anglois. 244
Bornes du Mogolistan. 13. 276
Bots. 78
Boucliers des Mogols. 128
Mr de la Boulaye, Envoyé de France. 208
Brahmans, *v.* Bramens.
Brahmanes. 187
Bram-Abad. 142
Bramens. 184
Les Bramens mangent quelquefois du pourceau. 240
Bramens fort estimez au Malabar. 264
Brampour. 208. 318
Le sol de Brampour. 209
Maisons de Brampour. idem
Palais du Roy à Brampour. 210
De Brampour à Sourat soixante-quinze lieuës. 321
Brassars des Mogols. 128
Broudra. 91
Lieu à brûler les corps. 69
Maniere de brûler un mort avec sa femme. 251
Busles. 129
Bulloquy. 11
Buquenour, Ville. 277
Seize Bureaux de Doüanne dans l'espace de 23 lieuës. 276
Byana. 1·7

C

CAbal. 105
Cabedy. 107
Caboul. 167. 168
Caboulistan. idem
Charité des Indiens de Caboul. 169
Revenu de Caboul. 170
Cachmir. 170. 171. 172
Cachan. 335
Cady. 54
Calacot. 226
Calagatch. 235
Calçons & chemises à Agra. 104
Calecut. 256
La Ville de Calecut. 257
Calenders. 116
Caly. 318
Calvar. 226. 227
Cambaye. 35
Chemin de Cambaye. 34
Château de Cambaye. 35
Campemens sous un Var. 19
Campemens de Sourat à Amedabad. idem
Campemens depuis Aurangeabad jusqu'à Calvar. 235
Campemens de Bagnagar à Beder. 317
Les Camps de Sivagy. 82
Campson. 92
Canab. 176
Cananor. 263
Candahar. 163. 164. 165
Candavil. 161
Candi, mesure. 51
Candich. 207
Revenu de Candich. idem
Canelle. 323
Canelle sauvage. idem
Canes de sucre. 75
Canon des Mogols. 128
Gros Canon. 238
Canoua. 117
Le Cap Das-Palmas. 311
Cap de Comory. 257
Les Capucins conservez par Sivagy. 84
Le Pere Ambroise Superieur des Capucins. 59. 60. 61. 62. 63
Carat. 289
Carats. 51
Caravane de plus de mille beufs. 216
Carec, Riviere. 318
Princes Carezmiens. 155
Carguelan. 263
Carnate. 269
Castes de Gentils. 184
Catri. idem
Cavalcade de nopces. 64
Cavalcade de mariage. 242
Cavalerie Mogole contre le Visiapour. 236
Point de Cavalerie à Cochin. 261
Isle de Ceïlan. 323
Ceinture. 106
Cemetiere, *v.* Cimetiere.

Ceremonies

Ceremonies pour convertir une Pagode en Mosquée. 26
Ceremonies de Mariage. 64
Châ-âlem. 266
Châ-âlem, lieu de Sepultures. 27
Chafol. 142
Châgehan 11
Le Roy Châgehan fait prisonnier par son Fils. 100
Mort de Châgehan. idem
Châ-Humayon. 121
Chal ou toilette. 107
Chalaour. 117
Chalimar, Maison du Roy. 141
Chamel-Nady, Riviere. 118
Chaoul. 244
Charca. 214
Charettes. 157
Chariots à voyager. 156
Charlatans. 67
Châ-Selim, Roy de Dehly. 203
Chasseaux, oyseaux d'eau. 112
Chastacan, oncle du Grand Mogol. 80. 81. 82
Chasteau d'Amedabad. 23
Chasteau de Sourat. 44
Chasteau de Mando. 204
Chasteau de Brampour. 209
Chastiment de gens soupçonnez de vol. 58
Chastiment des Voleurs Malabares. 263
Chaussure des Indiens. 108
Chauve-souris extraordinaire. 206
Pagode de Chekiseray. 119
Chemins pour retourner à Sourat. 37
Chemise de maille. 128
Chemises des Indes. 109
Chemisettes. 109
Chendeker. 318
Chevaux aux Indes 129
Cheveux des Indiens. 108
Chiens de Maurenahar. 129
Chita, femme de Ram. 234. 191
Chitanagar. 232. 234
Beau Bastiment prés de Chitanagar. 233
Chitor. 205
Chitpour. 117
Feste de Choubret. 90
Il morrodi Ciaul. 244
Cicacola. 313
Cimetieres. 68
Fleurs de citroüilles. 137
Clôture de nopces. 242
Clouds de girofle. 324
Pierre de Cobra. 94
Cochin. 257
Roy de Cochin. 257. 259
Forteresse de Cochin enlevée aux Portugais par les Hollandois. 258
Port de Cochin. idem

Cocos. 49. 50
Cofis, Riviere. 176
Coja mondi. 142
Colis. 20. 185
Quatre sortes de coliques. 319
Colonnes taillées dans le roc. 221
La Ville de Com. 335
Combat ordonné pour le pas. 259
Combats d'Animaux. 111
Combats des Elephans. 280
Commerce transferé. 225
Communauté Religieuse aux Indes. 242
Compagnie Françoise aux Indes. 59
Condelvali. 235
Comptoir des Hollandois à Patan. 200
Convent de Vartias. 178
Cordar ou Cozdar. 161
Corom. 11
Corsaires Malabares. 37
Corsaires des Indes. 263
Cosse. 17
Coste de Coromandel. 310
Costes du Golphe de Bengale. 202
Coucoya. 261
Cougnales. 263
Covillis. 185
Covir. 317
Coulam. 262
Couleurs au front. 186
La Cour du Grand Megol, nombreuse. 125
Cour d'une Pagode où l'on quitte les souliers 219
Courni. 184
Cours de ventre. 320
Courtisanes au Japon. 331
Criminels d'Estat. 202
Crisobacra. 192
Croyance des habiles Indiens. 189
Cruchman. 167
Crucifix à Lahors. 177

D

DAac. 199
Dabolquera. 235
Dabul. 244
Daca. 199
Dacheron. 313
Dader, Riviere. 20
Les grandes Dames sont Marchandes. 140
Daman. 243. 244
Danec. 317
Daquem. 266
Debca. 18. 20
Du Decan. 255
Le Decan est un grand Royaume. idem
Usurpateurs du Decan. 267
Dehly. 118
Trois Dehly. 120. 121. 122. 123
Premiere Ville de Dehly. 121

Seconde Ville de Dehly. idem
Troisiéme Ville de Dehly. 122
Demie roupie. 3
Dentapour. 227
Deotchan. 214
Deoulgan. 318
Départ de Sourat pour Amedabad. 16
Départ d'Amedabad pour Cambaye. 34
Départ de Bagnagar pour Masulipatan. 308
Départ de Bagnagar pour Sourat. 317
Départ de Sourat pour la Perse. 334
Diamans. 288
Didiqui. 317
Dieu ; appellé Cruchman. 169
Disima. 325
Diu. 92
Divan. 5
Division de l'Indostan. 8
Diul. 155
Doa Padechaha. 59
Dobil. 155
Doltabad. 225
Douad. 133
Doüannes. 301
Ce qu'on paye à la Doüanne. 7
Doüannier de Sourat. 78
Doudna riviere. 318

E

LE Roy Ecbar. 11
Ecbar se saisit de Guzerat. 15
Ecbar-Abad. 99. 116
Elans. 129
Elephans. 132. 132. 133
Elephans parez. 138
Monument d'un Elephant. 210
Combats d'Elephans. 280
Elephans de montagnes. 261
Elmas Quipentche. 309
Emeti blanc. 292
Emir-Gemla. 305
Empereur Samorin. 257
Enquitenqui. 214
Enterrement des Corps. 252
Envoyez de la Compagnie Françoise. 63
Epées Mogoles. 126
Epousailles. 67.
Esclaves Portugais. 24
Etablissement de trois Royaumes. 267
Etour. 318
Eve. 139
Evêque d'Heliopolis. 215
Evêque de Baruth. 216

F

FAquirs. 26. 192. 194. 195
Femmes de Dehly. 137
Femmes dangereuses. 120

Femmes des Indiens Gentils. 246
Femmes fécondes aux Indes, 249
Les Femmes accouchent aisément aux Indes. 249
Femmes qui tâchent de faire paroître de l'intrépidité avant que d'estre brûlées. 252
Les Femmes ont la liberté de se choisir des Galants au Malabar. 258
Femmes publiques. 287
Femmes publiques au Japon. 330
Les Femmes ne se brûlent point à Candahar. 166
Feste de la naissance du Roy. 138
Feste du nouvel An. 145
Feste de Houly au Caboul. 168
Feste de Hussein en Golconde. 314
Fetipour. 115. 142
Meidan de Fetipour. 116
Belle Mosquée à Fetipour. 116
Feüille de Palmier où l'on écrit. 264
Feux de joye. 66
Figures d'hommes & de femmes. 223
Figures en quantité. 224
Figures antiques dans une Chapelle. 221
Filipatan. 200
Filles nubiles à huit ans. 149
Foire des Dames Indiennes. 146
Foiblesse d'esprit du Roy de Golconde. 299
Forces du grand Mogol. 13
Forces du grand Mogol sur le papier. 12
Fortifications de Sourat. 42
Forteresse de Dehly. 122
Charité des Indiens envers les fourmis, 74
Foursdar, Prevost, 58
Fosses pour brûler les corps. 252
Les François justifiez aux Indes par le Pere Ambroise Capucin, 63
Mort de S. François Xavier, 273
Fruits de Lahors. 177
Les Funerailles des Gentils, sont diverses selõ les lieux 251

G

GAhelgaon. 318
Les Galans du Malabar. 258
Galleres à Bengale. 199
Gallerie dans le roc. 220.
Ganga, riv. 318.
Le Gange. 200. 201. 235.
Sources du Gange. 8

Gayeteddin.

Gayetteddin. 10
Gazelles. 111
Gazer. 313
Gazna. 10
Geant tué par Cruchman. 169
Gehan-Conde. 76
Gehan Abad. 119
Gehanguir. 11
Tombeau de Gehanguir. 100
Gelaleddin. 154
Gelpeli. 277
Gemna. 95. 118
Genguiz-Can. 9. 154
Gengi. 269
Gens de guerre de Golconde. 297
Gentils de Sourat. 44
Geogonadi, riv. 118
Figures Giganteſques d'hômes, taillées dans le roc. 220
Giroſle. 324
Gitbag. 20
Goa. 272
Goga. 91
Le Royaume de Golconde. 275
Le Roy de Golconde. 296
Golconde Château. 290
Gens de guerre du Roy de Golconde. 297
Golphe de Cambaye, dangereux. 37
Golphe de Bengale. 202
Gongi. 51
Gopi. 72
Goroupet. 310
Goualear. 203
Gouvernemens. 15
Deux Gouverneurs à Sourat. 54
Les Gouverneurs Mores empeſchent les brûlemens des femmes. 253
Granite. 136
Gratiates. 39
Greſlons fort gros. 236
Guebres. 166
Gueldria. 312
Guenga. 235
Guerd-Abad. 21
Guzerat. 14
Guzerat, Province agreable. 16
Roy de Guzerat. 92
Villes de Guzerat. 91
Revenu du Guzerat. 94
Gymnoſophiſtes. 187

H

HAbitans de Sourat. 43
Province de Halabas. 192
Halal-Cour. 186
Haoud. 181
Haram Cour. 186
L'Evêque de Heliopolis. 215
Hellt. 318
Hendouen. 142
Hermafrodites. 67

Hindan, Ville. 117
Hispalis. 176
Hollandois dans Amed-Abad. 23
Hollandois à Sourat. 44
Hollandois à Agra. 102
Hollandois à Golconde. 286
Hollandois au Japon. 325
Les Hollandois saluënt l'Empereur à genoux. 328
Examen des Hollandois. 327
Marchandise des Hollandois au Japon. 331
Hollandois à Patan. 200
Homme avec une jambe d'Elephant. 258
Hôpital d'Oiseaux. 32
Hôpital d'Animaux malades. 36
Hôpital de Singes. 119
Houli, Feste. 36. 168
Houpes volantes. 131
Lambert Hugo, Corsaire. 60
Adresse de Hugo. 61
Le Roy Humayon. 11. 266
Hydarphes. 176
Hyver à Golconde. 307

I

JAcob, Fils de Justaf. 172
Jacout-Kepentch. 317
Jaganat. 197. 201
Jagre. 47
Du Japon. 325
Mœurs des Japonnois. 332
Les Hollandois au Japon. 325
Japour. 318
Jardin de la Princesse. 72
Grand Jardin. 28
Jardins prés de Golconde. 282
Java. 324
Idolâtres. 310
Idole de Multan. 163
Idole Gigantesque. 222
Jehanac. 183
Jenquetala. 317
Jesual. 183
Jesuïtes à Agra. 96
Jeu des Dez. 140
Jeûne des Gentils. 241
Jeux d'Enfans. 150
Image de la Vierge à Bassaim. 191
Imam-Riza. 336
Indelvai. 227
Des Indes. 7
Les Indiens croyent que leur Religion est la premiere de toutes les Religions. 189
Un Indien Gentil ne peut avoir plusieurs femmes à la fois. 246
Indigo à Serquech. 11
Indigo à Cambaye. 36
Indigo à Brampour. 211
Indour, Ville. 246
Jomanes. 95
Joyau de grand prix au Roy de Golconde. 302
Irruption de Sivagy. 78

Sortie d'Ispahan. 336
Juma-Mesgid la Mosquée du Vendredy. 25
Justaf-Can, Roy de Cachmir. 172

K

KIcheri. 153
Kim, Riviere. 19

L

LAdona. 117
Lahors. 175
Revenu de Lahors. 178
Lambert Hugo. 60
Lanqué, Riviere. 118
Lasana. 227
Lascot. 142
La Sour, Ville. 214
Lasset de Voleurs. 120
Lazana. 235
Li, li, li. 275
Liberalité du Grand-Mogol. 103
Liberté des femmes de Golconde. 287
Lile. 231. 235
Limites de l'Inde. 8
Point de Lin aux Indes. 106
Lisa. 217
Litiere des Chevaux. 130
La livre de Sourat. 51
Douze livres de perles chez un Banian. 84
Logemens depuis Beder jusqu'à Patri. 318
Loges des Anglois & Hollandois à Sourat. 44
Louré Bender. 155

M

MAdeo. 70. 71
Mader. 20
Mahi, Riviere. 40
Le Mahometisme a introduit le desordre. 199
Le Mahometisme est un bon-heur pour les femmes Indiennes. 253
Mahoua. 214. 276
Maï, Riviere. 20
Arbre de Maisa. 74
Maison Royale de la Reine-Mere. 118
Le Malabar. 255. 257. &c.
Malaredpet. 277
Malva. 203
Mamed Abad. 99
Mameluqs. 92
Mameva. 74
Le Man, poids de Sourat. 51
Isle de Manar. 322
Mandil. 142
Mando. 203. 204
Mandgera. 235
Mangalor. 265
Mangelin, poids. 289
Mangelis. 51
Le manger des Gentils. 240
Le manger des Banians. 274

Manguiers. 214
Manjera. 318
Manod. 235
Mantelet pour chasser. 112
Manufacture à Lahors. 178
Marcel. 277
Marchandises à Sourat. 51
Marchandises d'Amedabad. 33
Riches Marchands à Sourat. 44
Marchands à Agra. 96
Mariages des grands Seigneurs à Sourat. 64
Cavalcade de mariage. 242
Grand nombre de mariages dans l'Indostan. idem
Mariage des Gentils. 243
Mariage des Enfans. 246
Matcher. 310
Matrous, Riviere. 20
L'Idole Matta. 182
Masulipatan. 310
Mausolée de Tadgé-Mehal. 99
Medecins des Indes. 176
Meidan d'Amed-Abad. 23
Meidan de Bagnagar. 279
Meina, Oyseau. 200
Melcapour. 318
Meliapour. 311
Mellinar. 277
Menapour. 183
Merdi-Coura. 18
Merous, Vaches. 113. 214
Metempsicose. 190
Mevat. 192
Milmor. 310
Mines de Diamans. 301
Mirabolans. 73. 168
Mirda. 117
Mir Gemla. 305
Miroir au doigt. 110
Mogol. 10
Grand-Mogol. 9
Mogol-Serai. 142
Mogolistan. 9
Monnoye de Sourat. 52
Monnoye fine du Mogol. 53
Monnoye de Golconde. 288
Monnoye, Gazer. 313
Monsom. 2
Montagne fortifiée dans Doltabad. 226
Montagne de Balagate. 236
Montagne où il y a un fort beau chemin. 219
Montongue. 263
Figures de monstres. 310
Monument d'un Elephant. 210
Mordechin. 319
Mores à Sourat. 44
Mores. 104
Morg. 318
Mort de Chá Gehan. 12
Mortuaires. 250
Morsure de serpens. 94
Mos-Abad. 142
Moselle. 171
Grande Mosquée de Dehly. 124

Pour garder les Chevaux des mouches. 137
Moufti. 54
Mouler. 243
Moumin, Ville. 317
Mousi, Riviere. 306
Mouss m. 2
Moutons qui souffrent la selle & la bride. 217
Mudafer Roy de Guzerat. 15
Mudafer se tua. 15
Multan. 160. 161
Muscades. 324

N.

NAbad. 54
Nadi, Riviere. 235
Naïques, Souverains 312
Les Naires. 259
Vétemens des Naires. 260
Nander. 227. 228. 235
Naopoura. 214
Nariad. 94
Narval. 193
Narvar. 192. 318
Ner, Ville. 318
Negapatan. 311
Nerdaba, Riviere. 16. 19
Nerva. 278. 317
Nerouër. 113
Neurouz. 144. 145
Clôtures de Nôces. 242
Nôtre-Dame des Remedes. 191
Noviciat des Vartias. 179
Nourriture de quelques Castes. 240
Nourriture des chevaux. 130
Nudité des Indiens. 110

O

OFficiers de Sourat. 54
Officiers de Cachmir introduirent les Mogols. 173
Olala. 264
Omrana. 214
Omras. 297. 298. 303
Richesses des Omras. 305
Once de Paris. 51
Onor. 265
Opinion des Gentils sur leur Dieu Ram. 190
Oran-Zeb. 268
Orixa. 207
Orphelin adopté & fait Roy de Visiapour. 272
Oucliffer, Ville. 19
Oudeguir. 318
Ouir. 310
Oulesser. 197
Ourna, Riviere. 318
Ouverture de la mer. 245

P

PAgode de Multan. 163
Pagode à Lahors. 177
Pagodes de Nagarcut. 182
Pagode de Calamac. idem

Pagodes d'Elora. 218. 221
Quantité de pagodes. 223
Temps de la construction des pagodes d'Elora. 224
Pagodes de Jaganat & de Banarous. 201
Pagode de Chitanagar. 232
Pagode de Trapeti. 26. 271
Pagode de jurement. 261
Cour d'une pagode où il faut quitter les souliers. 219
Palais d'Amed-Abad. 24
Palais du Roy à Dehli. 122 123
Palais de Bagnagar. 280
Palais de l'Empereur du Japon. 328
Palanquin. 158
Ornement des palanquins. 159
Porteurs de palanquins. idem
Le palanquin d'un Omra. 289. 304
Palicote. 313
Feüille de palmier. 264
Pambou. 158
Panguel, Ville. 309
Panjab. 176
Pantela. 310
Pantheres pour la chasse. 32
Paons à Baroche. 18
Parboni. 235
Parsis à Sourat. 44
Parure des Indiennes. 110
Patan. 92
Patane. 200
Patoda. 235
Patou, Ville. 318
Patri. idem
Paye des pions. 212
Pecha, pechas. 53. 288
Du pegu. 333
Peintures aux Indes. 113
Peintures à Dehli. 135
Peintures à Lahors. 177
Pelerinage du Roy Ecbar. 143
Pendgioul. 317
Peninsule où logent les Hollandois au Japon. 325
Penguetch-poul. 309
Lieu des penitens. 233
Penitence d'une Gentile qui a peché. 251
Penitence extraordinaire. 197
Penna, Riviere. 137
Pensement de chevaux. 130
Pension du Roy de Golconde à un Moula. 321
La pesche des perles. 322
Peria. 166
On pese le Roy. 138
Petnad. 18. 20
Pierre Thebaïque. 136
Gens riches en pierreries. idem
Pigeons verts. 112
Pillage de Sourat. 83
Pions. 4

La paye ou salaire des pions. 212
Les pions font tout, excepté la cuisine. idem
Pions Gentils servent mieux que les Mores. 213
Armure des pions. idem
Pipelnar. 214
Pipli. 318
Pipola. 142
Pir Muhemmed. 10
Belle piramide. 221
Pitiaves. 185
Places d'Agra. 98
Poids à Sourat. 51
Poids des Diamans. 288. 289
Poignard des Mogols. 127
Abondance de poivre à Cochin. 258
Poleas. 260
Les poleas ne peuvent entrer dans les Villes. 261
Polyacate. 312
Popo. 260
Port de Sourat. 76. 77
Ports de Sourat & de Cambaye. 16
Porte de Daman. 71
Les Turcs assiegent Diu sur les portugais. 91
Arrivée des portugais aux Indes. 256
Duel d'un portugais & d'un Naire pour le pas. 259
Forteresse de Cochin enlevée aux portugais. 258
Les portugais confinent au Mogol. 243
Les portugais perdent Saint Thomé. 311
Posture des Officiers du Grand-Mogol. 123
Poules à peau noire. 149
Pourna. 235
Pourne. 318
Presens au Roy. 139
Presens du Roy. 147
Presens des Seigneurs au Roy. 148
Prisonniers d'Etat Mogols. 304. 305
Prix des Diamans. 288
Prophetie d'un Dervich. 144
Vingt provinces ou Gouvernemens au Mogolistan. 14
Puissance du Grand-Mogol. 12
Puits extraordinaire. 31. 70
Purification au Gange. 193
Piramide antique vers Dehli. 121
Pithagore. 190

Q

Quachgna. 310
Quanapour. 214
Quenchenis. 98. 147
Querelle des Sieurs de la Boulaye & Beber avec des Banians. 208

Beau Quervanserai d'Amed-Abad. 24
Quervanseras d'Agra. 98
Quiesou. 214

R

Raampouri. 318
Raja Couli. 289
Le Raja des Gratiates répond des vols. 40
Le Raja des Gratiates régale la Caravane, *gratis*. 41
Rajapour, Ville. 91. 183. 245
Raja Ranas. 203. 205
Raja Rumgend. 142
Raja non soumis. 182
Raja Selim. 117
Railleries des Dames. 147
Rajoura. 318
Ram, Dieu des Gentils Indiens. 188
Rasigar, Ville. 245
Raspoutes. 184
Raspor. 204
Ravi, Riviere. 175. 176
La Reine de Golconde est de Caste Bramene. 298
Rejoüissance publique. 140
Religieuses Gentiles. 181
Remede du feu. 150
Remede à la colique. 319
Remede au cours de ventre. 320
Renelle. 66
Respect à la Vache. 189
Trés-grand Reservoir. 234
Reservoir d'eau avec un Jardin au milieu. 21
Retour de Masulipatan. 314
Revan, Prince. 194
Revenu annuel de Guzerat. 94
Revenu d'Agra. 118
Revenu de Dehli. 141
Revenu d'Azmer. 154
Revenu du Sinde. 160
Revenu de Multan. 163
Revenu de Candahar. 165
Revenu de Caboul. 170
Revenu de Cachmir. 174
Revenu de Lahors. 178
Revenu d'Ayoud. 182
Revenu de Varad. idem
Revenu de Becar. 183
Revenu de Halabas. 196
Revenu de Bengale. 202
Revenu de Malva. 205
Revenu de Candich. 207
Revenu de Balagate. 212
Revenu de Telenga. 229
Revenu de Baglana. 243
Rinoceros. 129
Rio Largo. 261
Masse de Rocher en l'air. 221
Ronquera. 318
Roüe des Charettes. 157
Roüe de Chariots des Indes. 156
Rougéqui. 224
Roulagherd. 235
Roupies d'or & d'argent. 52

Route

Route de Sourat à Amed-Abad. 19
Route d'Agra à Azmer. 14 142
Route de Calvar à Bagnagar. 277
Route de Bagnagar à Masulipatan. 309
Route de Patri à Brampour. 318
Le Roy de Perse tuë son ayeule. 164
Le Roy de Viziapour. 271
Establissement de trois Royaumes. 267
Ruës de Sourat. 46
Ruës de Dehli. 124
Rumgend. 142

S

SAbremeti, Riviere. 21
Sacrifices des Indiens. 192
Sacrifice à la Mer. 245
Salpestre. 312
Sambal. 183
Samorin. 257
Santidas, Pagode. 26
Santon More en veneration. 300
Saourgaon. 318
Saphirs. 292
Sarchel. 309
Satigan. 200
Sauteurs. 67
Sauts perilleux. 228
Sefi premier. 336
Selim. 166
Seouni. 318
Senjavourd. 317
Sepulchre d'un Gouverneur d'un Roy de Cambaye. 36
Sepulture d'un Roy de Guzerat. 29
Sepulture d'une Vache. idem.
Sepulture des Rois & Princes de Guzerat. 30
Sepultures à Agra. 98
Sepulture du Roy Ecbar. idem
Sepulture de Châgehan. 101
Sepulture des Rois & Princes de Golconde. 293
Sepulture des Anglois & Hollandois. 68
Sepulture de Masoumé. 336
Serquech. 29
Serana, Bourg. 214. 215
Sicati. 116
Sidy Mezafer. 298
Silveira, Portugais. 93
Sin. 335
Sinde ou Sindy. 164 &c.
Sindy, Riviere. 176
Le Singe Hermann. 194. 200
Singes. 36
Sivagy. 78. 79. 80. 81 &c.
Situation d'Amed-Abad. 21
Socotra, Isle. 60
Sultan Soliman. 92
Armées de Soliman. 93

Souali. 77
Maniere de souder. 115
Soudr. 184
Souliers de Banians. 109
Sourat. 42. 43. 44. 45. 46. 74. 75. 76 &c.
Sourban. 18. 20
Sousentra, Ville. 20
Subordinations des Tribus. 187
Successions au Malabar. 258
Sultan Poura. 224
Langue Syriaque. 163

T

TAdgé Mehal. 99
La taille de Sivagy. 88
Taille de Saphirs. 292
Tamerlan. 10
Tanassar, Ville. 178
Tanor. 259
Beau Tanquié. 71
Tanquiés. 19
Tapti. 75. 76. 318
Tarabat. 214
La tare d'un Diamant. 293
Tatta. 155
Tchelcour. 317
Tchellapeli. 309
Tchexel-Cané. 235
Tchenas, Riviere. 171
Tcher-Can. 266
Tcheron. 38. 185
Telenga. 237. 239 &c.
Cent Temples à Chitor. 205
Grand Temple bâty dans le roc. 222
Beau Temple de Chitanagar. 232
Terroir de Sourat. 74
Terroir de Dehli. 141
Pierre Thebaïque. 136
Chrêtiens de S. Thomas. 262
Saint Thomé. 311
Toile fort legere. 108
Toiles blanches mêlées d'or & d'argent. 211
Tole. 51
Tombeaux des Religieux Gentils. 69
Beaux Tombeaux à Elora. 219
Les quatre Tours de Bagnagar. 281
Le trafic au Japon. 329
Grande trahison. 267
Traitement des Corps morts. 251
Train du Gouverneur de Beder. 238
Trangabar. 311
Trapeti. 271
Travail sur l'agathe & le cristal. 113
Trône du Grand-Mogol. 123
Turban aux Indes. 107. 108
Turc-Hind. 170

V

VAca-Nevis. 54
Vache de pâte. 241
Vale, poids. 51
Les Valets coûtent peu à nourrir aux Indes. 125
Van. 176
Var, arbre. 74. 214. 227
Varad. 182
Varal. idem
Vartias. 179. 180
Vasco de Gama, Portugais. 256
Udesse. 183
Velous. 269
Belles Vestes à Agra. 107
Vêtemens à Agra. 104. 109
Vêtemens des Naires. 260
Vetapour. 117
Veuvage des Indiennes. 250
La gloire des Veuves Indiennes. 251

X

SAint François Xavier. 275

Z

ZAbaïm, Prince de Goa. 272
Zafranad, Ville. 318

L'Alphabeth Malabar est entre les pages 264. & 265.

121. Pyramide ancienne aux Indes, sur le sepulcre d'Humayon.

www.ingramcontent.com/pod-product-compliance
Ingram Content Group UK Ltd.
Pitfield, Milton Keynes, MK11 3LW, UK
UKHW021845190726
13855UKWH00001B/152